U0127201

古刻新韻 輯六

海内奇觀 下

〔明〕楊爾曾

浙江人民美術出版社

新鐫海內奇觀卷五

錢唐　臥遊道人　楊爾曾　輯

兩越名山圖說

東海之墟有二越焉於越當其北甌越當其南其始一越也皆禹之後王句踐之所治也漢無終始自別爲東甌天台以北則於越之故都雁宕以南則東甌之別壤故紀兩越名山自南明始

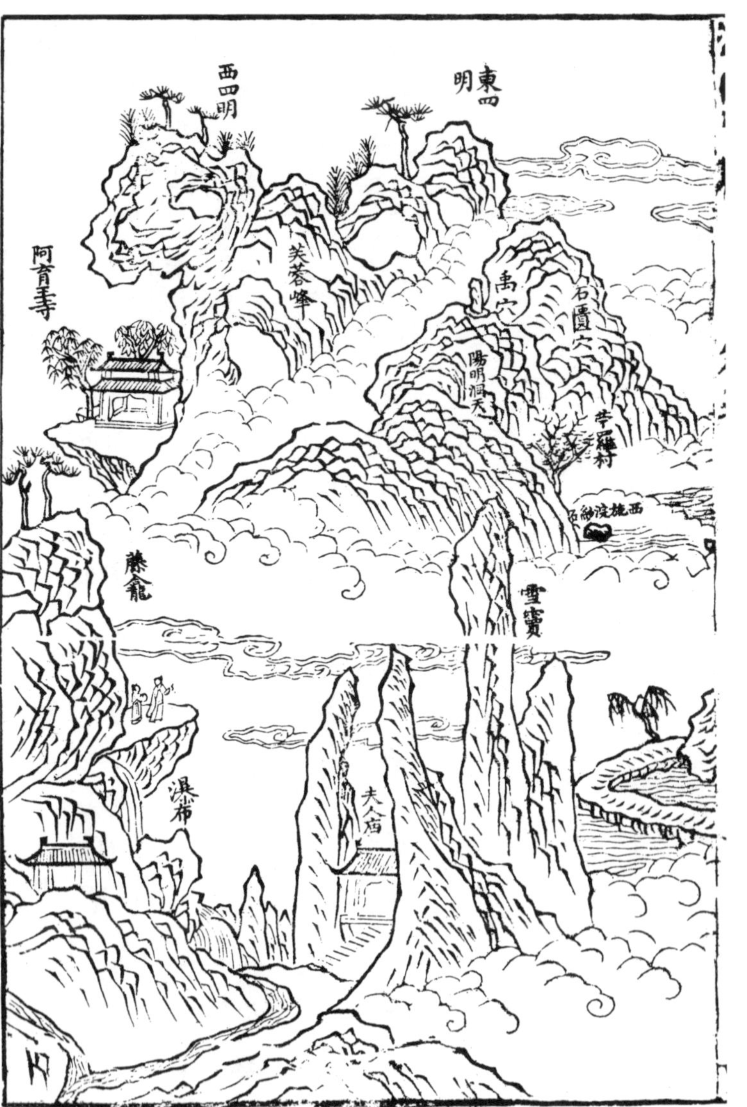
東四明
西四明
阿育王寺
芙蓉峰
禹穴
石匱穴
陽明洞天
苎蘿村
西施浣紗石
藤龕
雪竇
瀑布
夫人廟

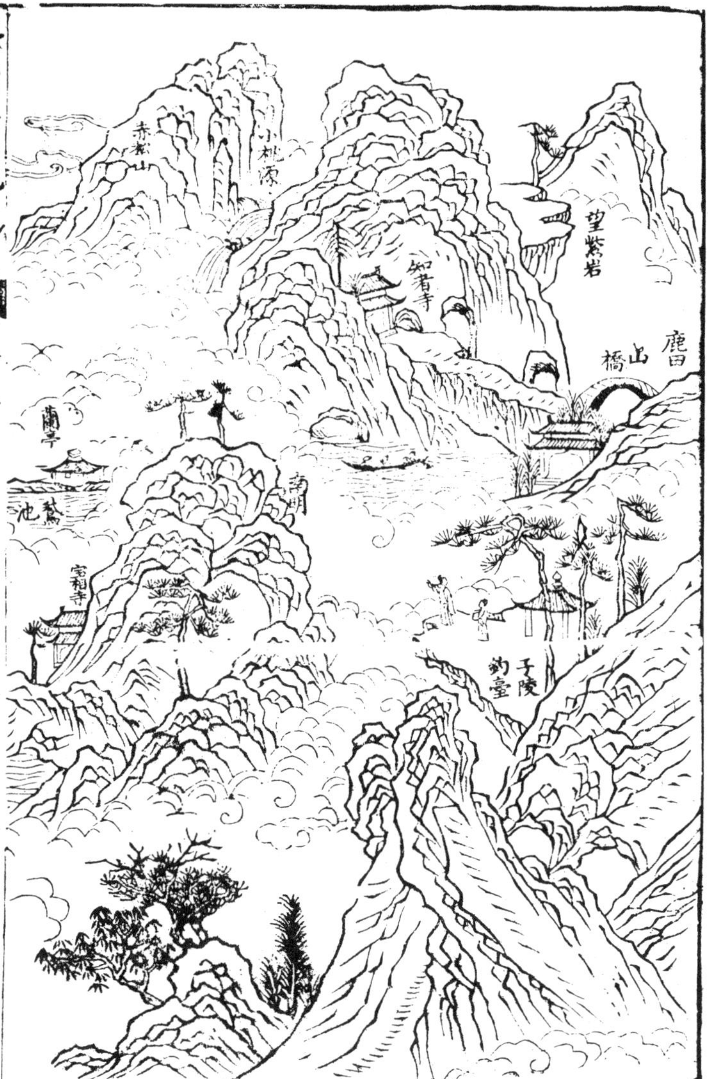

鹿田山橋
望紫岩
知者寺
小桃源
赤松山
子陵釣臺
澄明
蘭亭
鵞池

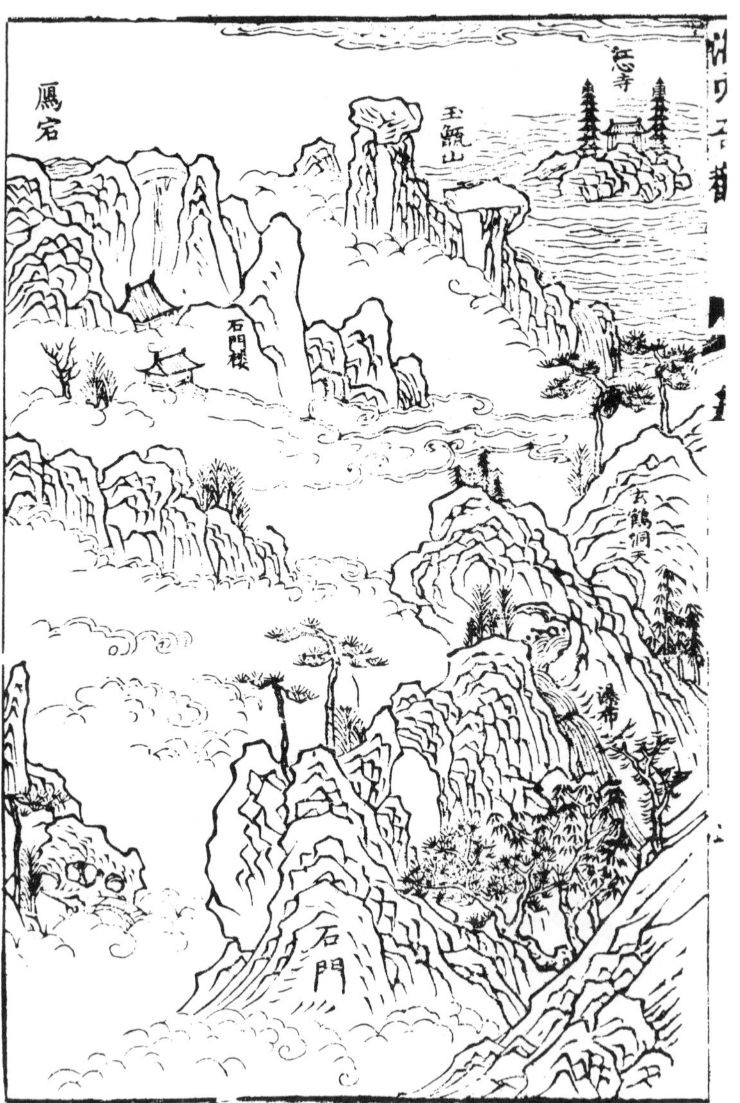
江心寺
玉甑山
鴈宕
石門樓
玄鶴洞天
瀑布
石門

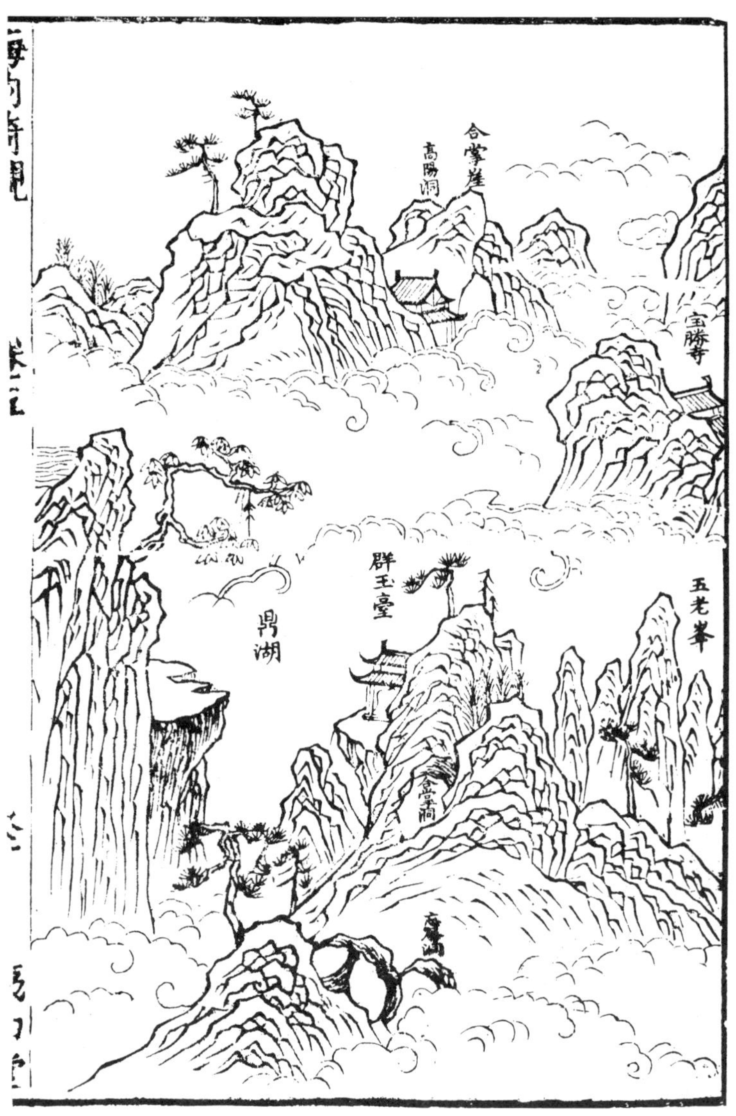
合掌崖
高陽洞
宝勝寺
群玉臺
五老峯
鼎湖
合掌洞

南明山者新昌城西南二里五代錢氏所刱寶相寺也路經盤谷而入峭岩逼漢刻其中爲彌勒十丈曲欄飛閣錦棚縹瓦咸自外附麗之久而化爲烏有今移其寺于右偏山巔有關中秋月正墮影于中谷口有湖築長堤植榆柳馬風和日暖柳絲垂垂蔭人谷中石氣清無留雲幢簇枕流漱石良不惡也

雪竇在奉化之西出縣城十里日嶺之坂有石馬亭亭然偃而頎銳而肖髻以類人也爲夫人廟祀之又二石高與夫人肩銲夾長石如巨鰌齒齒足玩又四十里山靄明滅盤微有亭榜雪竇焉歷峻坂數十盤乃望官曲道樹宋應夢名山碑復數百武爲山門則平疇沃衍非復萬山之巔中起一石阜廣不盈畝構

栢森蔚海鶴巢之名含珠林東西兩澗水合為閣道覆之名觀瀾閣南澗有沼石文如錦名錦鏡池又折而南兩澗合流之水垂瀉于千丈岩下懸為瀑布虎豹吼而震雷轟也寒飇從水中與飛沫俱起四顧戰戰不自持名龍隱潭又十里為上雪竇舊有藤龕龍僧和菴巢其中日令雙虎頸掛大竹筒來寺乞齋為守龕第子今僧去而龕廢矣此山奇峭幽邃烟雲满壑亦海上之一奇也

四明者天台之委也高一萬八千丈周二百十里自鄞小溪入曰東西明自餘姚白水入曰西四明自奉化雪竇入則直謂之四明山山盤互竹樹葱蒨衆壑之水亂流爭趨入谷深猿鳥之

聲俱絕悄然噎咽顥氣覺與世界殊絕道書稱第九洞天峰凡
二百八十二中有芙蓉峰古隸四明山心字山四穴如天窓隔
山通日月星辰之光故曰四明山北有潺湲洞洞下曰過雲岩
雲縹緲不絕者二十里人經行雲中故云山南曰雲南山北曰
雲北山無古刹人跡罕至大約東海之上惟天台四明群山罕
儷焉
東湖者去鄞三十里受七十二溪之流灌鄞七鄉一名萬金湖
湖口有堰堰前有喬木玉几山有阿育王寺昔劉薩訶得佛舍
利于地中置塔以藏塔高不及尺四隅角起非木非石懸舍利
于金鐘下大不踰菽色黄白焜燿動揺無定時益宇宙之神

奇也

禹穴在稽山之麓山之東隴隱若劒脊西嚮而下皆石也石之中藏空石焉其形如椎高與首齊扶之或搖畏之不起蓋異物也俗稱禹葬衣冠于此或云禹陵在攏後展三峰而帶湖有穿碑大禹陵者是此特以藏金簡玉字書也左二里爲稽山鎮西北五里則宛委山山有石匱穴其中爲陽明洞天名在道書第十一昔大禹發之得赤珪如日碧珪如月又得玉笥秘圖倍百川之理賀季眞則謂黃帝藏書于宛委禹得之而復藏之名爲穴云會稽山群峰簇擁水遶鑑湖有賀季眞舊宅自鑑湖至楓橋夾竹嘉樹相望十里至蘭亭亭有曲水有鵞池墨池曲水非

其舊當是溪流失其處耳昔人謂行山陰道上如行鏡中秋冬之際殆難爲懷旨矣哉苧蘿村有西施浣紗石

釣臺𠕇漢嚴光隱處也兩崖峭立夾夥婺之水而下桐廬宛曲如游龍者七里水淺則磯激如箭山腰二巨石對峙突兀欲傾名以釣臺天作之矣好事者亭其上左垂綸百尺右觸嶼一絲登臺而俯深淵水龍如綠玉山麓萬木參天其翠欲流祠顔聖人之清然哉隔水爲白雲原唐方雄飛隱居其上塚則宋謝皐羽所慟哭而終焉者二子慕先生風如梁伯鸞覔葬于要離側之意過嚴陵瀨入蘭溪水行二百里有金華三洞之勝

金華山高千丈一名長山又名北山山巔雙巒曰金盆曰玉壺

壺水分兩派下下山之陽者由山橋以達于溪瀉山之陰者由鹿田而入于洞盆水惟一派落而爲赤松澗山橋者兩崖峙百仞上有石横跨之溪流下注焉故于諸澗爲尤勝山之右爲赤松山又右爲知者寺寺在芙蓉峰西畔出城二十里乃至西去爲三洞東行乃至紫雲石石東三里則赤松宫長松茂竹澗水如環流宫傍山爲皇初平叱石處石色蒼白卧立各異態宫東北兩崖間則小桃源在焉水石相搏時引出桃花數片可觴也西三里爲東西鹿田俗稱玉女驅鹿而畊也五里爲三洞上朝真中水壺下雙龍雙龍外洞堪百榻石壁上現仙桃霞衣龍首左昂而尾右垂內一穴如坐奩顧水淙淙從中出即伏流洞外舊有

覆石可仰卧小舟以入入則見華葢垂衣猨猊龜蛇町者爲田方者爲床滴者爲硯擊有聲者爲鐘矯如玉者爲鼓龍兹木捍石塞未入也又一里爲中洞黑穴無底徒有水聲暴至久之乃有簾泉飛下三十餘丈盛以巨石雙石筍嶄然壁立于前披莽三里爲上洞大石如龜横當其穴穴中數石如群仙儼立内垂衣伸一足者爲觀音此朝眞所由名也洞口天日之光斜射洞中石涯上淡如月色内有石梁高掛白龍護其左蒼龍護其右又有天池深廣四畔峻不可下池之裏有崖如兩扉而啓其一極暗中遠望石扉啓處天光下燭葢洞天漏明而人莫知其處既隔天池不得復深入也自洞下北一里爲紫微岩講堂洞梁

劉孝標所卜築者洞飛霞涌水廣而紺碧如廈屋然道書亦以此爲三十六洞天之一

仙都者鼎湖也世稱軒轅鼎成上昇而五色雲見故邑稱縉雲道書廿九洞天也山去縣二十里爲桑潭爲步仙橋懸崖千仞色白如抹名仙人榜上有謝康樂王龜齡朱晦翁諸刻從小蓬萊穿合掌洞爲龍舌州上而登嶠百級爲忘歸洞下洞里許入玉虛宮右一石如天柱高數百丈方圓半之巔有湖久雨則湖水溢下湖畔大木蘢蓯如亂龍此鼎湖峰也傍有伏虎岩蒼龍峽出峽登舟則順流經練溪至群玉臺觀五老峰下渡石橋出響岩則暘谷洞洞三竅如連環其一寬廠見天東壁二竇如

甕牖中有懸柱隔之初陽出時巧當其竇與湖峰屹立于前宿霧欲收翠色尚滴澄波在下倒影半浸亦令人心目爲舒然始婦仙釋諸岩皆以意名之不甚肖也

南明者麗水南明也以别于新昌新昌南明聳盤谷中面孤崖麗水南明踞城之南曠覽一邑初入有石梁跨壑如龢龍蟠水中寺後兩石相倚人行石下不見日月之光名合掌岩上有高陽洞葛洪隷靈崇二字并米元章南明山三字俱刻于壁崖下二井天欲雨則井中出雲人呼爲龍窟云

石門在青田境中發括蒼踰石帆五十里方至洞口雙峰鵠峙巖嶪入雲中是名石門迤逶而入平原若曠西南天表瀑布落

巖擘天壁而下渾掛流幾七十餘丈非烟非霧亭以噴雪渾空洞沉碧疊石中流若砥柱當前又有歘洞在石壁下飛沫隨風時時入洞霑人衣俱濕李白云山光水色青於藍然哉上有軒轅丘道書以爲玄鶴洞天云此地行溪澗中大都嵐氣依人曲曲如畫不獨瀑流之奇也

江心寺者永嘉大江中孤嶼也城抱九山爲九斗門嶼與之對峙海濤日夜齧其下左右造浮屠鎮之如兩龍角然當其奇天不動滄海無波春日初長晴江似鏡塔影東柳晚渡爭喧憑江天閣而眺亦一樂也若夫隔江烟火如天星錯落則在雲陰之夕佳海潮奔激西去有聲自顧身在嶼中如泛之銀河上下則月

𨷂之夕爲最

南鴈宕者以别于樂清鴈宕也扯鴈踞孔道士大夫乘傳多過之惟南鴈僻無聞焉出平陽之南舟下西塘十里爲荆溪爲寶勝寺又爲智覺禪林石齒桂舟陸行歷三溪則石門樓山左巨石嵌空如琢右爲屏風三疊應之宅不能盡名者如圭如笏如芝房燕壘備極巧態有兩石十仞夾峙名石華表則石柱寺寺有數洞游人以西洞爲佳上窿下窞鐘乳自鑄滴槽中云仙姑泉也前穴石爲月牖可攀望其外右行半里雙壁插天石梁橫跨之下俯萬丈深窅不可測峰頂亦有雁湖大規視北雁爲小而岐嶒峭抜兩宕無殊焉

玉甑峰者未至樂清三十里岐路而入夾石爲門流水中貫桑麻瀰林儼然避秦桃源也峰頂巨石成山如負甑山麓羊腸盤曲石立如人山腰有飛泉一道自空注下特有鷄聲若在人頂乃洞中黄冠所畜啼時聲徹下界也由左陟其巔反下至洞洞嵌空如簷寺其中不設椽瓦塑孫眞人像亦奇矣哉

五泄或作五雪去諸暨縣七十餘里一路多須山無卷石可入目者直至青口兩山夾天如綫山石玲瓏峭壁若疊若鏤數息

一壁潭水渦渦流壁下一壁上有古木一株云是沉香樹一年一花猿猱所不到其他非奇壁則皆奇花異艸幔山而生紅白青緑燦爛如錦映山紅有高七八尺者與他山絶異又十餘里

始至五泄沿溪而行兩山一溪比青口天尤狹而奇峭率相類山形或如爐如鐘鼓如屏障劍戟皆拔地而生溪傍天竹成林又石壁青削似綠芙蕖高百餘仞周廻若城石色如水浣淨揷地而生不容寸土雙瀑從巖巔奔瀉沿歷五級始下注溪聲雷奔海立聲聞數里大若十圍之玉宇宙閒一大奇觀也貫元中僧咸潤來游嘗作五泄十題云五泄西隙夾岩龍井石鼓石屏石門俱胝岩禱雨潭桐星岩

玉京去五泄二十餘里洞門空濶初時若夏屋少進徑微又濶復如前洞中形似蓮花人物之屬甚多凡三四折至一孔極小非匍匐不能入中有嶺四五洞深處有潤隔絶不可行

補陀洛伽山圖說

神州之內有三大山爲震旦佛國者西峩嵋以晉賢北五臺以文殊而東南洛伽以觀世音梵書稱補陀洛伽山華言小白華山葢昔大士以耳根圓通證無漏果而紫竹栴林實爲善財與諸大菩薩環遶說法之地其山僻在窮島海天萬里吞吐日月出没魚龍每一騁望則扶桑若木近在几席間洵海外之靈壤方中之奧區也今天下上自帝后妃主王侯宰官下逮僧尼道流善信男女遠近纍纍罔不函經捧香搏顙繭足梯山航海雲合電奔來朝大士而大士靈貺玄鑒隨力大小緣厚薄誠淺深輒應之靈蹟神光金身瑞相白衣縞帶紺目翠眉五雲幢葢七寶

瓔珞香花勝鬘仙禽佛燈時時有之故婬汚者望山而水銷狡
凶者瞻容而霞化慧根者頓悟而日朗迷眞者立撤而霧開寶
石乞靈于梵衲金光睹異于王人寶冠感瑞于蓬山蓮花戢武
于哈喇唐宋累朝咸知信向至我
皇代益以尊崇於戲盛矣哉唐王勃讚曰南海海深幽絶處碧
紺嵯峨連水府號名七寶洛伽山自在觀音于彼住寶陀隨意
金鰲載雲現兜羅銀世界衆玉粧成七寶臺眞珠砌就千華蓋
足下祥雲五色捧頂上飛仙歌萬種頻伽孔雀盡來朝諸海龍
王齊獻供寶冠晃耀圓光列纓絡遍身瞤皎潔臉如水面瑞蓮
芳眉似天邊秋夜月繡衣金縷披霞袂縹緲素服褊袒臂玫珈

普陀寺殿圖

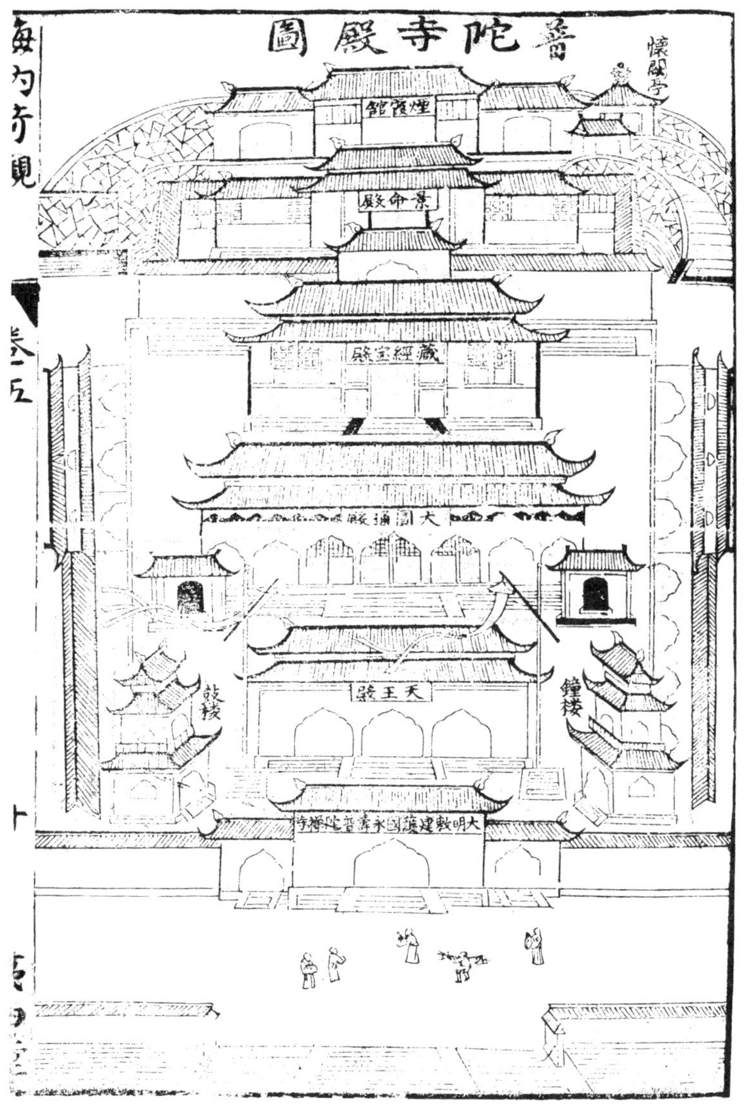

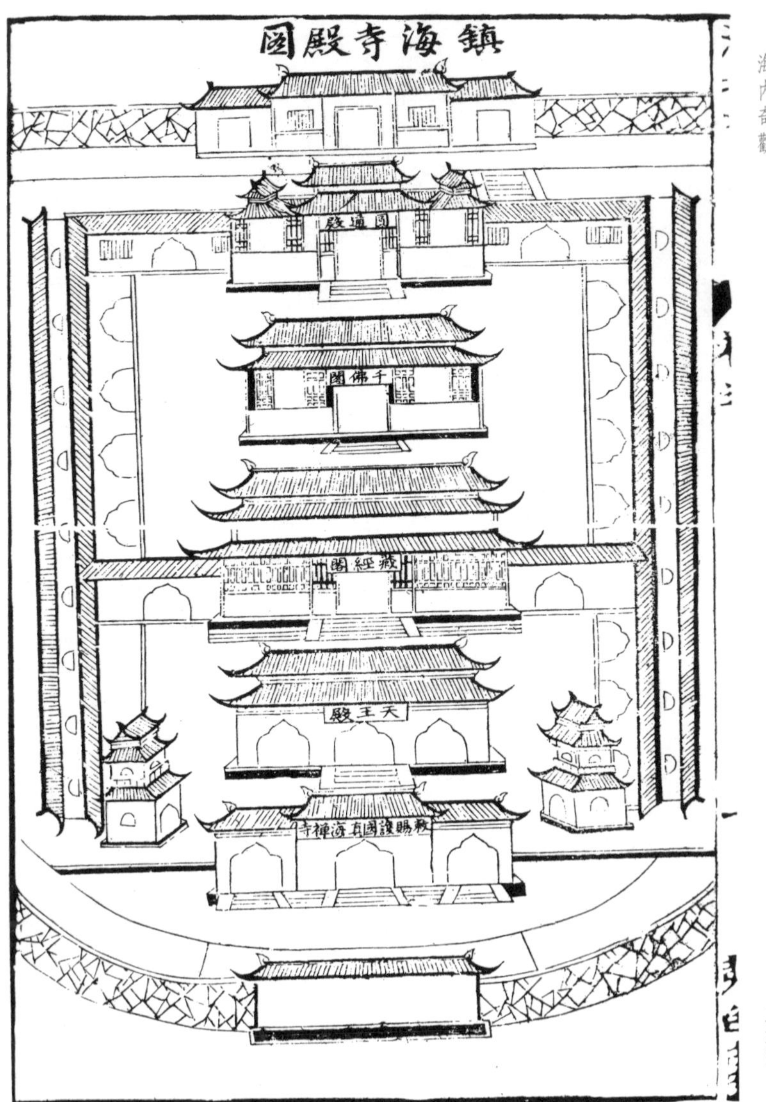
鎮海寺殿圖
圓通殿
千佛閣
藏經閣
天王殿
敕賜護國真海禪寺

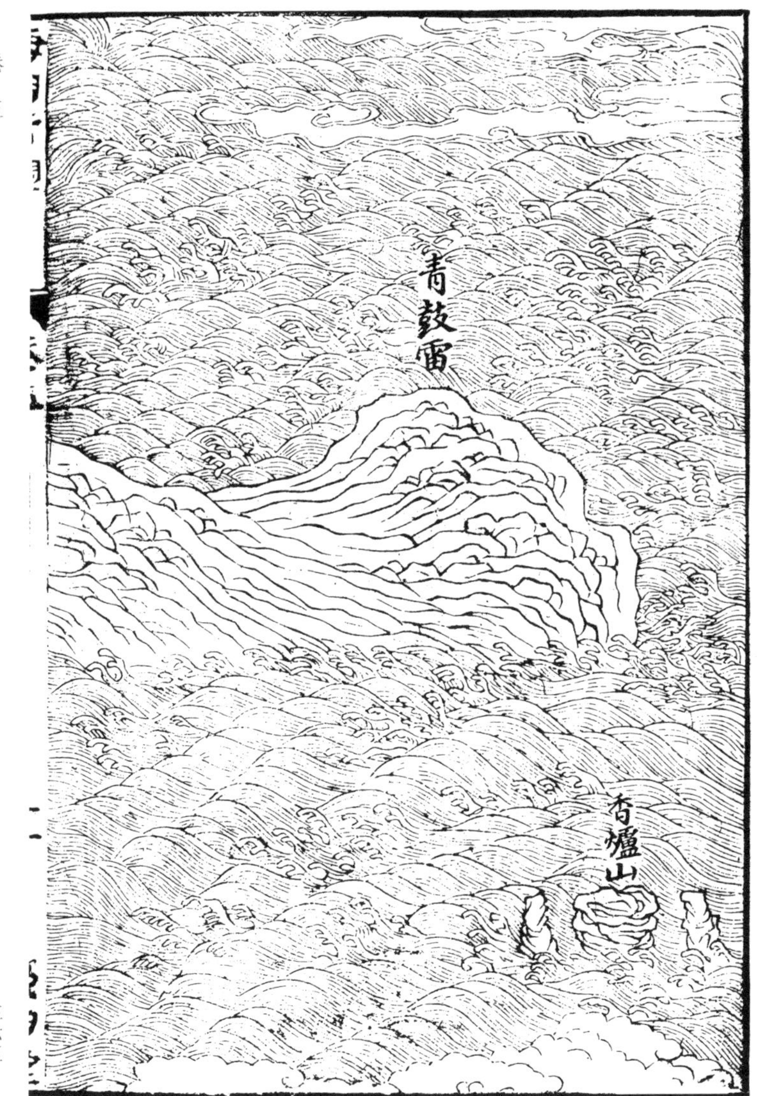
青鼓雷
香爐山

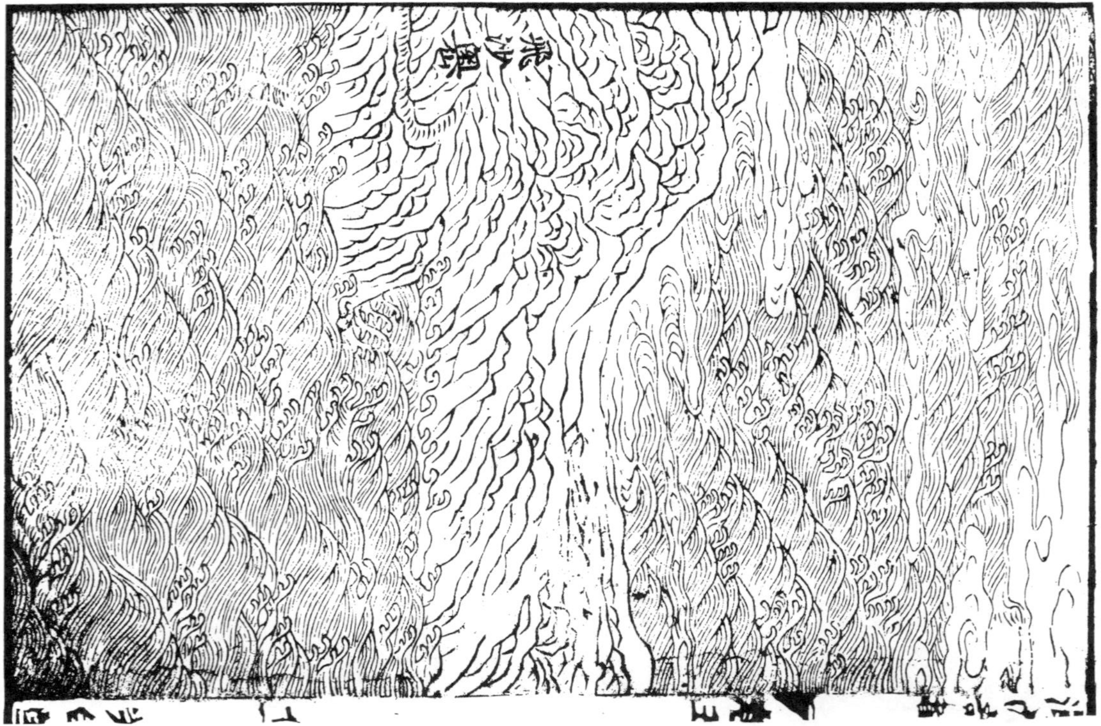

飛沙嶴

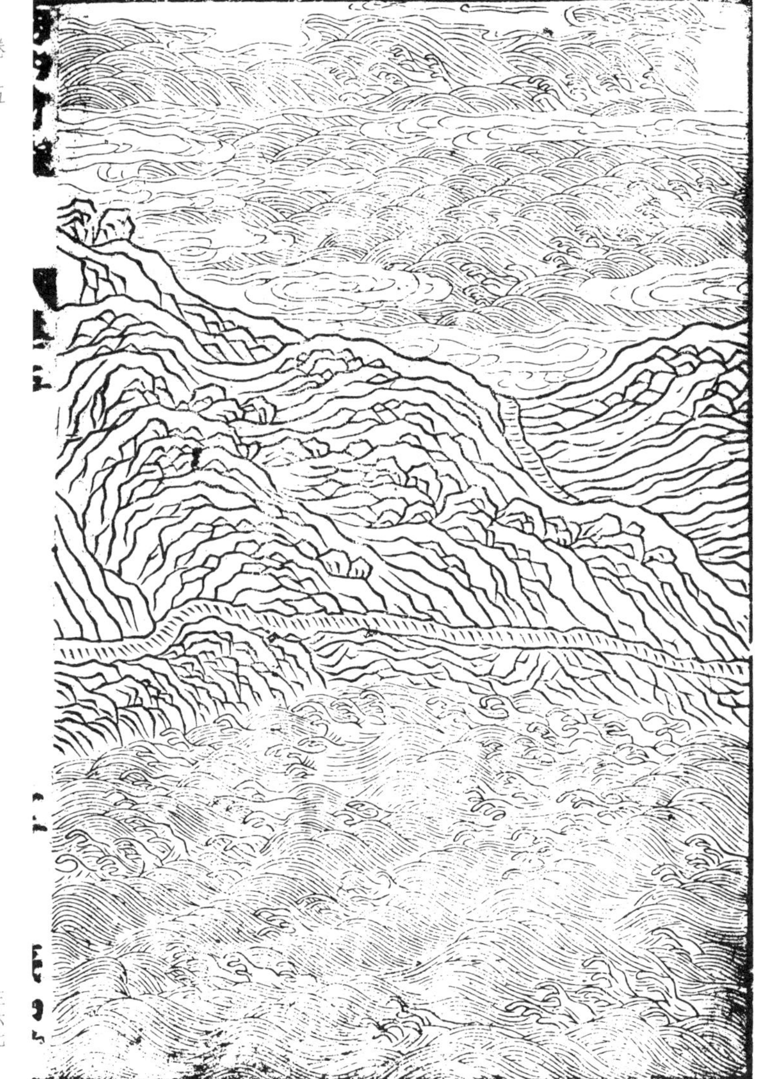

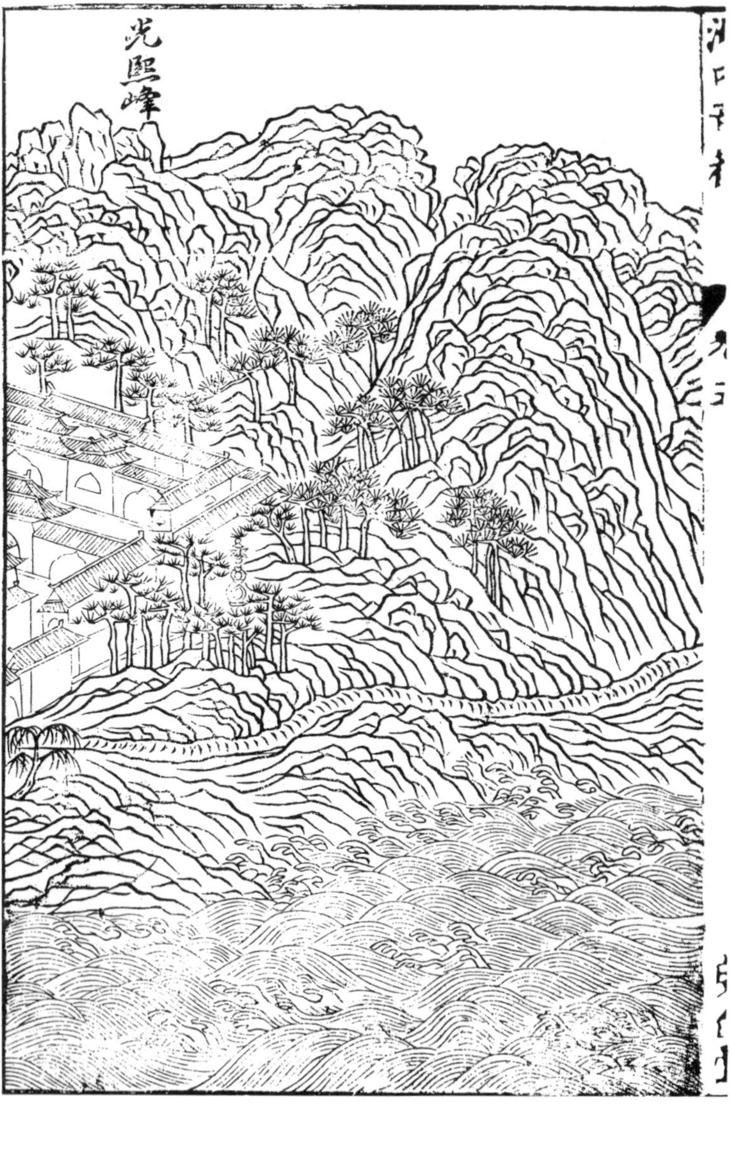

光熙峰

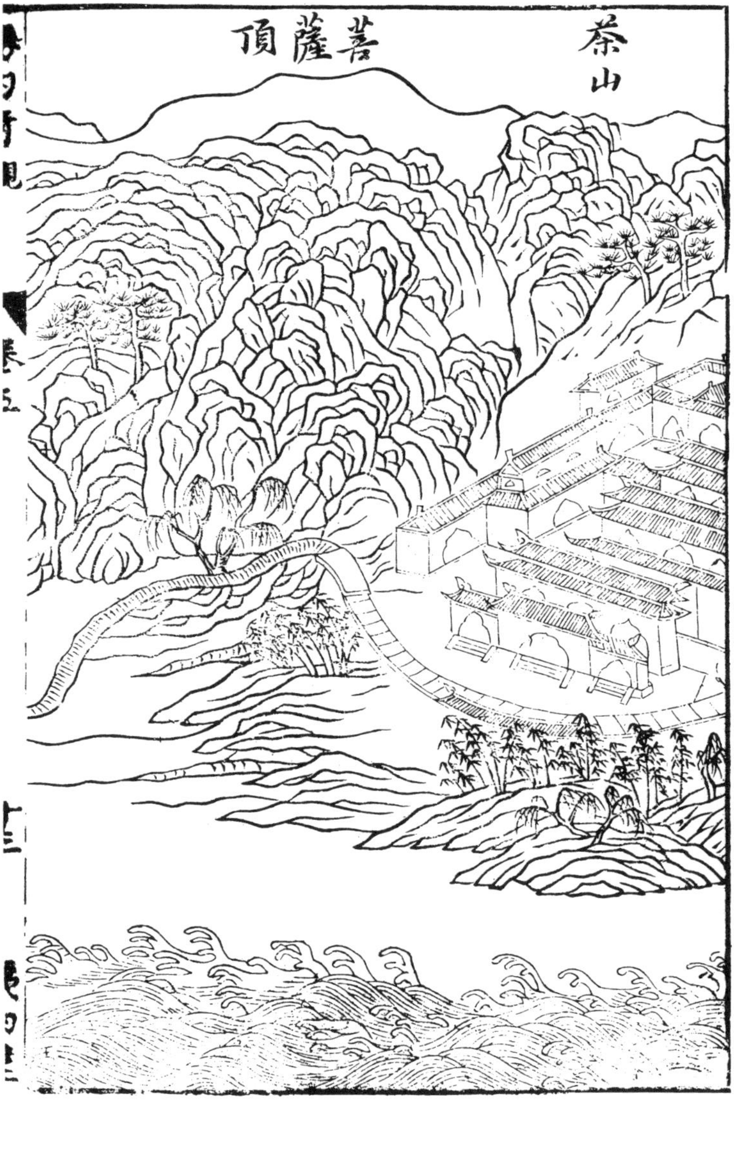

菩薩頂

茶山

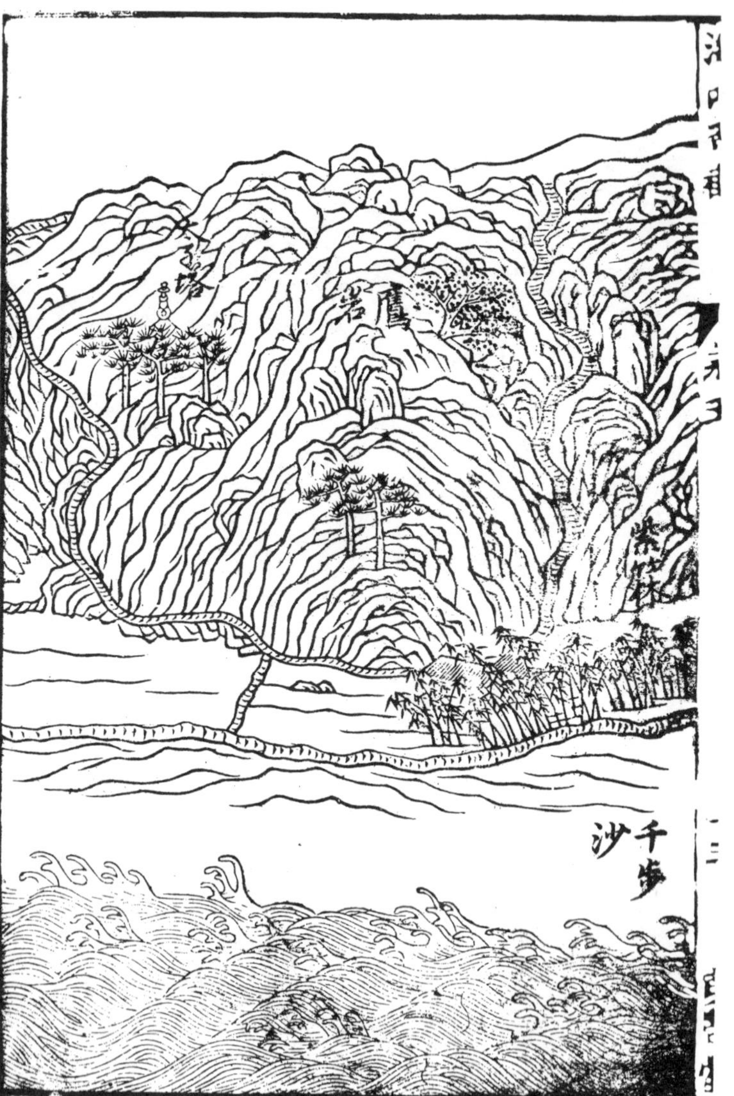
鷹岩
紫竹林
千步沙

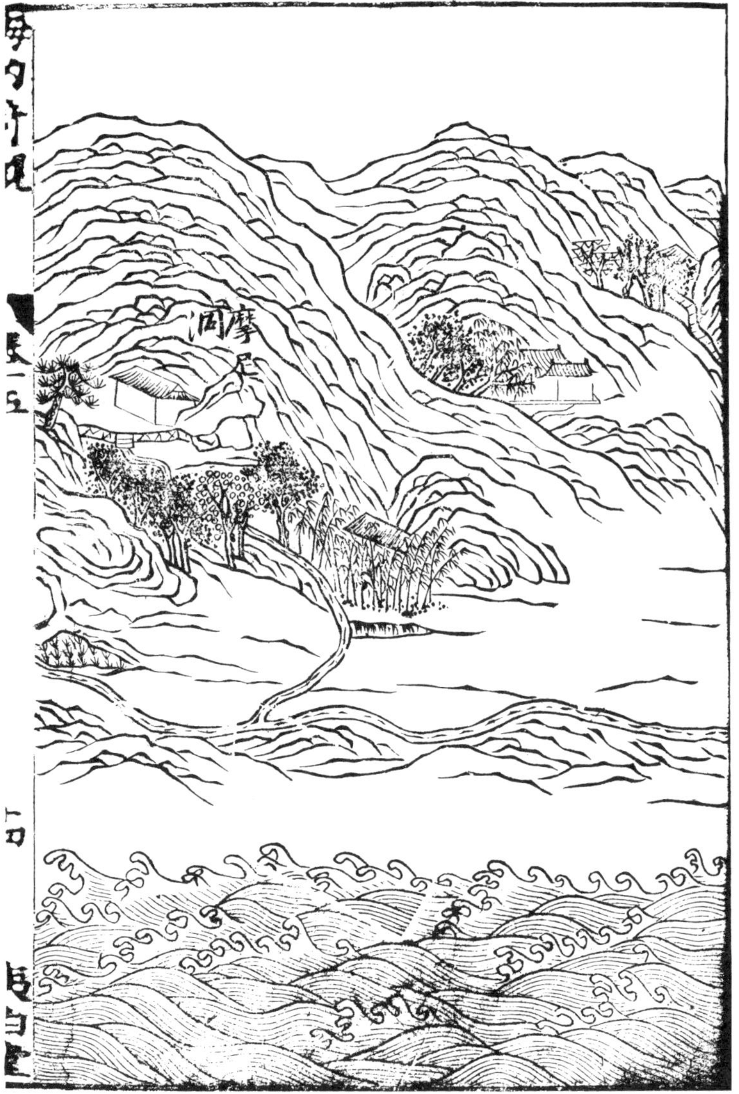
摩洞
尼

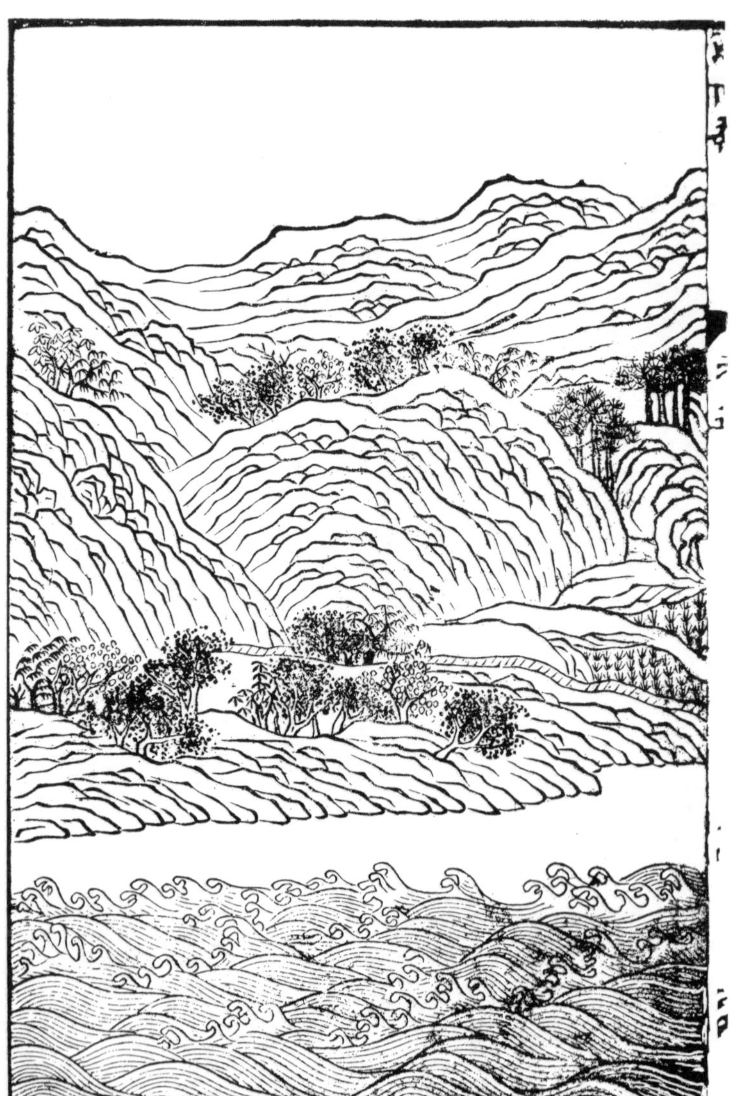

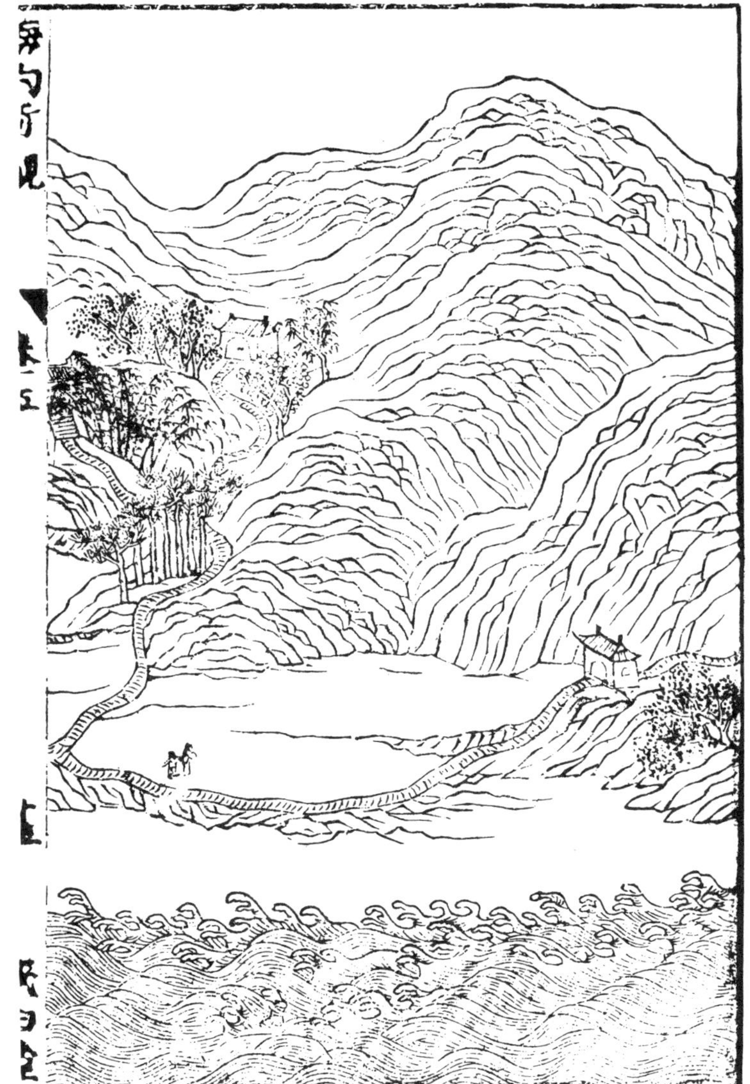

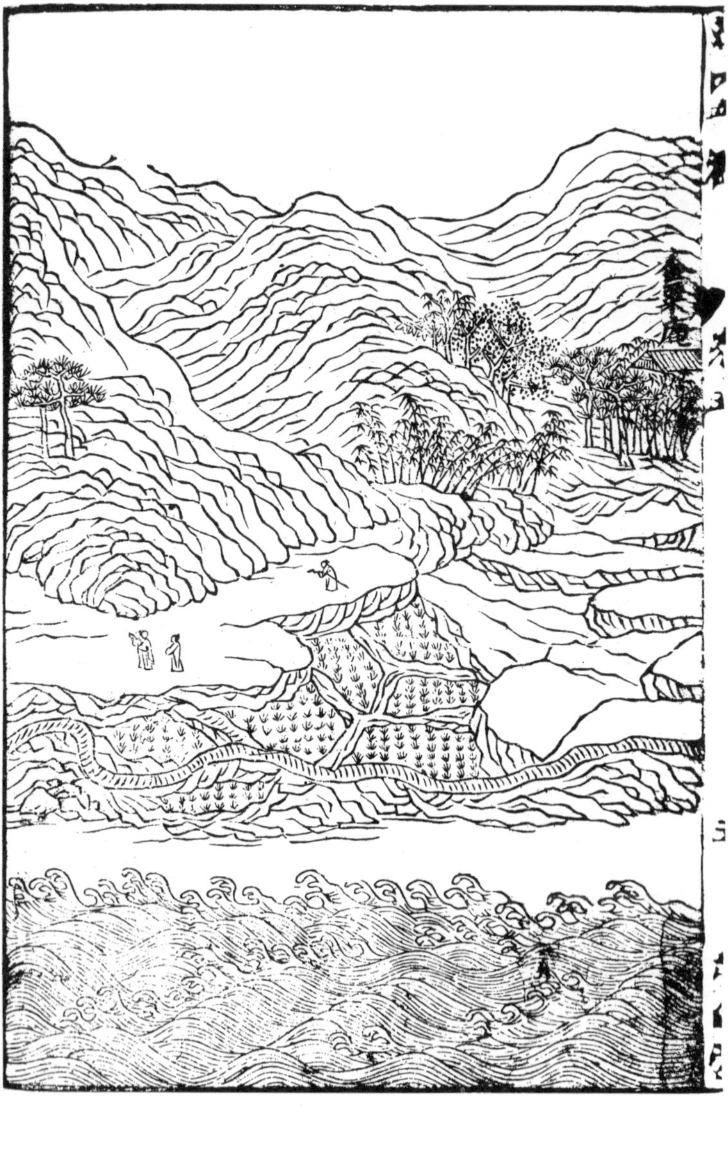

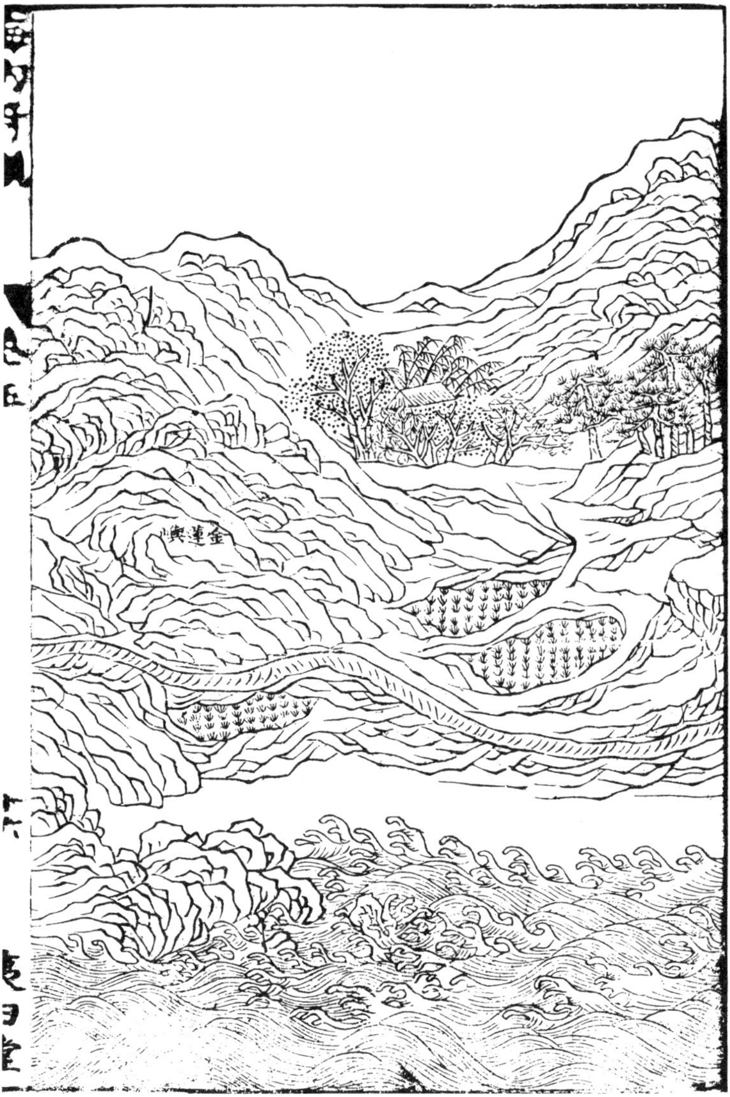

金蓮嶼

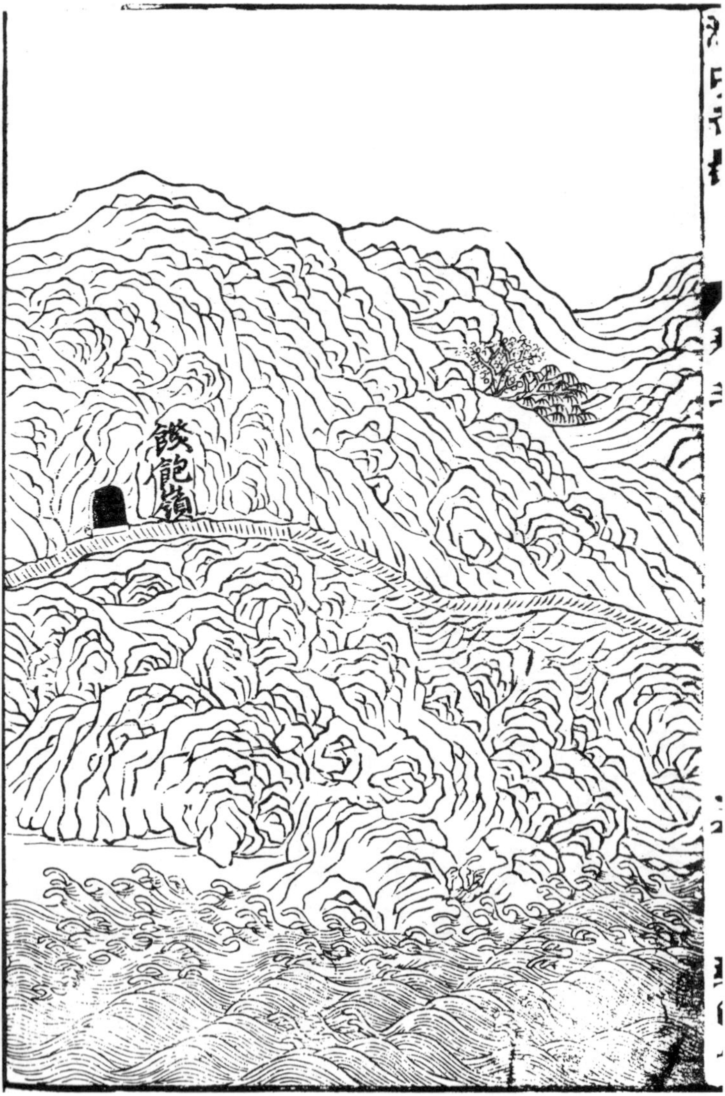

餓飽嶺

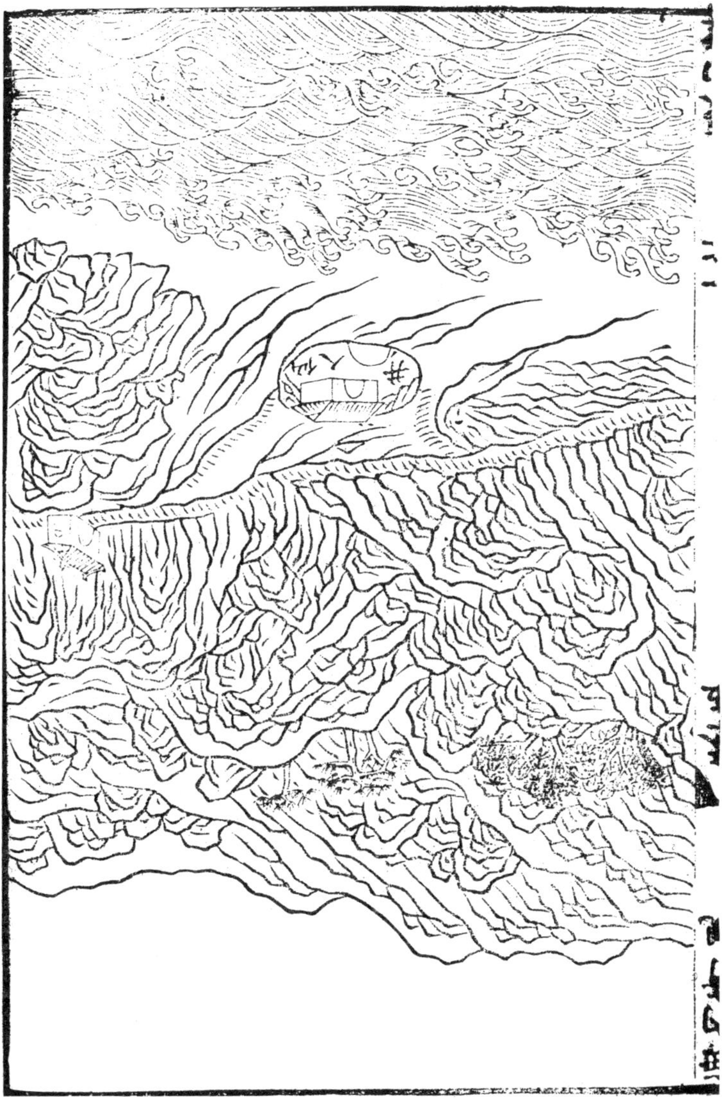

仙人井

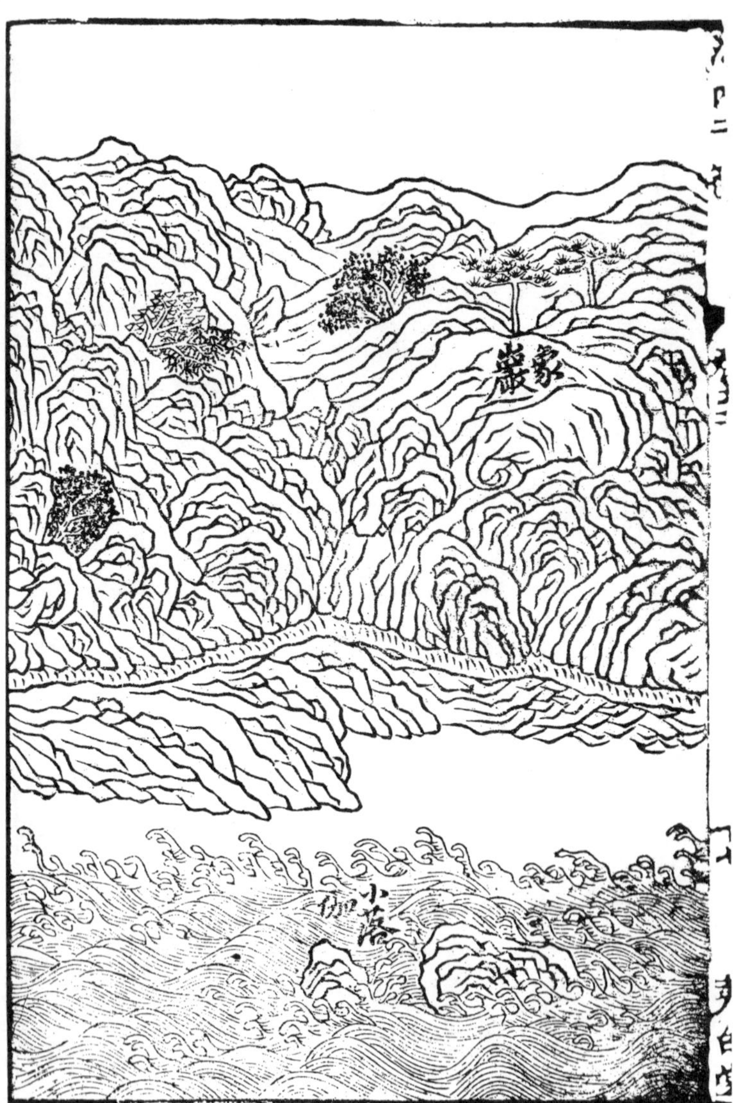
家巖
小落伽

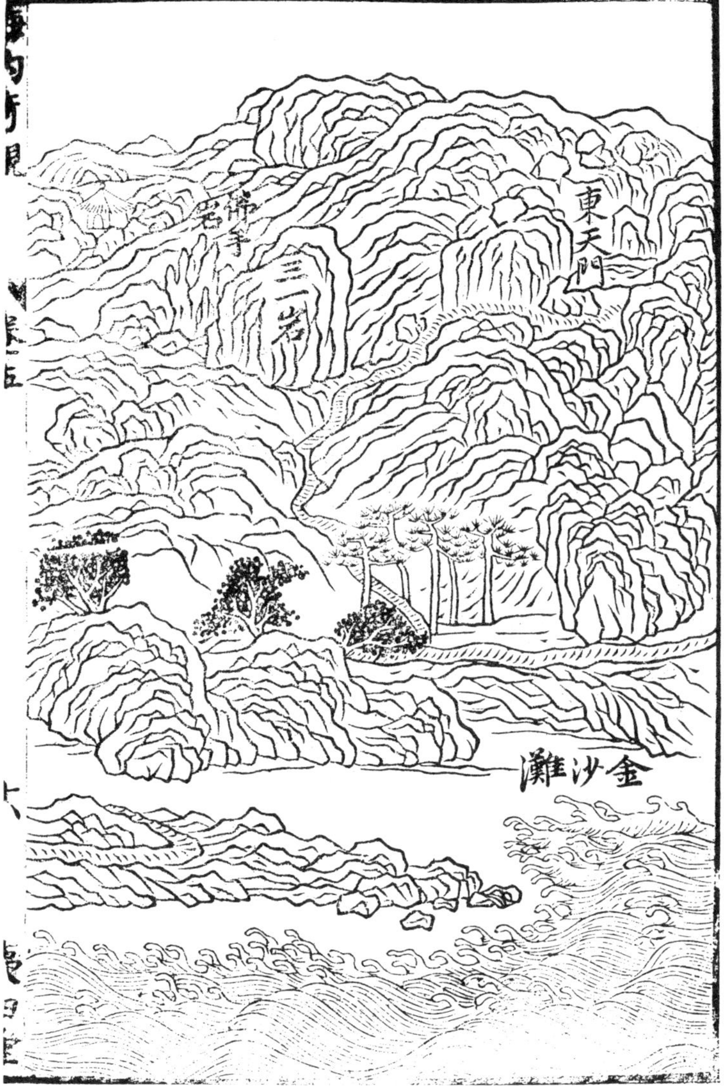
東天門
三岩
佛手岩
金沙灘

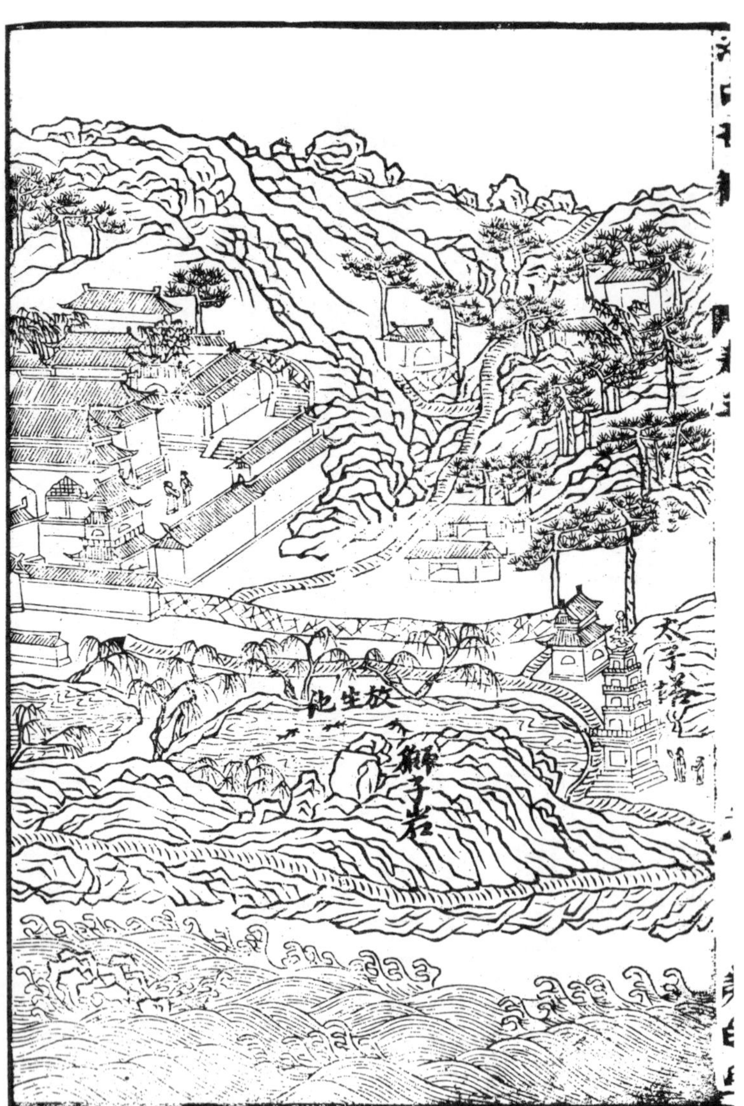
大字塔
放生池
獅子岩

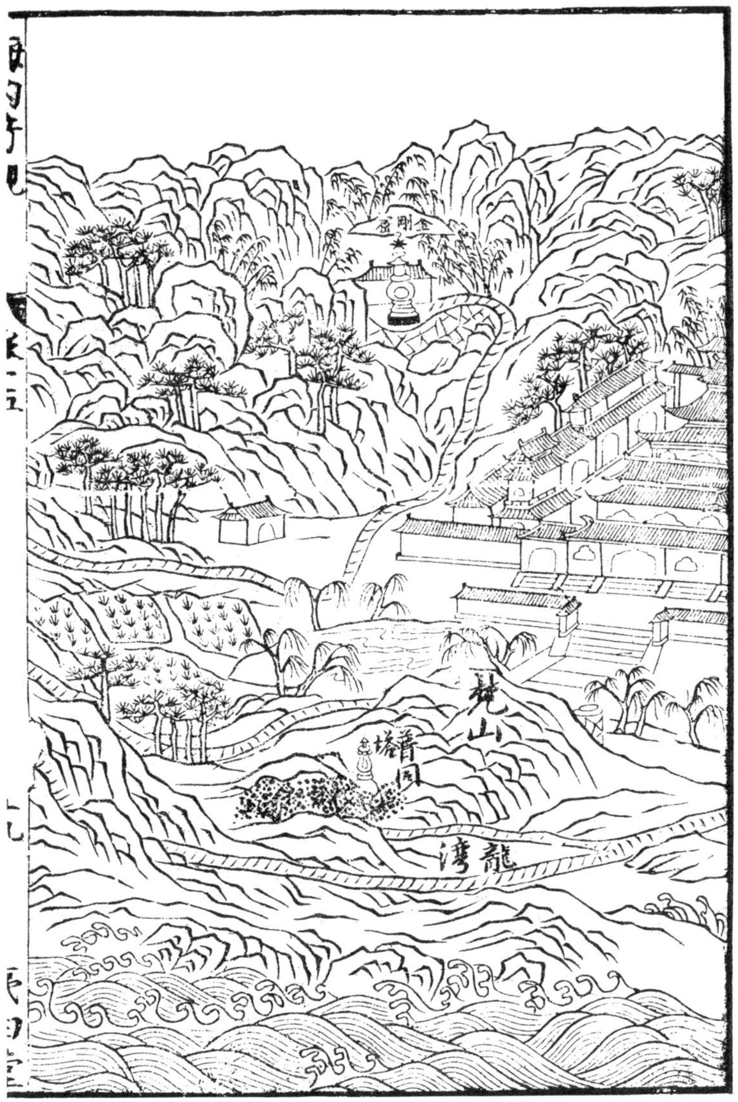

金剛臺
梵山
普同塔
龍灣

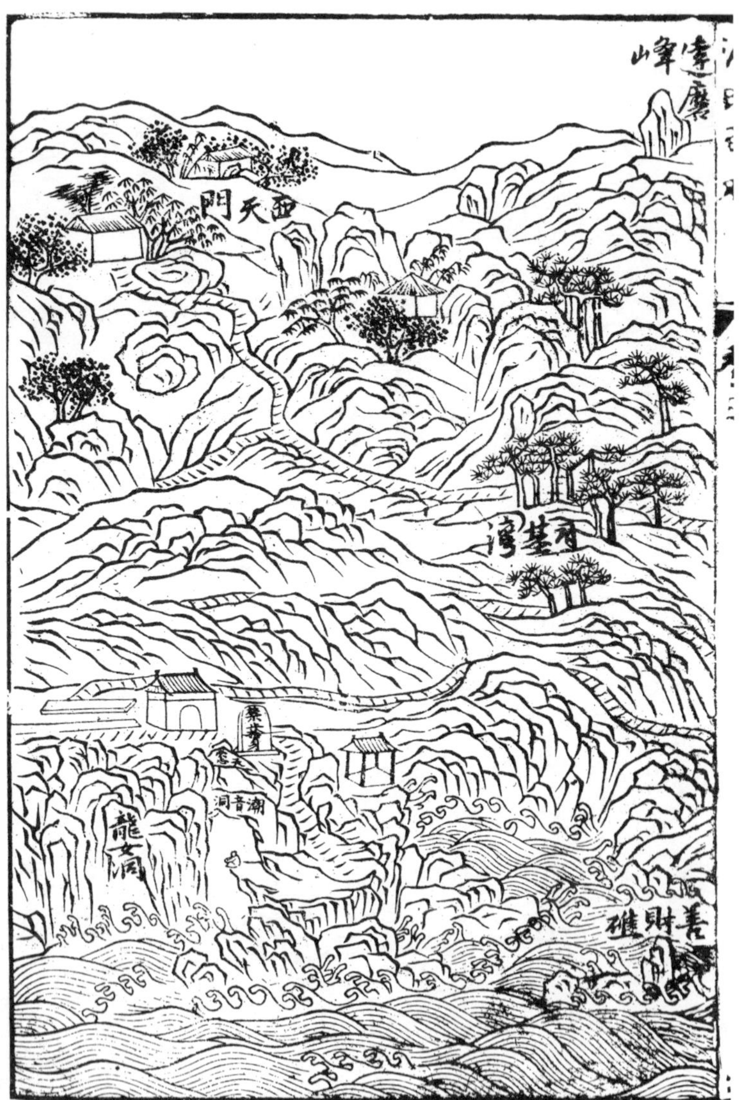
達摩峰
西天門
潮音洞
龍女洞
善財礁

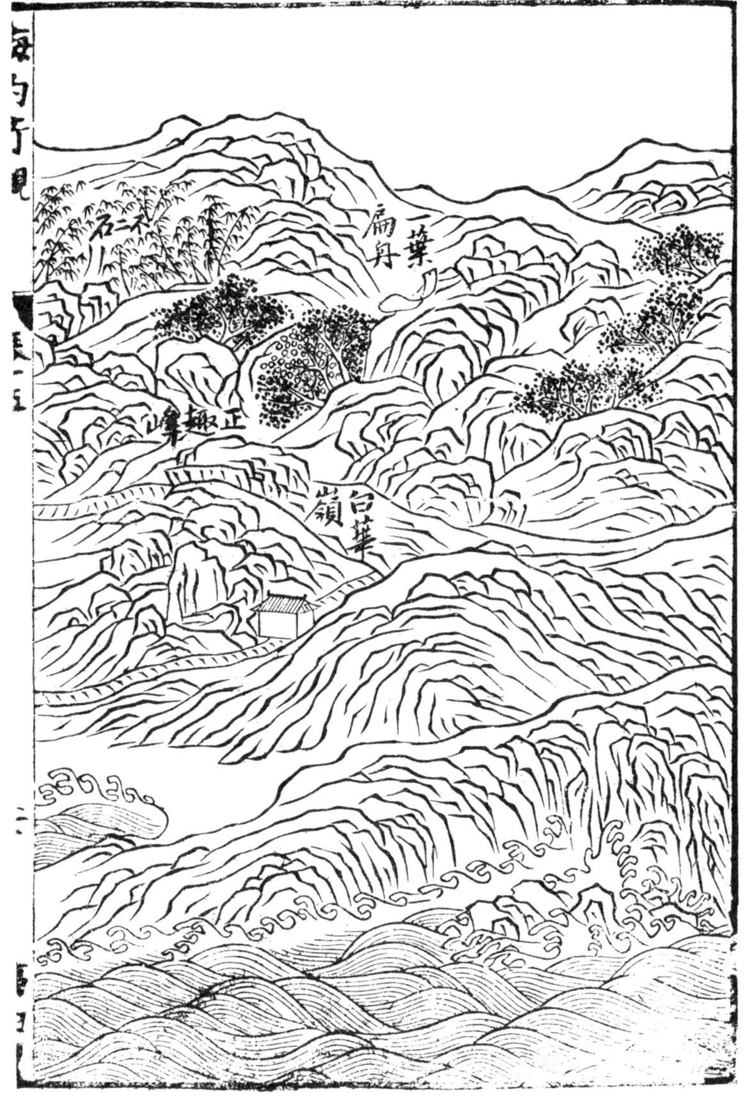

不二石
一葉扁舟
正趣峯
台華嶺

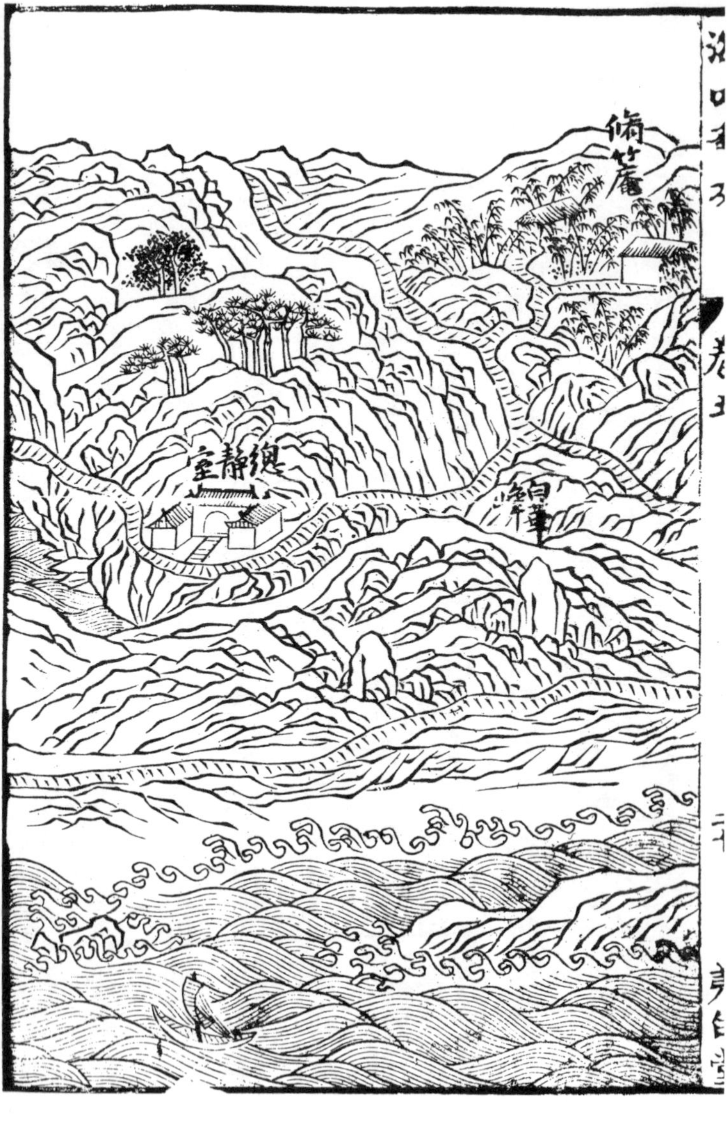

倚竹庵

總靜室

白華峰

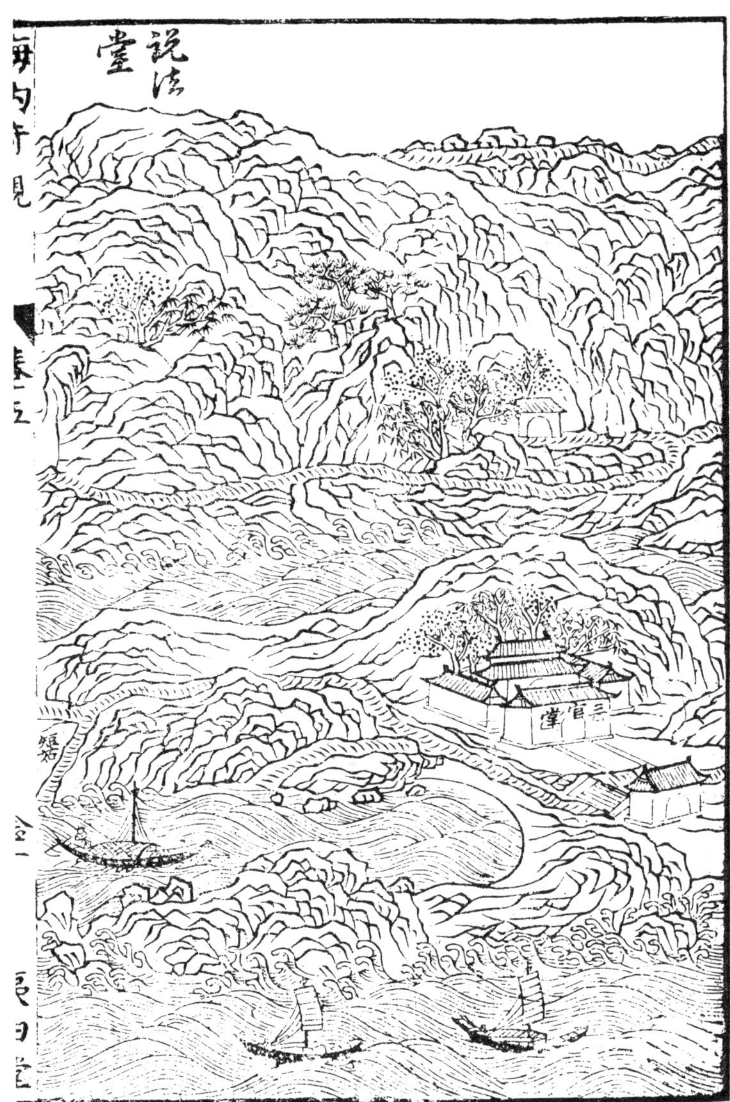
說法堂
三官堂

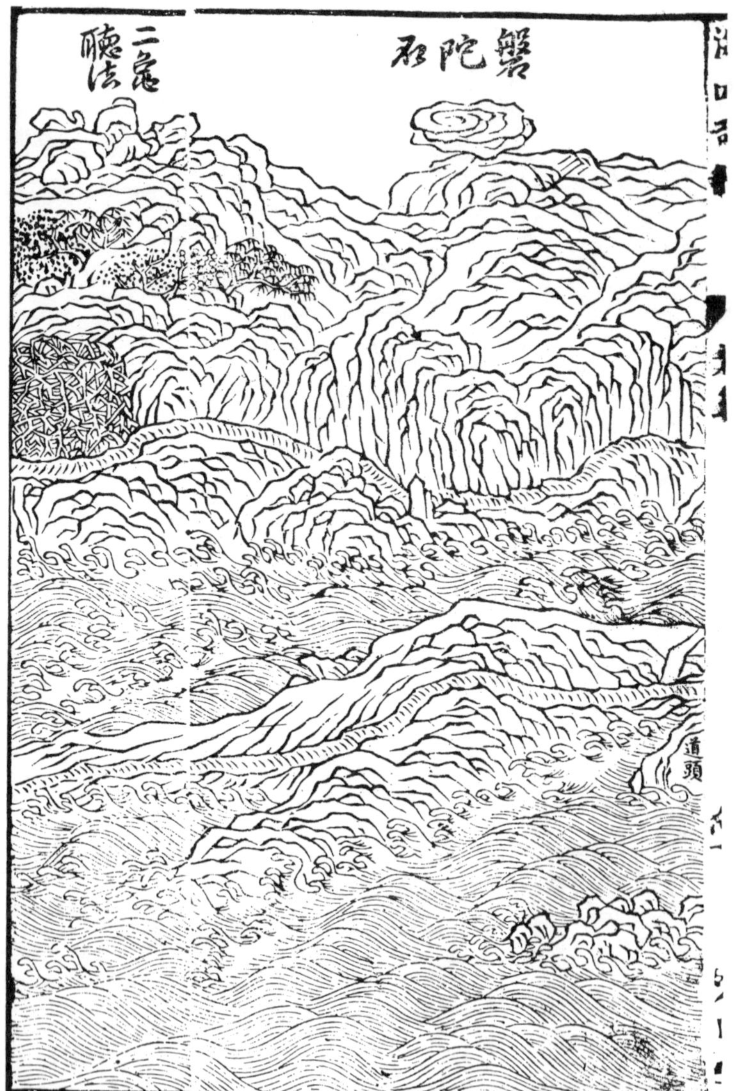
磐陀石
二龜聽法
道頭

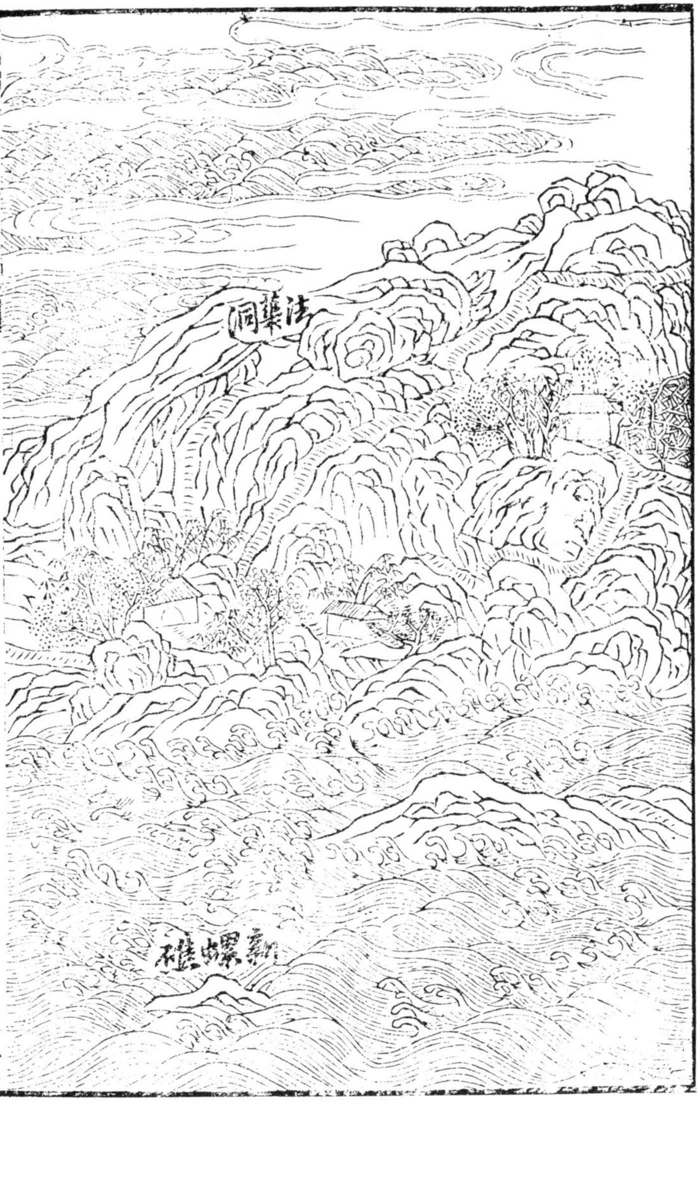

法華洞

新螺礁

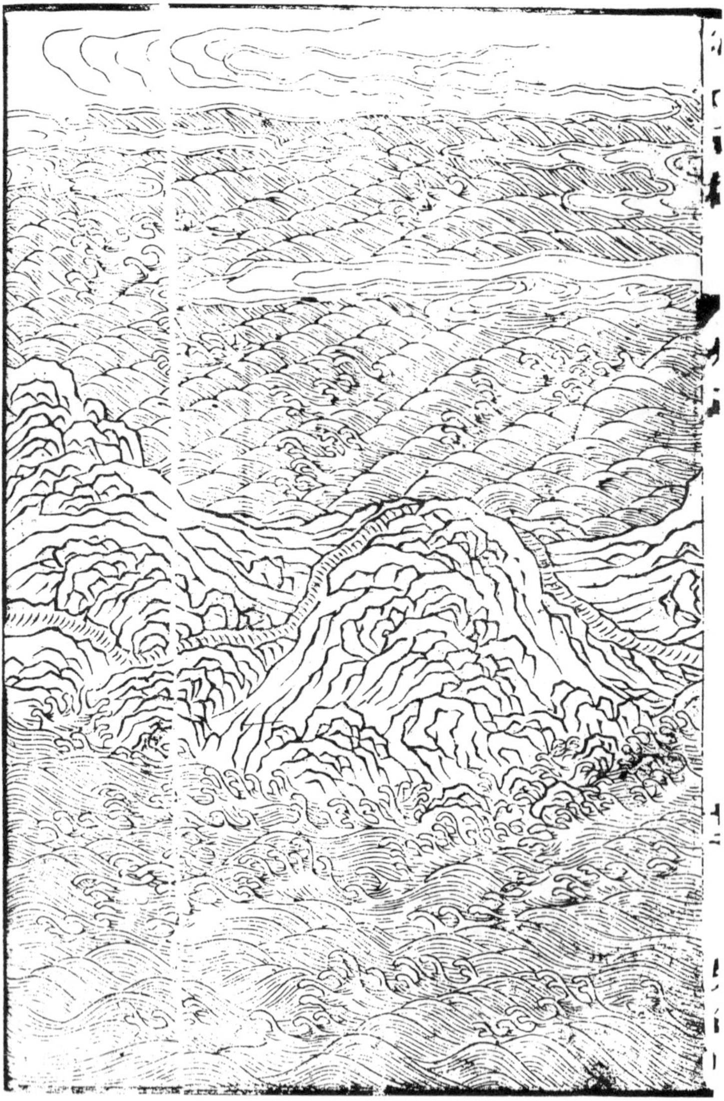

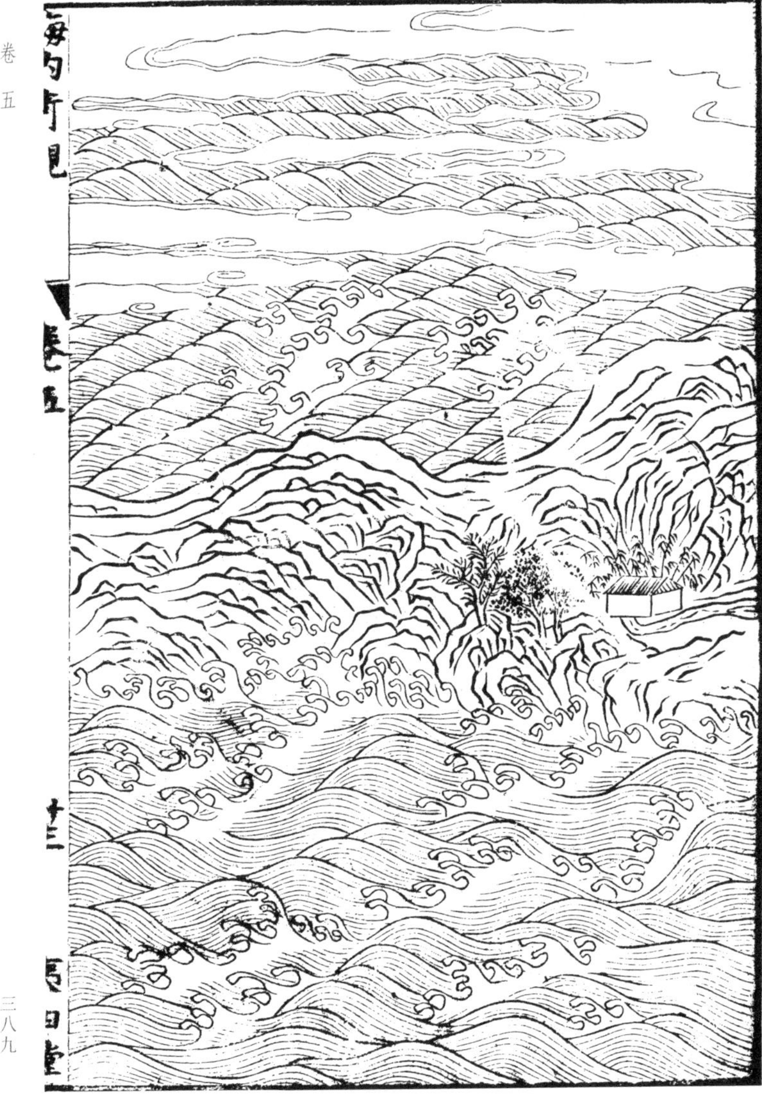

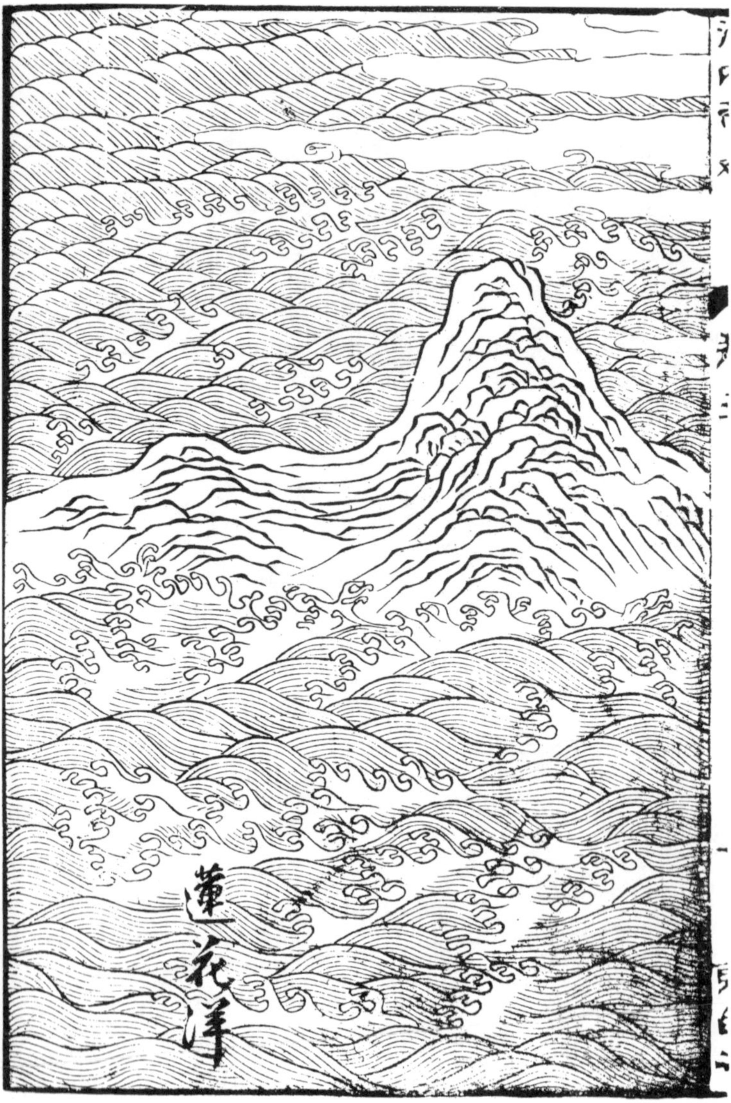

蓮花洋

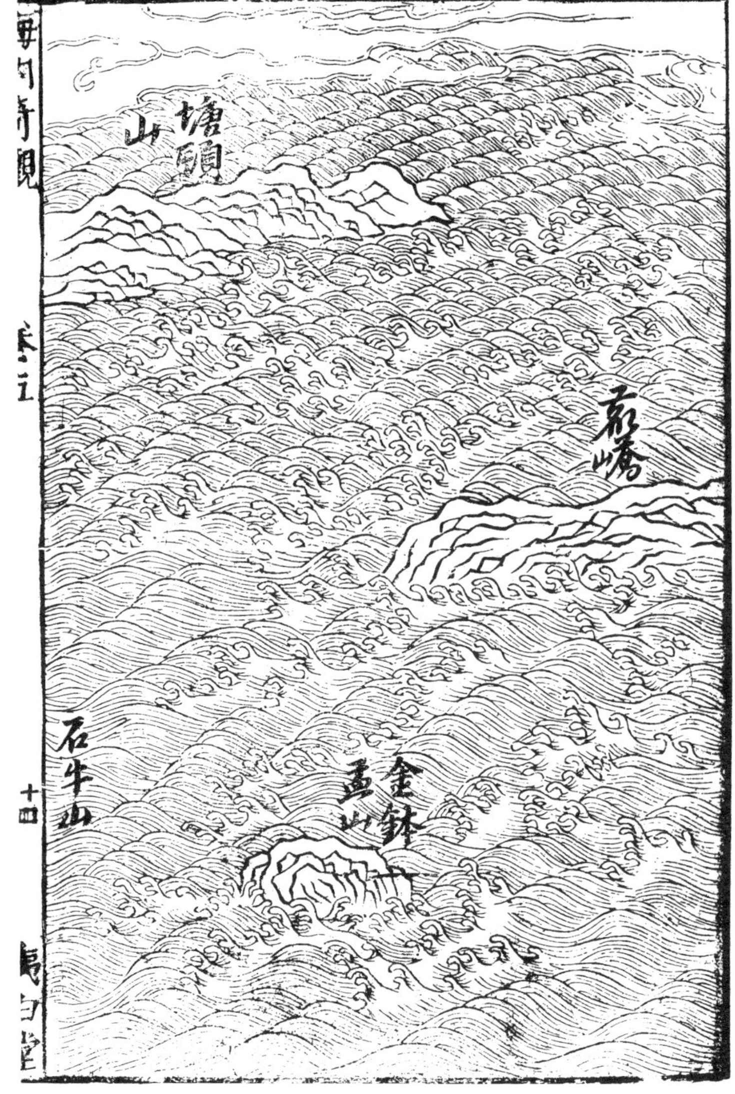
海內奇觀
塘頭山
扇嶠
石牛山
金鉢盂山
十四

珂珮響珊珊雲羅綴帶眞珠綴紅纖十指凝酥膩青蓮兩目秋
波細咽頸如同玉碾成羅紋黛染青山翠朱唇豔齒排玉珂端
坐昂昂刼幾何化身百億度衆生發願沙河救鼻阿我慚我媿
無由到遥望觀音悲讚歌大聖大慈悲愍念願舒金手頂中摩
觀音滿願真言曰唵阿嚕力迦娑婆訶
由鄮州城出桃花津六十里至候濤山一名招寶山是爲海門
石磴岑嶔嶮隘且峻及其巔始得平岡城之謁大士不能渡海
者多于此遥祝云東有望海亭望大海與天爲一航海抵翁州
洛伽山周圍百餘里四際無岸孤懸海中海船過島下僅僅一
木葉浮漚而已台山東行西折爲潮音洞乃大士示現處洞上

有穴如天窓仰窺日星俯瞰海島金沙細軟石罅深黑海濤日夜來噴吼其下舊有石橋橫亘可以瞻禮今崩廢又西則爲善財洞以善財二十八參得名巉巖峭嶮表乃中宵崖上珠泉散滴若垂纓不斷號菩薩泉瓶罌盛貯可洗目疾前入海數尋有礁突起如瓶爐狀土人云嘗有老僧秉燭行洞穴且半里山石合一竅有光大如盤盂側首睨之寬引潔白非水非土遠不辨涯際北轉得盤陀石山巖怪奇疊石如徑東望窅窅想像高麗日本如青螺一抹杳靄烟際午有午無微風不動天鏡涵空澄碧萬里海鳧鷗鴉低飛亂鳴黃雲滿島驚濤拍天颶風吹人欲起山搖搖如欲浮去五更望日出扶桑巨若車輪赤若丹砂

忽從海底湧起赭光萬道散射海水奇鮮煜雪晃耀心目吳淵頴謂空水弄影恍若鋪金僧伽黎衣尢極形容奇哉觀也南望桃花馬秦諸山嵌空刻露屹立巨浸如山疊太湖靈壁不肴寸土尺樹天然可愛東南望東霍山山多大樹徐市住舟于此又有龍女洞以龍女獻花故有太子塔以太子施捨故有紫竹林白華嶺蓮花洋以山所產故有楠檀嶺以佛香故有獅子岩以佛法無畏故有妙應峰圓通嶺以觀自在圓妙故有甘露潭以妙法灑心故有金剛窟以威音降伏故真歇庵在寺後山深處真歇了禪師修道庵中後圓寂立塔無畏石在正殿庵前突然方廣然峻不可陟又有正趣峰靈鷲峰觀音峰皆爲絕勝土人

云自東霍山轉而北行盡昌國北界有蓬萊山衆山四圍峙立旋繞小嶼屹如千丈樓臺而中處又有紫霞洞與山爲隣中畔通明方如大車之輿潮水一退人可入或云人不可到隱隱有神仙題墨漫不能辨又有沙山細沙所積海日照之有芒手攪則霏屑下漸成窪穴潮過又補終不少損房有石龍蒼白角介鱗鬣皆具蜿蜒跨亘三十里舟經西轉別爲洋山中多大魚又北則爲朐山岱山石蘭山魚鹽者所聚又自北而南則爲徐偃王戰洋世言偃王既敗不之彭城而之越棄玉几案于會稽之水又南則爲黃公墓黃公赤刀壓虎不行爲虎所食者也

補陀十二景詩

梅灣春曉

梅尉丹爐火不溫疎枝淡月島烟昏只愁海叟吹龍笛攧落羅

浮萬樹魂

茶山夙霧

龍宮鮫室霧絪緼幾樹珊瑚認未眞雪裏頳霞高十丈紅綃恐

是獻珠人

古洞潮音

海濤飛雪復春雷寶殿疎鐘入夜分潮月砰訇僧目定悟來原

不是聲聞

龜潭寒碧

清江使者夢冥冥五兆空嗟朽甲靈豈是來遊蓮葉上水天涼
冷月痕青

天門清梵

野衲齊繙貝葉書磬聲遥度暮沙虛神龍聽法妖蛟舞親見如
來金臂舒

磐陀曉日

黄烟黑霧草潺湲忽破天昏海色殷誰駕火輪推雪浪赤光如
矢射千山

千步金沙

黄如金屑軟如苔曾步空王寶襪來九品池中鋪作地祇疑赤

脚踏蓮臺

蓮洋午渡

波上芙蕖盡著花香船蕩槳渡輕沙珠林只在琉璃界半壁紅光見海霞

香爐翠靄

愽山突兀海孤懸日對寅持大士前不用旃檀燃佛火曉來嵐氣自生烟

鉢盂鴻灝

應羅東行大衆從遍施香飯説禪宗更看一酌滄溟竭此物由來制毒龍

洛伽燈火

熒熒一點照迷津光奪須彌日月輪萬刼靈明應不滅五燈傳後與何人

靜室茶烟

蕭蕭古寺白烟生童子烹茶煑石鐺門外不知飄急雪海天低與凍雲平

新鐫海內奇觀卷六

錢唐　臥遊道人　楊爾曾　輯

天台山圖說

志稱天台山高一萬八千丈周八百里山有八重如張大帆以其上應台星故名天台

赤城者道書玉京洞十大洞天之一也岩皆赤色望之如雉堞因名赤城絕頂浮啚七級飛泉沫落于中岩中岩寺嵌岩中曇猷洗腸井井邊書非今尚生也下山東十里入国清浮啚比赤城倍之山門鑿萬松徑三字闉八尺寺負五峰如扆石坎泉盈尺晉明師卓錫而成左廊三石錯立則寒山拾得舊龕石也有

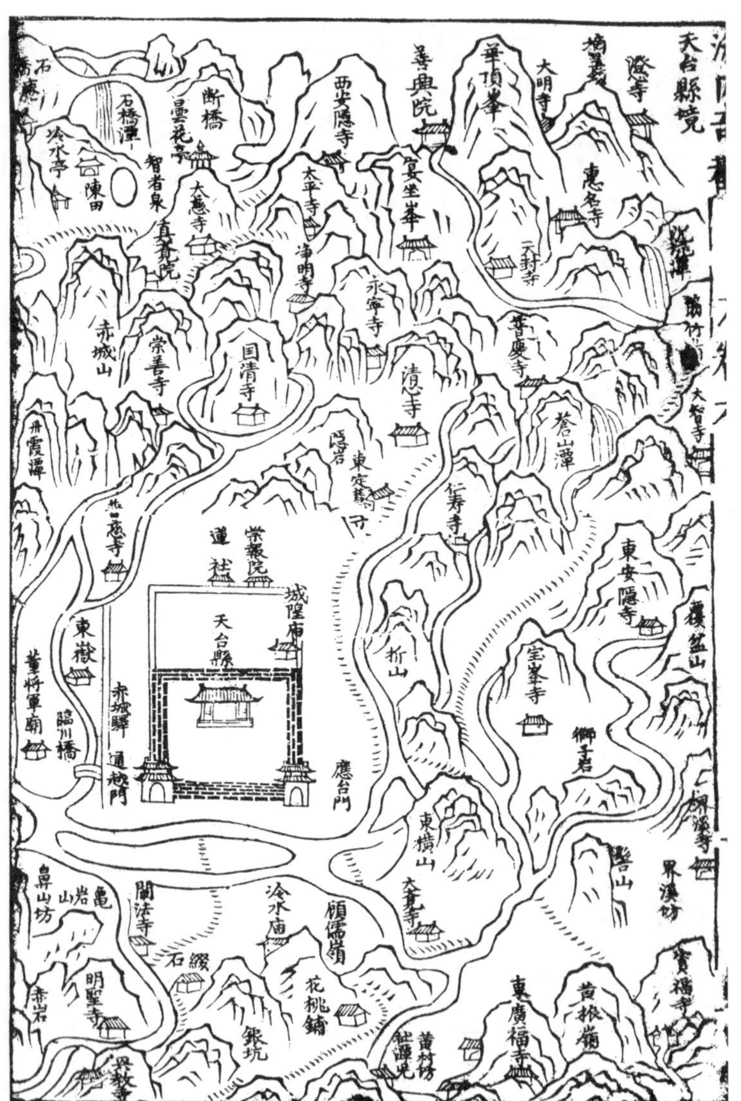
天台縣境
澄寺
摘星亭
大明寺
華頂峯
善興院
西安隱寺
斷橋
曇花亭
石橋潭
陳田
冷水亭
智者泉
真覺院
大慈寺
太平寺
宴坐峯
淨明寺
惠名寺
天封寺
永寧寺
赤城山
崇善寺
国清寺
清忠寺
普應寺
大智寺
蒼山潭
丹霞潭
隱岩
東定
仁寿寺
崇報院
蓮社
東安隱寺
城隍廟
天台縣
東嶽
董將軍廟
赤城驛
臨川橋
通越門
折山
宝峯寺
獅子岩
應台門
東横山
獅溪寺
黽岩
鼻山坊
山
關法寺
冷水廟
顧儒嶺
界溪坊
石綴
花桃鋪
明聖寺
赤岩
銀坑
黄村坊
黄枨嶺
東廣福寺
寶福寺

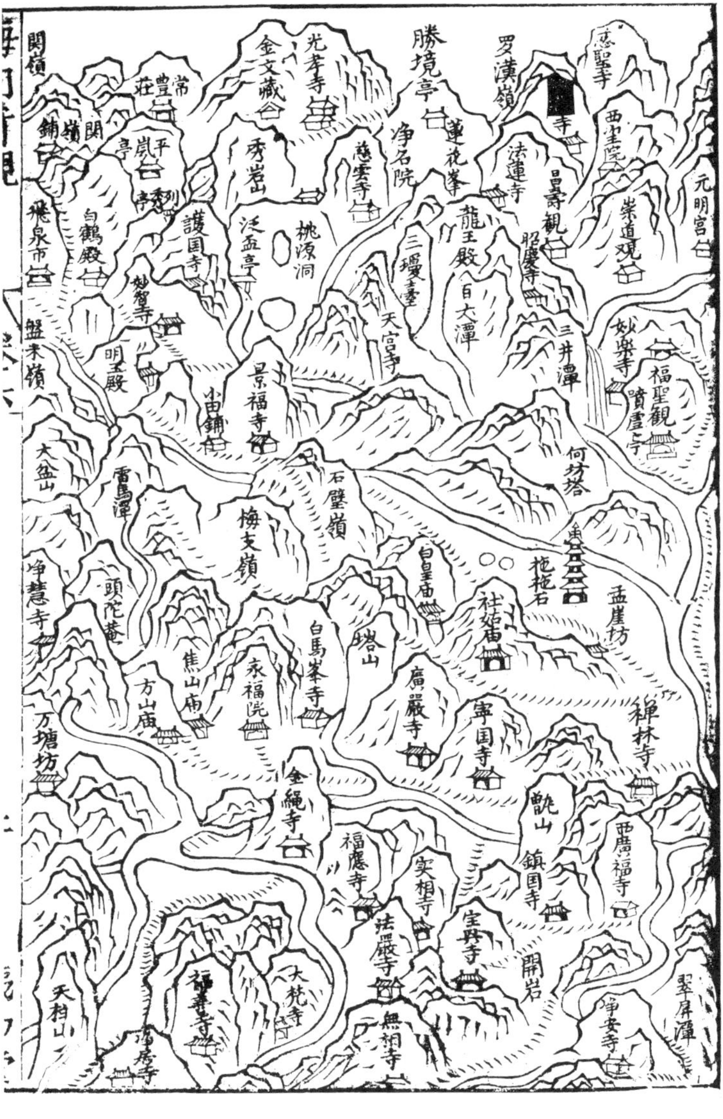

慈聖寺
西生院
元明宮
崇道观
罗漢嶺
寺
法蓮寺
昌壽観
昭慶寺
勝境亭
蓮花峯
净名院
龍王殿
百丈潭
三井潭
光孝寺
金文藏
慈雲寺
秀岩山
三瓔臺
天宫寺
桃源洞
汪孟亭
妙樂寺
福聖観
噴雪亭
常豊莊
平崗亭
列秀亭
閉嶺
鋪
閉嶺
飛泉市
白鶴殿
護国寺
妙智寺
明王殿
小田鋪
景福寺
盤來嶺
何坊塔
石壁嶺
梅支嶺
大盘山
雷馬潭
白皇庙
拖拖石
孟崖坊
社姑庙
净慧寺
頭陀菴
焦山庙
永福院
白馬峯寺
塔山
廣嚴寺
寧国寺
禅林寺
方山庙
万塘坊
金繩寺
甑山
鎮国寺
西廣福寺
福慶寺
实相寺
法嚴寺
宝興寺
開岩
翠屏潭
净安寺
天柱山
大梵寺
福壽寺
瑞芳寺
無相寺

顗建天台十八剎此爲定光授記第一道場出門平橋際崖沿澗度盤廻嶺以入澗水自高山落與石齒嚙喧豗呌號如幾如練如翔鸞鳳倏忽萬狀別澗而上則金地嶺定光招手石眞覺寺則知𠀋大師所從蜕骨雙石塔存路側有大慈寺倚大雷峰傍知者泉寺燬而唐梁肅石碑尚樹于畛壠間東灌莽中有寺在其下顏其額爲高明路傍巨石僧指堂書天台山并隷教源二字近白雲峰下又有太平寺址益三寺相犄角馬東北爲司馬晦山道書第十六福地又北爲靈墟則白雲先生棲息之所亦七十二福地之一也或者以天封當之咸從金地別一岐而東踰嶺折而西北數里兩崖如闕鉅石踞其表豈風蓬蓬起驅石

如舞入行不成步即六月披裘而慄名寒風關過關數里爲龍王堂西岐乃石梁東則華頂察嶺亂石飛翥在所成趣石有峽馬漢徵君高察隱居也又數里下雙溪上天柱峰磴道僅尺十里至竹院佛弟子眞清與教源叢林精舍經聲喃喃足稱娑婆淨土峰左側路三里許上下二深池綰谷口淪漪破綠金魚數千頭最爲高山之勝池中爲馳道度蓮華峰下爲華頂禪林左三里踰嶺有王右軍墨池上爲太白堂堂廢池存前有三娑羅樹四月花開如芍藥明王士性建二楹貌二公于中顏以萬八千丈峰頭再上二里則絕頂也知大師于此降魔舊有墖與禮經臺臺上夜視天星皆大于拳動熚熚堪摘且四垂壓胝下五

鼓視海底日上則東方大紫氣籠聚驤驤中有金縷萬丈片時許則一赤輪如鎔銀汁蕩漪而上前五色盡滅日輪漸高則溪原草木如畫東眺四明西招括蒼南望雁宕北睨錢唐四方千里隱隱可矚群山伏地僅如田塍而此山孑然上出如懸一朵青蓮方開而瓣垂垂也昔人故以華頂名之翠屏西下數十里為寒明二岩二岩洞一山以脊相背而倚明岩道不容軌兩石峙如門夾之岩竇嵌空飛閣重檐半在岩間不復覆以茨瓦即石成簷如赤城也洞口有帽影馬跡俗稱為閭丘太守胤遺云胤謁寒山拾得于國清寮中追及之二仙拍手笑入岩闔閭丘駭馬崖上飛泉百丈以鐵索斜接之又北轉五里餘為寒岩石

壁高百丈如屏洞敞容數百人夏至不見日影一石正方則寒于宴坐處也西臨絕壑爲天橋堂宇皆置岩下時有翠色入戶牖堪挹又北五里過清溪爲護國寺爲桃源繡壁夾澗㟴崿而立水流亂石間聲如珮環者十里三折乃至其奧每折似堂皇扃戶不見去來中折有潭清冽沁骨名金橋潭立潭邊仰望三峰如疊畫而東峰特秀上有石如綰髻名雙女峰昔人見雙鬟戲水或云其精靈所爲離別岩下一室爲桃花塢扁以儷仙乃明王士性所搆也左循麓爲紫凝山瀑布懸流一千丈陸羽第爲天下十七水又數里爲桐柏嶺嶺峻可十里宮其上豁然夷曠環以九峰玉女玉泉華琳紫霄臥龍蓮華翠微也道書七十

二福地之一謂王子晉治之又云伯夷叔齊爲九天僕射治桐栢宫今宫有二子像玉石鏗然非山所産也宫有醴泉前爲女梭溪從印山轉南水口爲三井下流入瀑布中自桐栢西行五里曰瓊臺臺在大壑之心石山突起狀如削瓜沿流南轉至雙闕皆翠壁一抹森倚相向宋山人張無夢結趺焉稱仙人座折而崇道觀羅漢嶺數里而萬年寺寺抱八峰晉帛道猷所振錫而營者門外巨杉百本其大絫天又十里爲慈性寺寺當山西北僻處徑歲無遊人良修眞者所棲也東五里曰斷橋兩崕接棟中不合者一線飛流注岩下如簾狀成二石池有龍居焉石壑之最奇者也西十里曰石梁上有曇華亭楹半外垂王龜齡

碑刻存焉傍爲盖竹洞三十六洞天之一志稱石橋方廣寺五
百應眞示現處檜溪者歡溪也爲處士顧歡而名循蒼山而西
三十里爲慧明禪林始入歡嶴沿溪十里曰天封寺寺最鉅麗
右楹有異僧以木屑縛爲柱尚存寺前一杉一檜濃綠成陰天
姥嶺者天台之來山也故稱姥焉天台山北水二石梁水流入
剡雙溪水流入明天封水東流過寧海入海萬年水西流入黄
杜入剡餘皆會靑溪至于靈江

海內奇觀　卷六

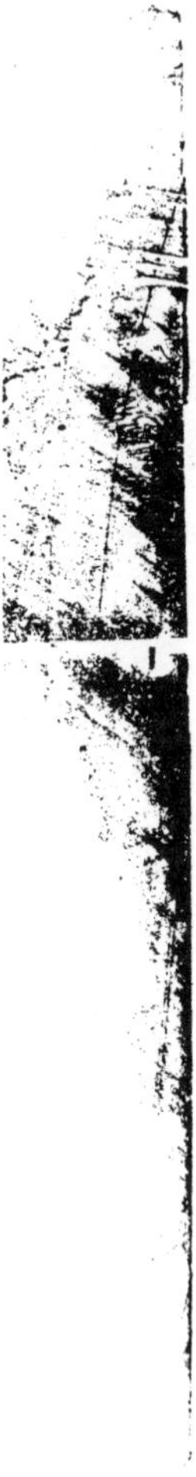

雁宕山圖說

昔謝康樂鑿山開道徧尋宇內名山川其守永嘉也乃游止斤竹澗沈存中則謂祥符中士人伐木造玉清宮始見之其前未聞有鴈宕今航海與行台溫傳道諸山巔咸歷歷可覩而當時輒云未見難以解矣志稱東西四谷然谷中剎宇廢十之九多不成遊其中可遊者有四奧區下石梁過謝公嶺從叢莽望見巨石一竅洞則風穴峰則五老翔鸞爲靈峰洞者一出洞循溪過響岩入馳道峰則天柱卓筆紺珠展旗玉女雙鸞石則僧拖谷則安禪洞則天聰水則龍鼻龍湫障則平霞爲靈岩者二出寺過觀音岩踰馬鞍嶺峰則剪刀水則瀑布爲大龍湫者三三

者皆遊人所至一則龍湫之上有鴈湖焉是山所得名也焉藪嶺東西二谷谷東峯五十有三谷西峯四十有八謂之百一峯東西亘五十里咸片石爲底插漢爲峯如巧匠圜丁疊綴而成游人賞之幽棲則否謂其耕漁業左也此山之槩也

石門潭者水出蕩陰諸谷兩巨石桿其口湛綠如玉漁舟出没于初暘返照之時佳此爲入山門戶老僧岩者十丈石立山口宛然一祝髮瞿曇過其背視之頂頸衣褶襘如腰隆起若襆被而遊方者在石梁視之又若拱手而譚天謝公嶺視之又如坐繩牀伸足也乍見無不齤然笑者眞造化之巧哉石梁者側石如枯木斜倚崖端空其下入可坐百人左右廡楹而不椽遠望

之如長虹飲于澗龜脊莓苔廣不盈咫前臨萬仞壑上游澗水二瓮流墮石梁下如震霆晝夜鳴謝公嶺者俗稱靈運爲臨海嶠開山而至也然謝無詩風穴者未至靈峰左麓下一竅大如斗風蓬蓬出竅人近之六月皮毛粟起響巖者左右絕嶂硐磳相逼飛湍潺湲其下呼之應如響鐵城者巖傷一谷爲淨明寺故址今蓁蕪無跡沿谷崇崕數里夾嶂雄亘五老峰者洞前五石相撐爲人立而肩摩者似廬山而小翔鸞峰者兩石首相對峙影入照膽潭如雙鸞舞鏡前照膽潭者方可丈許不以水旱涸溢濟渟泓澂鬚髮可數在靈峰寺右數十步雪峰洞者與靈崖異峰言銳岩言大也兩岩對合高百丈許欲合而中闢一罅

自嵒至半壁抵地可數十丈空洞溟黙分敞若中天懸居中甃爲平臺容千餘人臺前一水自洞背迸岩下灑石軋軋如鳴雨從岩竇中窺青天如垂片玉相對笑言恍語甕盎中四壁石色文膩若丹雘左右多岩罅可居洞內塑大士及諸應眞像環列兩序中有一應眞乃湖石所琢相傳海上浮來豈爲神人所驅耶紺珠岩者入寺有峰累一石如珠僧抱石者寺右一石如浮屠禮拜狀前凭一几平霞嶂者自天柱而北峭壁數百丈橫色襍蒼翠如負扆如疊重樓如倚雉堞寺依以立得夕陽輝映爲益奇安禪谷者嶂左半崖中敞如室開山僧神朗所居谷邃無人聲泉出谷入池臨寺如聽下界鐘鼓谷外坦地有石屛風廣

數十丈若爲谷之屏塞龍鼻水者由谷西折數百步盤磴而上
中啓石龕甚窪兩崖凌絶而合中劃碧石作龍狀鱗鬣咸具石
色較兩壁迥別從洞西南峽中奔而下一爪踞地垂首懸鼻如
瓴鼻孔石髓時下涓滴不啻沆瀣之液能已目翳兩岩摹刻多
唐宋書跡玉女峯者洞口端正一瘦石鋭頭如髻穠華奇葩宛
如簪花狀雙鸞峯者去玉女不遠儷立作舞勢亦如靈峯之翔
鸞也卓筆峯者孤峯直立而鋭如筆卓然獨秀峯者去洞數丈
孑然陡立頂冠孤松掩靄蔭如垂雲靈岩寺者宋太平四年建
爲東谷一刹今亦圮廢峯崿環匝自成堂奥儼若武庫森列展
旗者群峯聯絡于寺左横亘之如取鄭伯蝥弧以登也天聰洞

者展旗之半有穴焉空百尺光自下生投以石訇然不及其底外復有孔如口目然天柱峰者去展旗數丈雄峙亘霄挾光景而薄星辰大可數畝許其頂古木糾錯離奇茂亂如乱旌狀月夜猿猴援臂而上騈坐崖端窺人甚狎中夜啾啾相和作巴吟聲聞數里此峰爲雲岩諸勝第一　小龍湫者卓筆傍流泉墮澗視大龍湫而小也鐵板嶂者出靈岩口山上石正方如屛色如鐵雄峙當豈風不壞將軍抱者貌類石將軍斜倚檻秋風起時甲冑如欲動摇觀音岩者從馬鞍嶺視之峭崖矗天如佛背圓光焰剪刀峰者石高刺天可幾百丈上成兩岐晝天每朝雲夕霧當岐過之眞如剪綺峰際蒼松紛繆輪囷若蓋大龍湫者高

山四圍中盤一谷飛瀑從天而下然不見水狀僅如烟雲搏聚而落落地爲珠璣或朔風久盤桓不下忽迸響如震霆又谷圍如甕聲出則谷傳游人每二三十鼓譟或以金鼓佐之則瀑隨風飛過澗如暴雨灑人衣面群奔避之水激石射咸膩滑不可立東爲諾詎那尊者觀瀑亭蜕骨具焉抱膝如瞑扁其亭者云六龍捲海上銀漢萬馬呼風下鐵城眞雁山大奇觀也能仁寺者西內谷剎之一控丹芳嶺下僧了全于太平興國間始居山之淺者曰芙蓉庵則其開山始也今廢斤竹澗者謝康樂所嘗過有詩澗畔一古松曰萬年倒挂崖巔蒼翠駁犖盤屈似潛虯火焰峰者能仁所見之峰簇擁如火上炎也石羅漢者一閩僧

聞諾詎那至航海來叅之覓未得偶逢一樵者遂化爲石雁山書院者朱蕩南翁所築以奉邑之先賢者地舊爲天柱寺凌雲寺者在西谷外從凌雲南入山牽藤而上日午可到是爲雁湖澗項畞雁過南海常棲止其中湖水墮入澗流谷口爲大龍湫舊有白雲庵嘉靖間五臺二僧來居之元孝宗所謂望見永嘉城下大江如牽一線白東西海氣蒼蒼如夜色山上無膏燭燒木葉葦竹爲明山鼠來與人相向坐如狐狸大者是也他如寶冠瑞鹿古塔飛泉近皆圮壞不存

雁宕山題詠

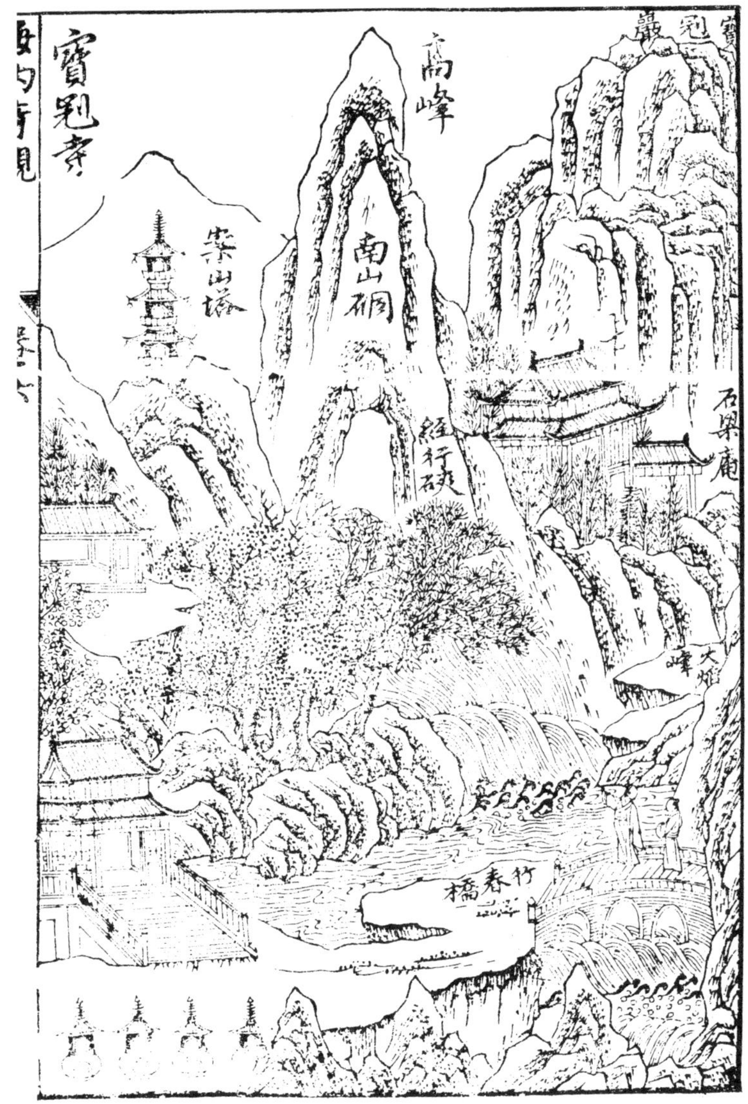
海内奇觀
寶冠寺
高峰
南山洞
寨山塔
經行硤
石梁庵
寶冠巖
大姑峰
竹春橋

行向石闌立清寒不可云流来
橋下水疑是洞中雲欲往逢年
盡日吟過夜分蕩陰當绝頂一
雁未曾閃

能仁寺
戴辰峰
將軍岩
丹芳嶺
雪花庵
大嶺

無國年來路始開羣峯
奇英吞看積翠過驚修縧湫
雲霞漂來一縷靄發雲還逸
美松都是下栽萬仞岩世外
風弱況与山猿不用猜

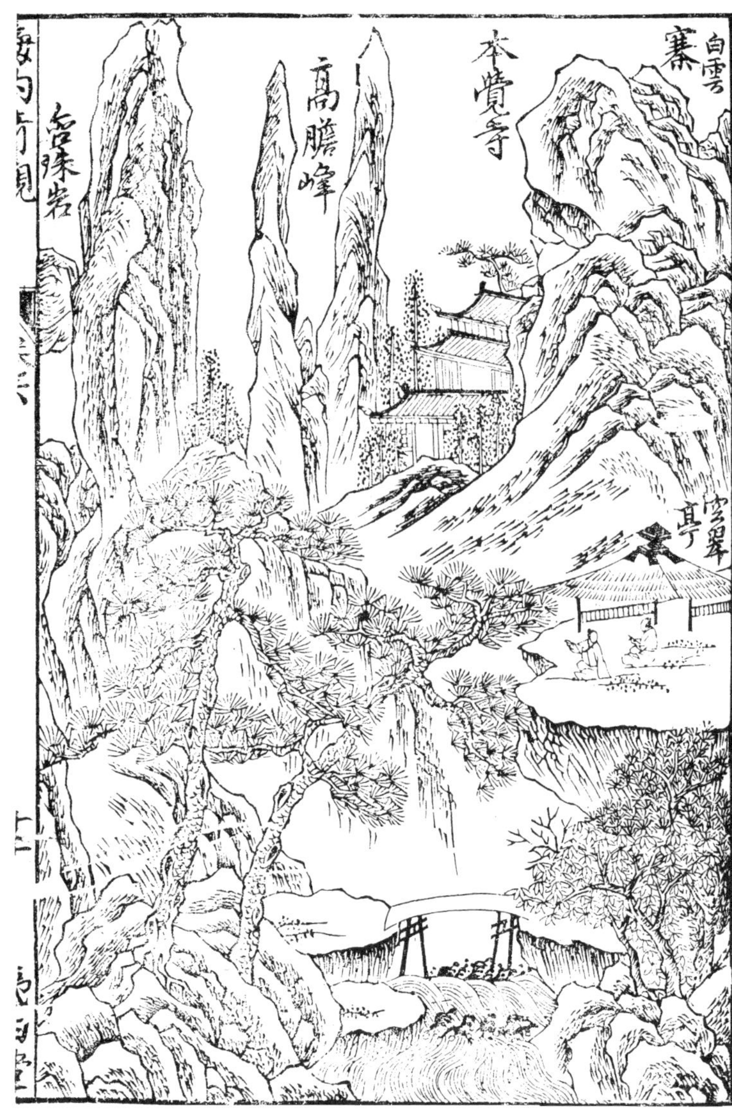
白雲寨
本覺寺
高膽峰
含珠岩
雲翠亭

琅玕十畝蹼江渚天籟沉沉欲
下来已見鳳毛沾雨露長疑龍
氣挾風雷樹團車蓋春陰晝月
射金銀夜色開中野白雲如白
石不辭一日到千回

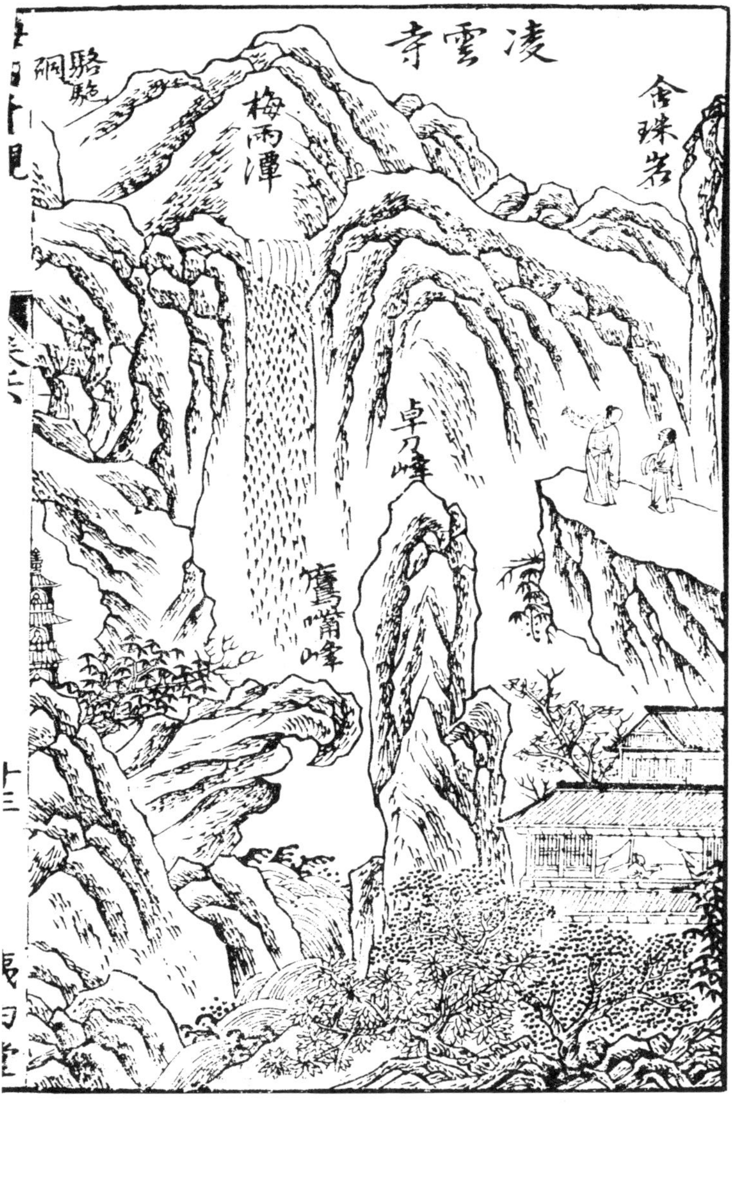

凌雲寺

金珠岩

梅雨潭

駱駝硐

卓刀峰

鷹嘴峰

所寄垂石姿因心惹白雲依蒼稼秀人
陸河此蓬山霧輝涵包屬圖野圍五氳
氣似烟浮非藹鶴石出愈殷總興七靈
滌覺豈還襄分共羨侯之鞠羽人居來群
幸鄉傳而至皆漢雲中天

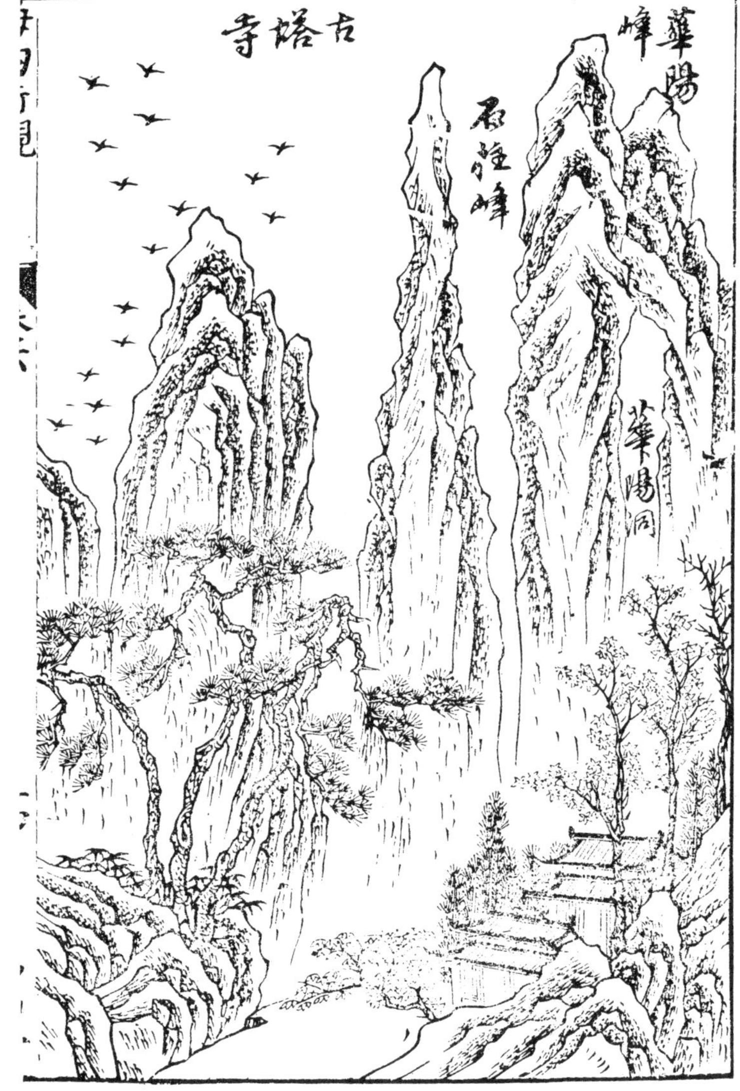
古塔寺
華陽峰

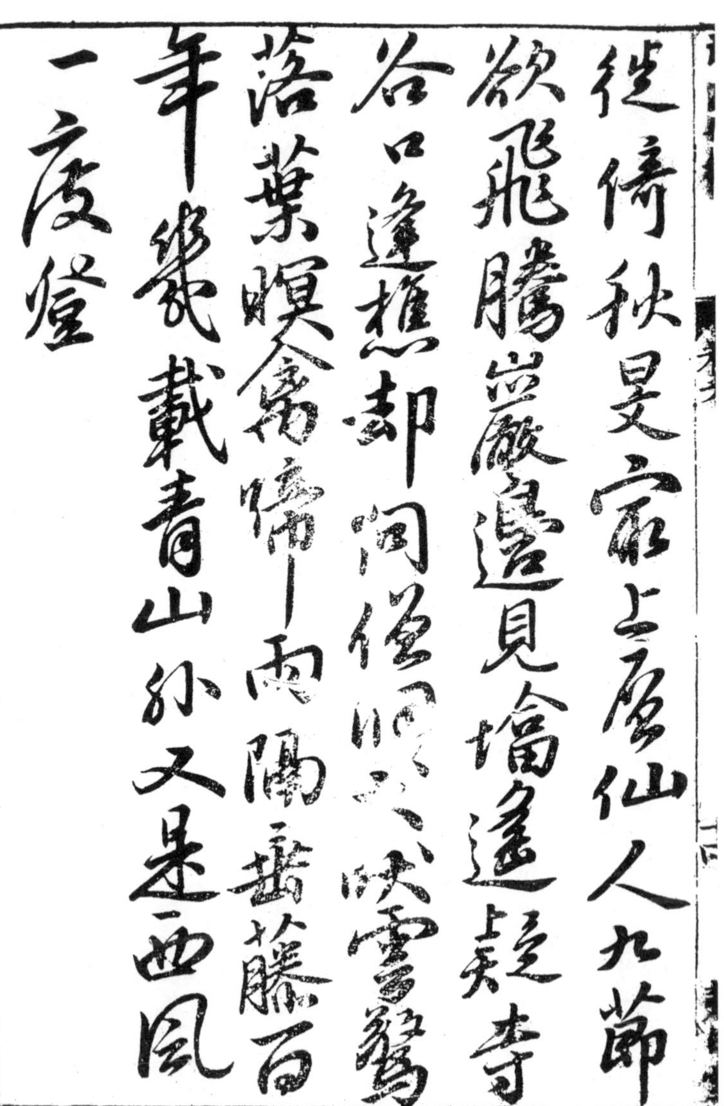
從倚秋旻宿上層仙人九節
欲飛騰巖邊見[illegible]遙疑寺
谷口逢樵却問徑[illegible]映雲[illegible]
落葉暝禽歸一雨陽[illegible]藤石
年幾載青山外又是西風
一度登

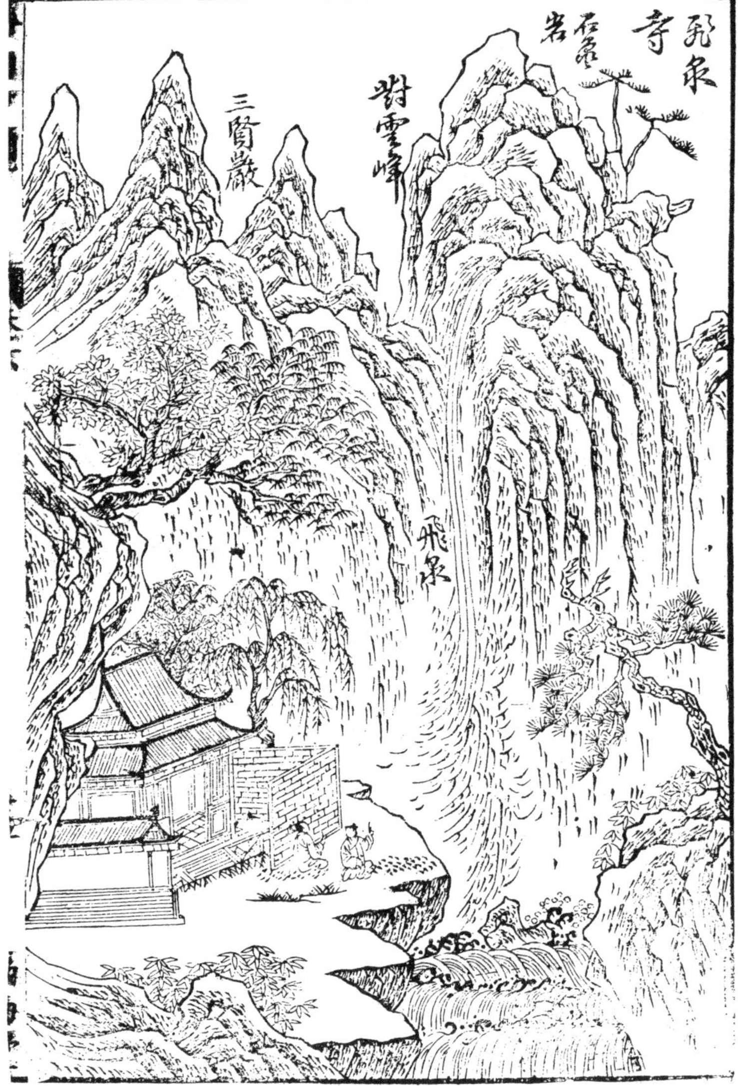
飛泉寺
石象岩
對雲峰
三賢巖
飛泉

西母仍跨飄人去罕所通攬毫睇中乞叢巖
峭巖嵌岈抱拔瀧性點壁漆窟中招邀霞上
侶產策攜珍瓏青繞蹬靈觀目搖不可窮雲
嶠浮積氣飛泉亘長虹三峽孤細瀑絜高泉
者出窄軒分入窟廓手捫坐岩石幕煙徑
簇崙丘忽恣滄溟來紙底筆試向河護
些神功

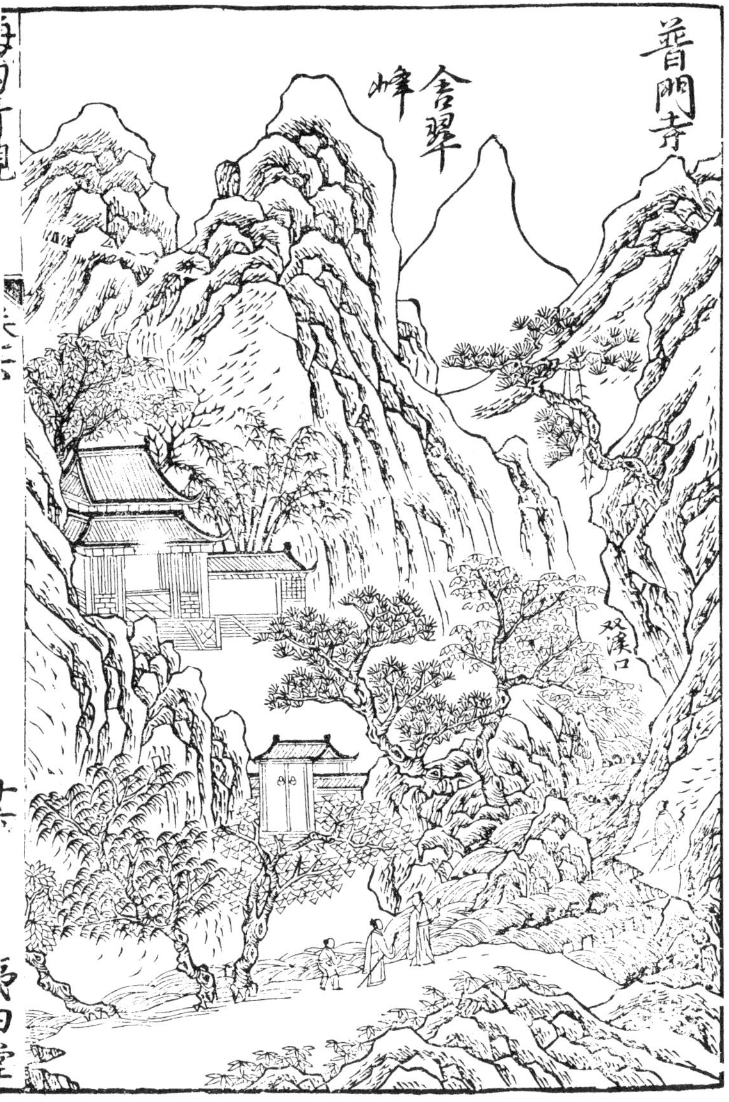
普門寺
含翠峰
双溪口

丹壑雲爲寺雙溪虹作梁狖眠
玄籟寂風定白蓮香邃竇逢靈
髓空壇夢法王好招鸞鶴侶孫
擕紫芝房

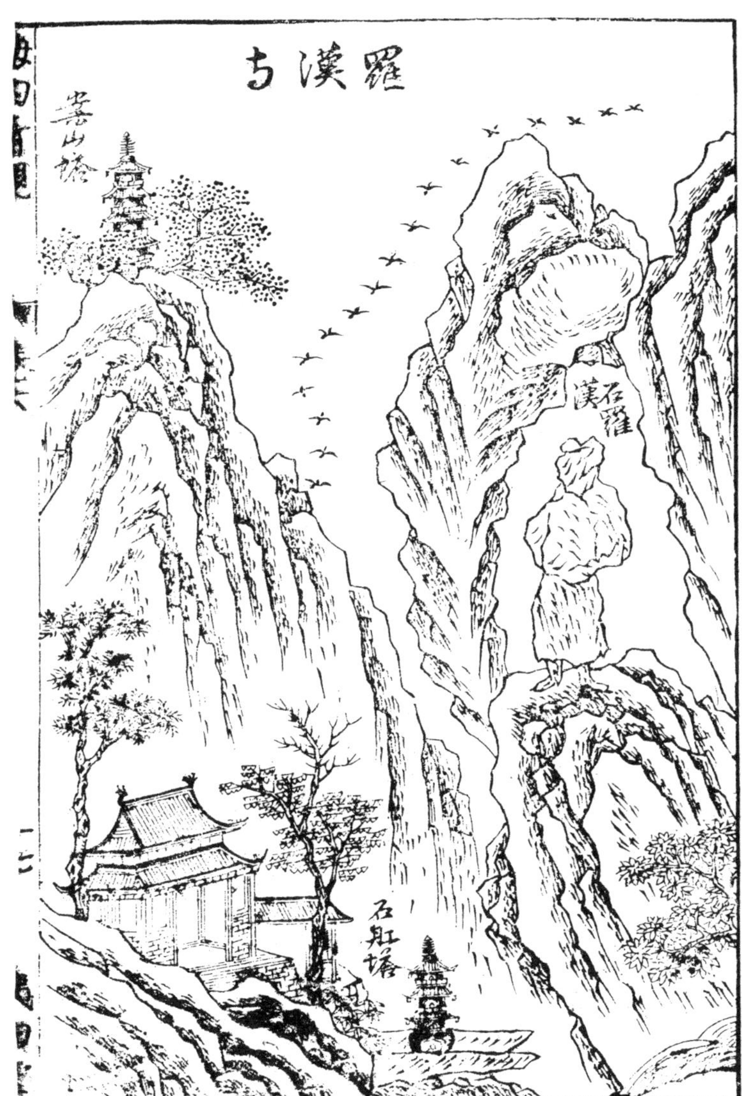
羅漢寺
嵩山塔
石羅漢
石舡塔

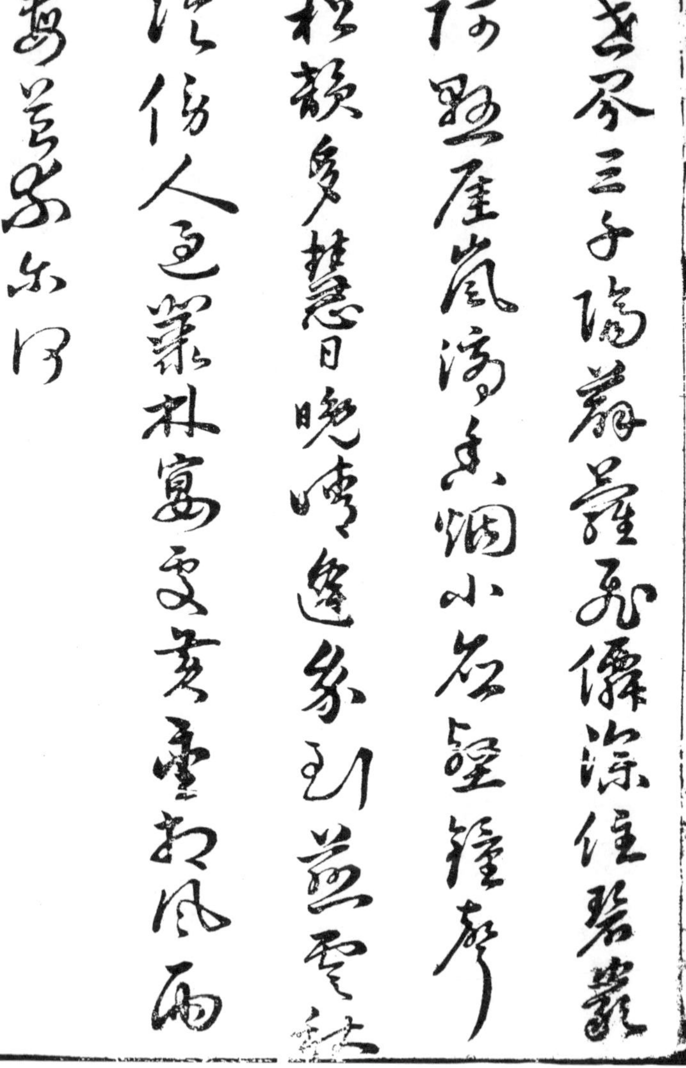

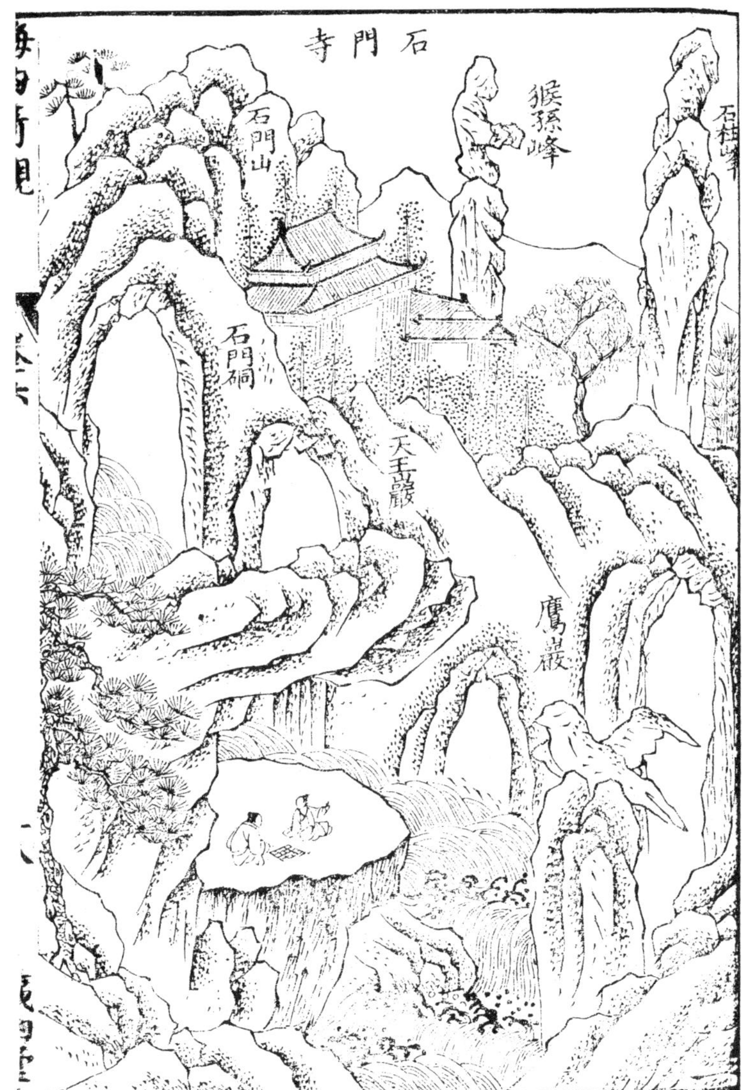
石門寺
猴孫峰
石柱峰
石門山
石門洞
天王巖
鷹巖

晨策尋石壁夕息在山棲踈峰抗高館對嶺臨
迴溪長林羅戶穴積石擁堦基連巖覺路塞
密竹使徑迷來人忘新術去子迷故蹊活活
夕流駛噭噭夜猿啼沉冥豈別理守道自不攜
心契九秋榦目翫三春荑居常以待終處順故安
排惜無同懷客共登青雲梯

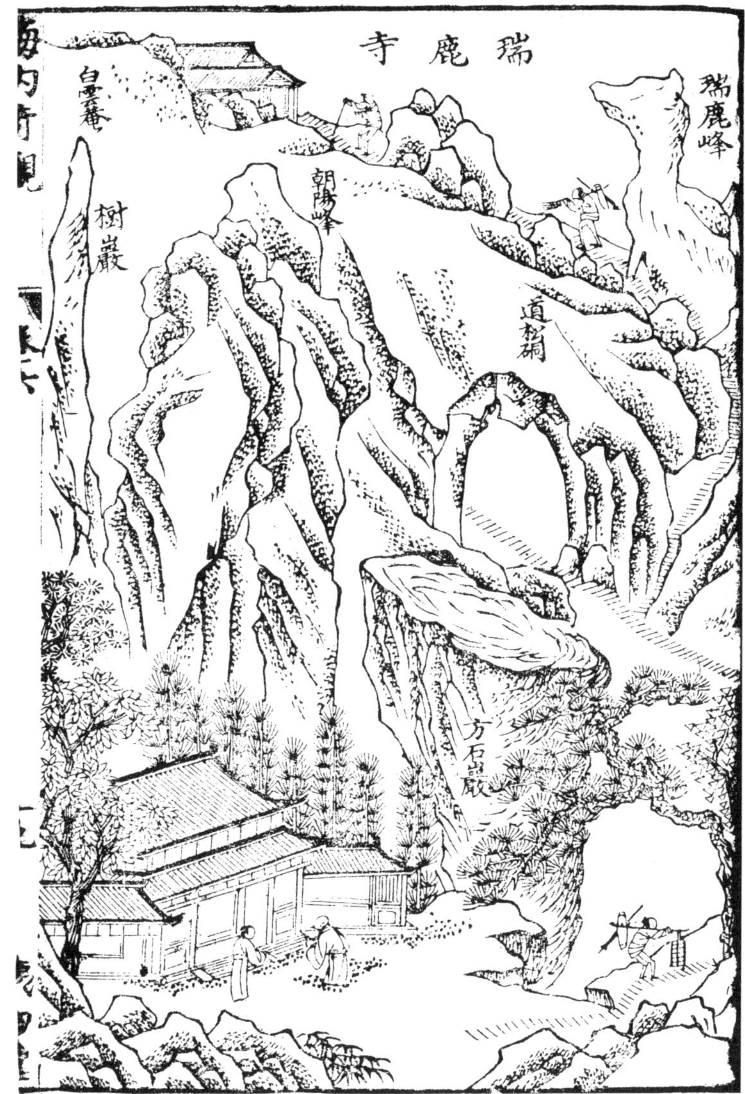
瑞鹿寺
瑞鹿峰
朝陽峰
白雲菴
樹巖
道松磵
方石巖

古寺荒碑幾萬年瑤殿留積翠
黃綠金花瑞靄々同去館後山路
不解祥光遠舟留空瀲玉桂樓雲
好教聲色傳事難了痛也子偕同
情圖隱几眠

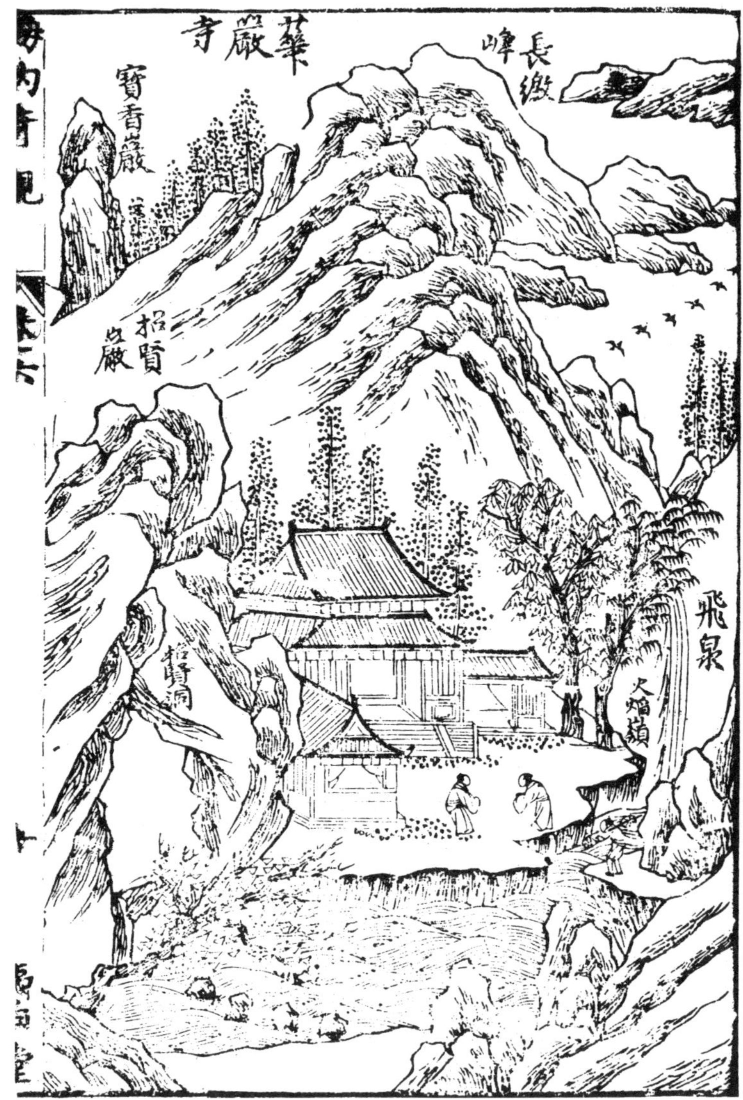
華嚴寺
長徼峰
寶香巖
招賢巖
招賢洞
火焰嶺
飛泉

長徼風高白雁飛招隱谷口攬
秋衣恠猿啼去青山在怖鴿重
來紺宇非千葉寒光餘閬苑四
花雨色轉霏微游人未解華嚴
偈獨把松枝詠落暉

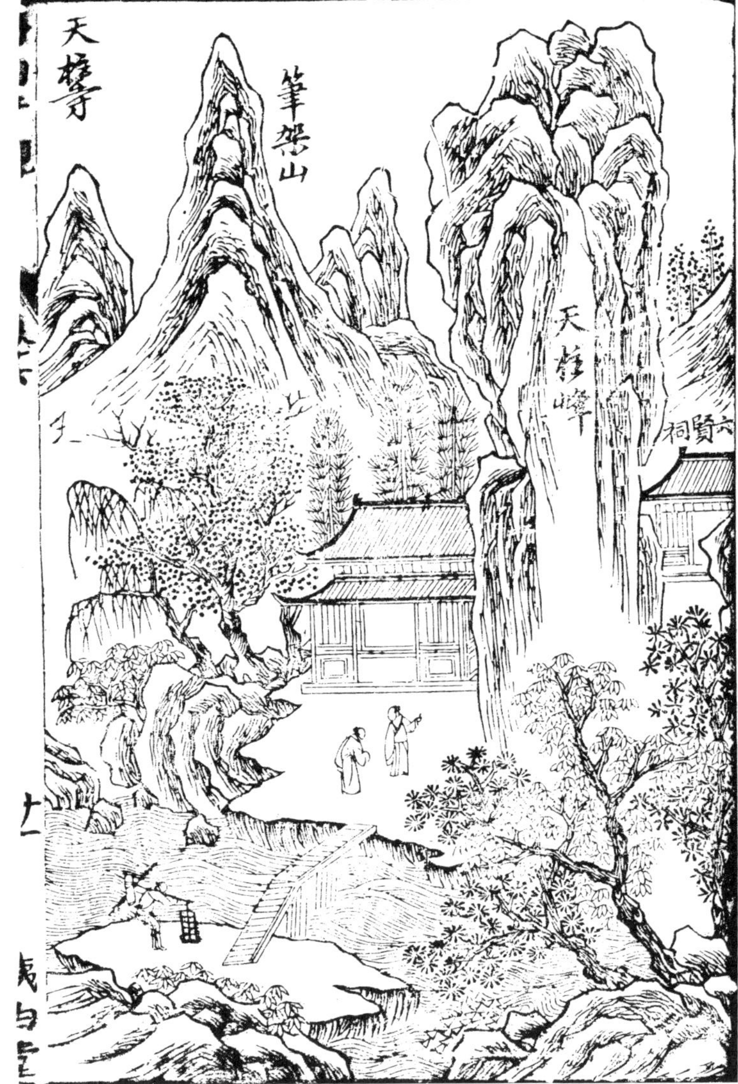
天寧寺
筆架山
天柱峰
六賢祠

錦遶五柱旋蒼背五指六屏畫見山房
千崖環如畫濃空忠積之巖實為
海之勝甚如畫之涼不得奇觀一
以之變現景況之像難急不能識精
叫潔色湖

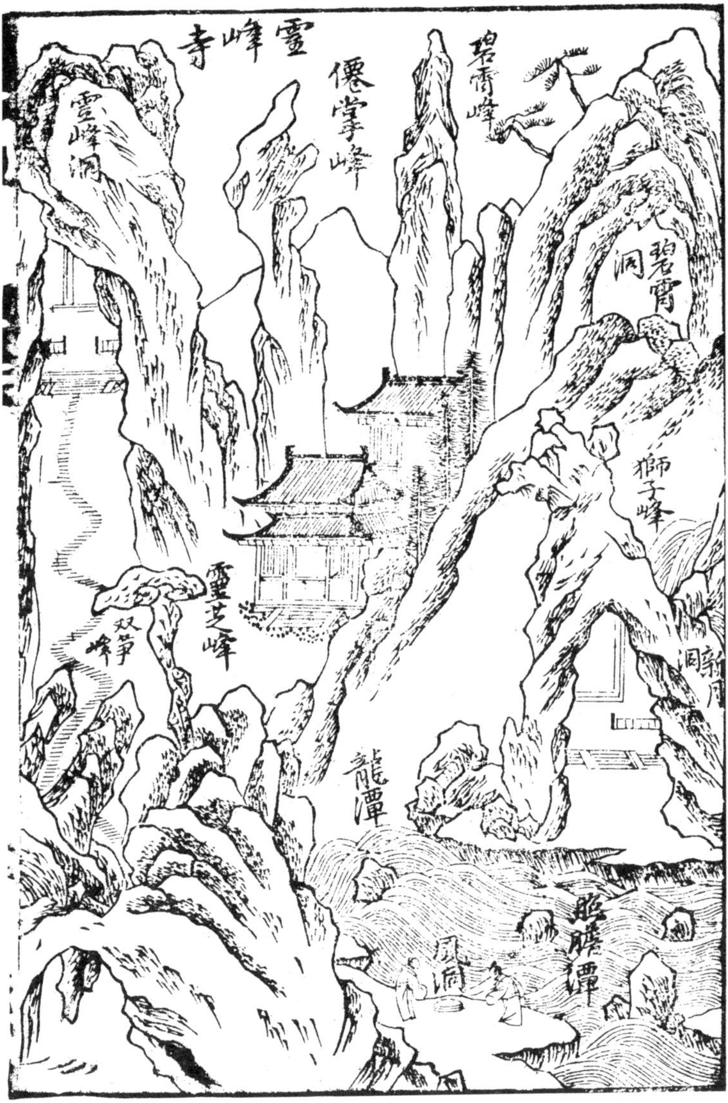

靈峰寺
碧霄峰
僊掌峰
靈峰洞
碧霄洞
獅子峰
靈芝峰
双笋峰
新月洞
龍潭
照膽潭
風洞

幽澗冷冷碉磬哀靈峰不斷石
門開鯨波直撼三山動鵬翼遥
摶萬里来日落餘寒飄大野酒
醒孤嘯叢層臺披襟擬賦青蘋
色慚愧同遊宋玉才

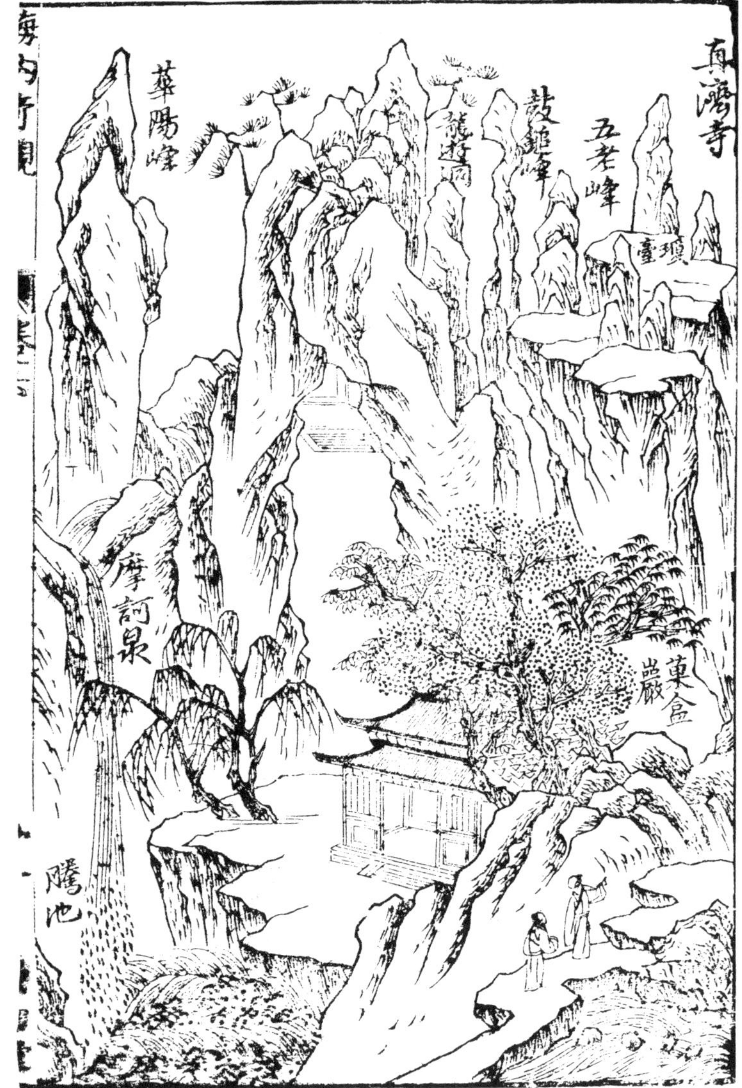
真濟寺
五老峰
鼓鐘峰
龍遊洞
華陽峰
頂臺
摩訶泉

絶巘松梯躋翠盤前朝麼寺有空壇騰

池泉湧青山動深洞龍歸碧樹寒日

暈霞光金粟影峰含兩色白蓮瓏二霄

咫尺來雲鷲朶朶祥雲護紫巒

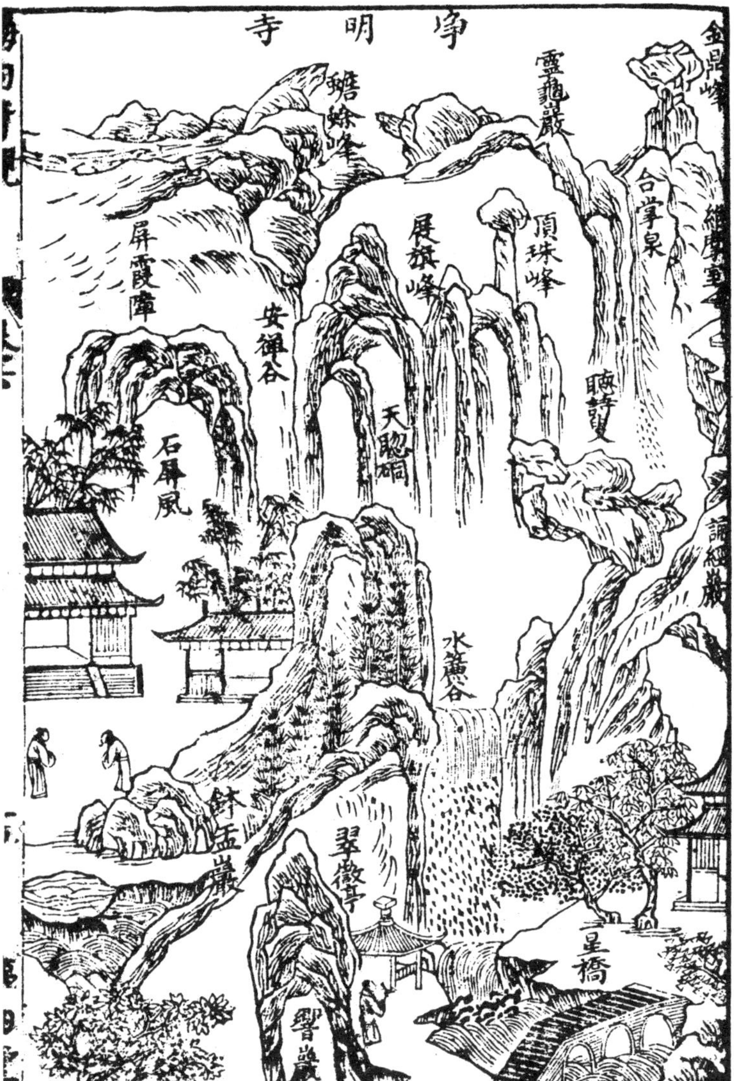

淨明寺

蟾蜍峰

靈龜巖

合掌泉

頂珠峰

展旗峰

屏霞障

安禪谷

天聰洞

石屏風

聽詩叟

水簾谷

缽盂巖

翠微亭

一星橋

響巖

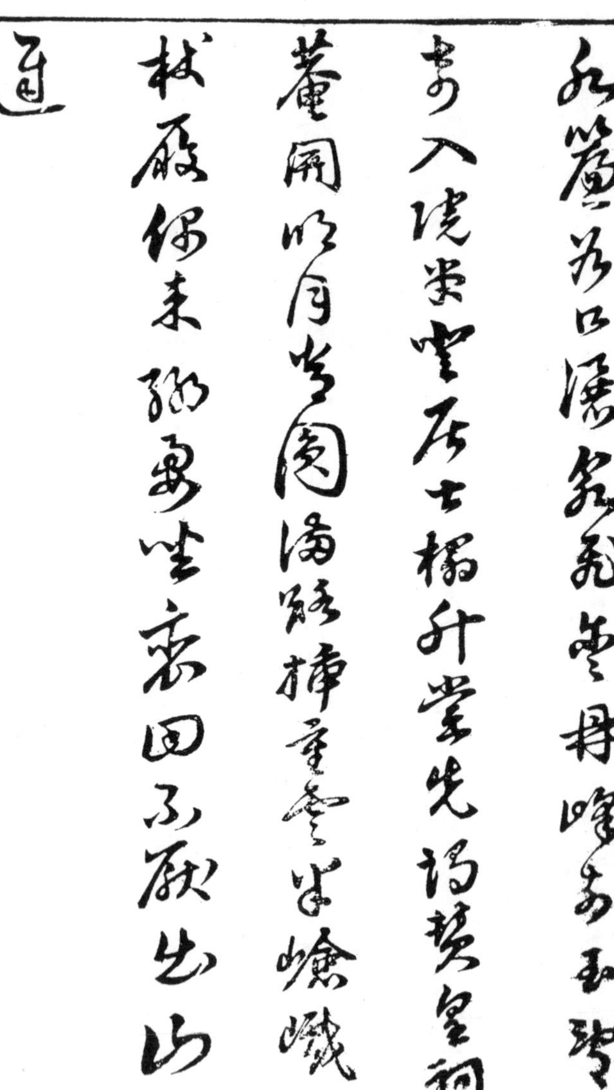

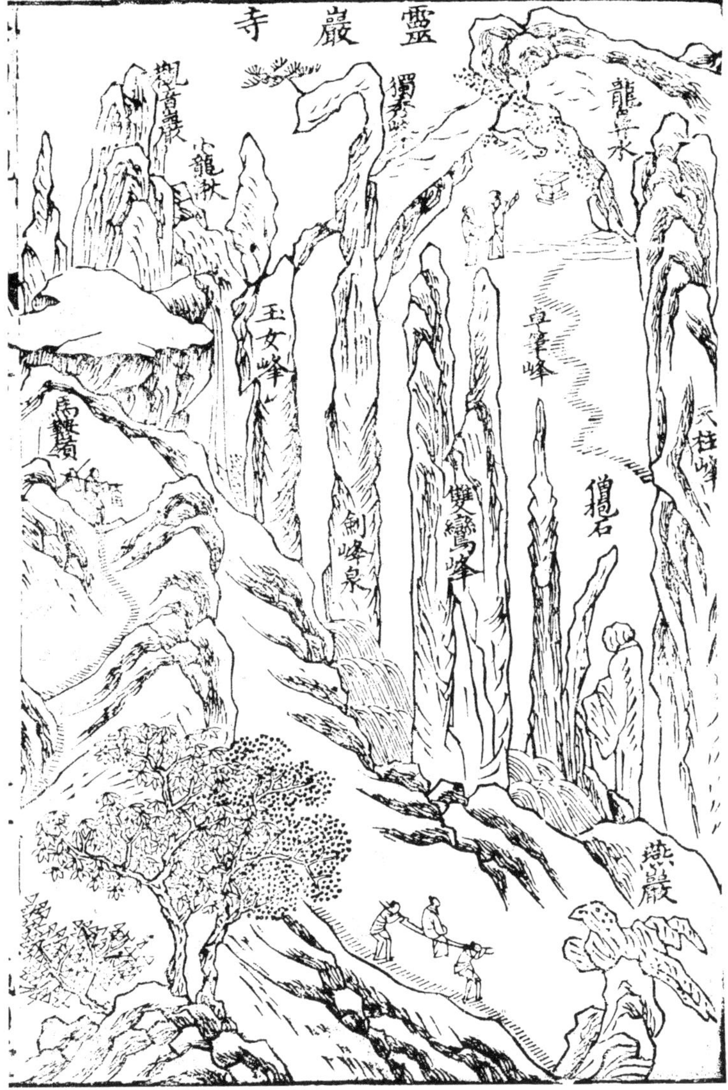
靈巖寺
龍井水
獨秀峰
觀音巖
小龍湫
玉女峰
卓筆峰
天柱峰
馬鞍嶺
劍峰泉
雙鸞峰

一逕逶迤入翠微雲間鐘磬出
岩扉甘泉細向芳塘落白鶴遥
依碧障飛瑶草春風迷欒昂曇
花天雨散珠璣尋幽更上峰頭
立萬疊青螺擁四圍

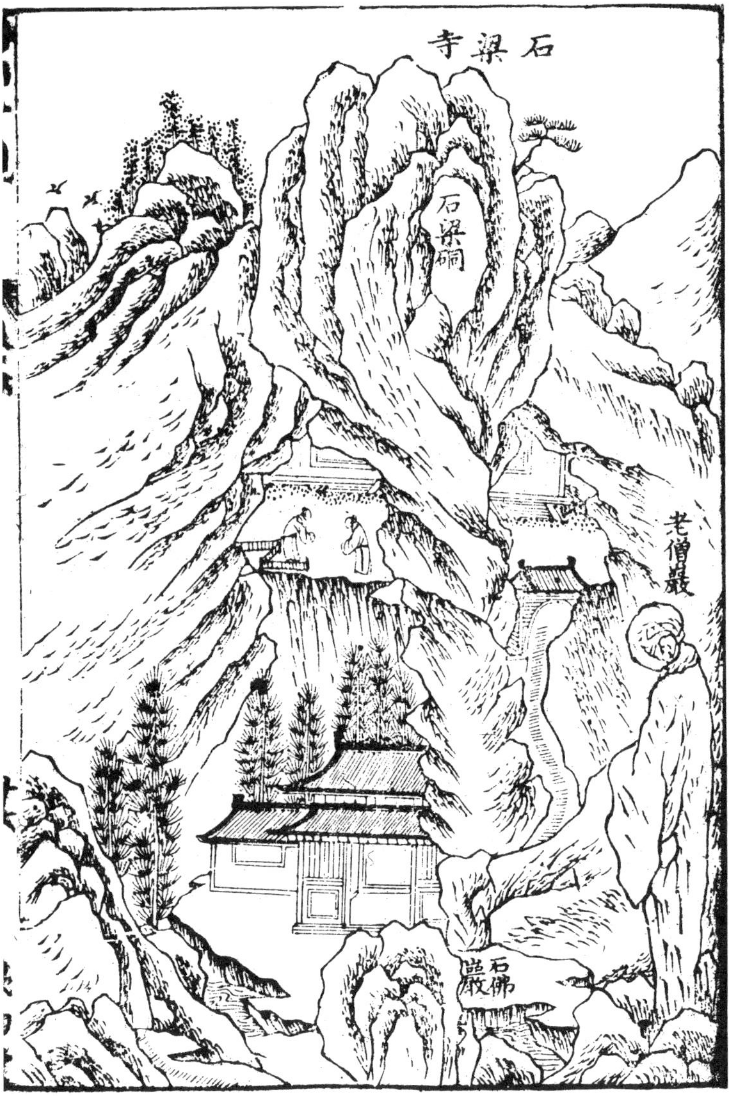

石梁寺

石梁硐

老僧巖

石佛巖

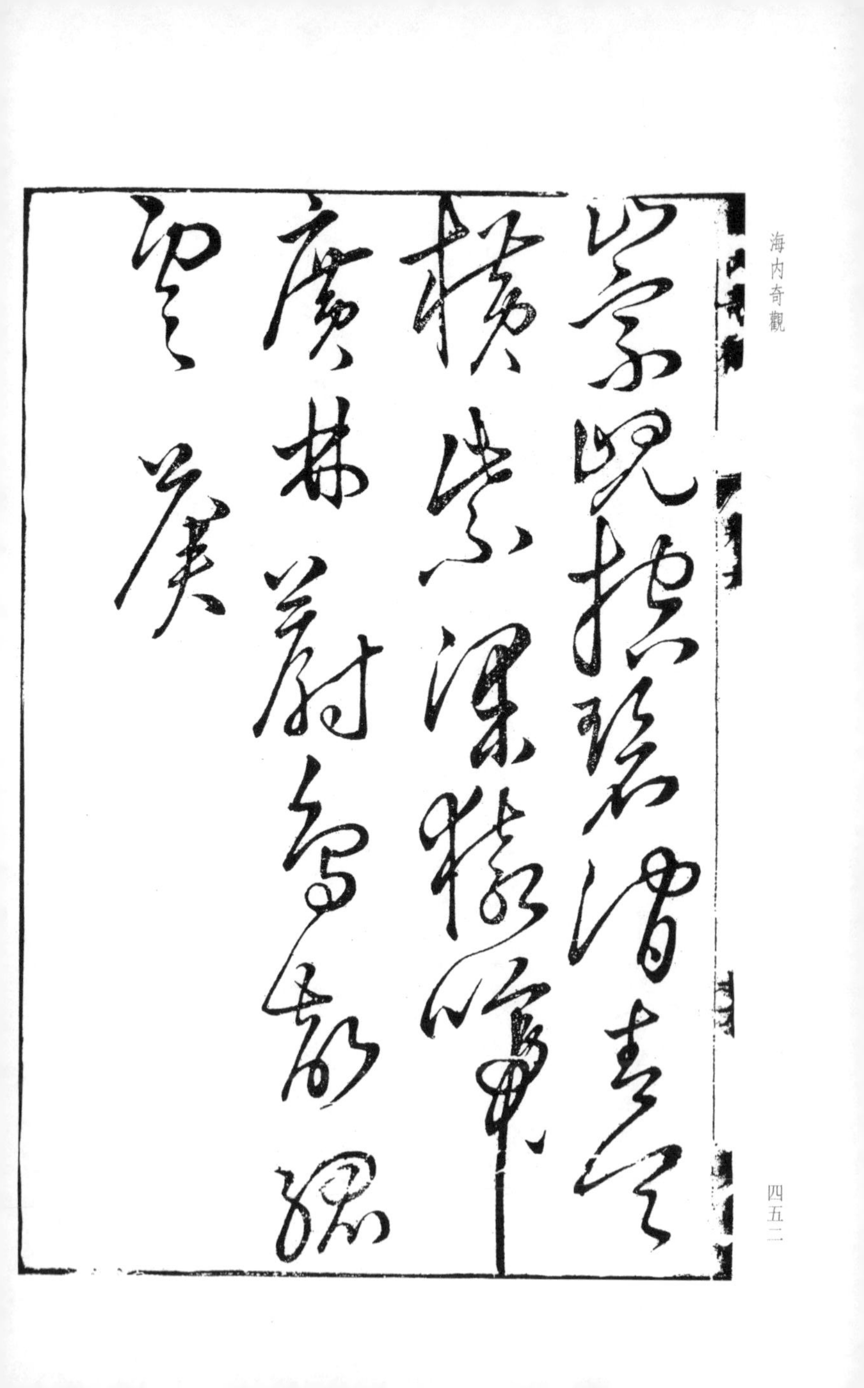

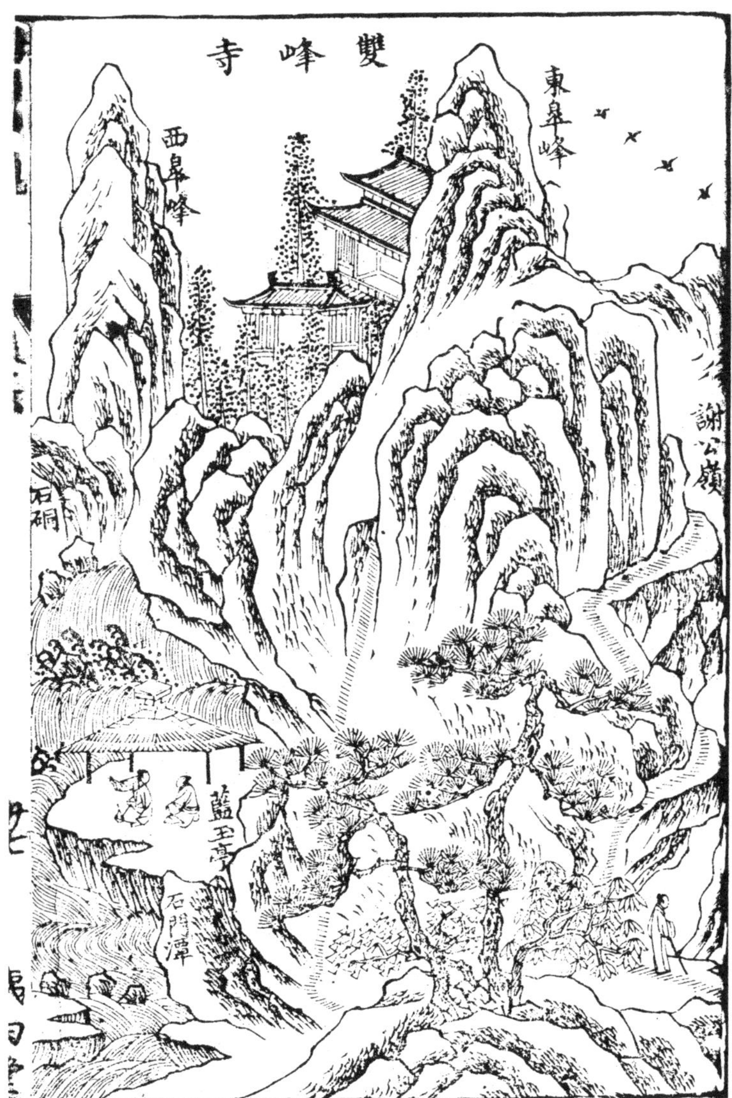
雙峰寺
東皋峰
西皋峰
謝公嶺
石硐
藍玉亭
石門潭

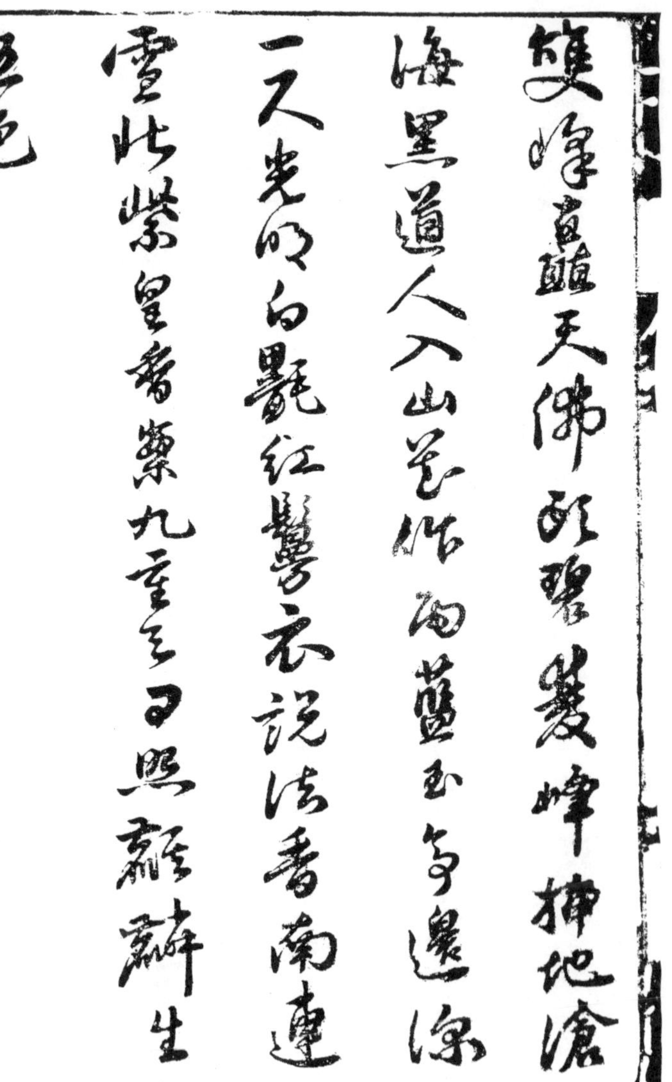

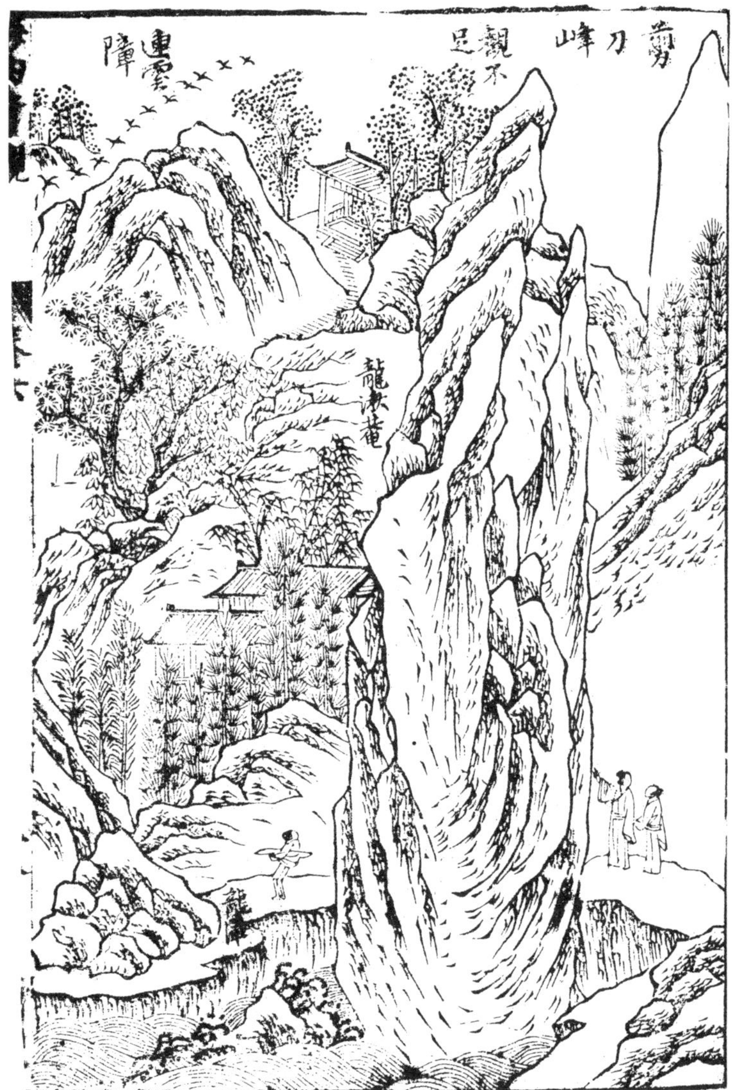
剪刀峰
觀不足
連雲障
龍湫菴

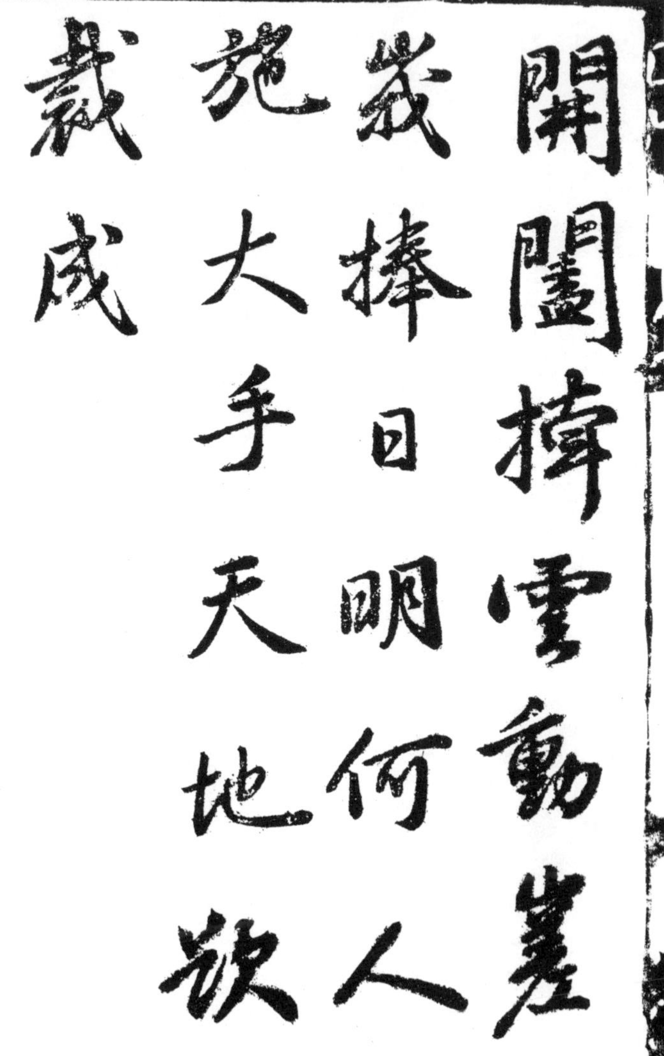

開闔揮雲動崖

巖捧日明何人

施大手天地缺

裁成

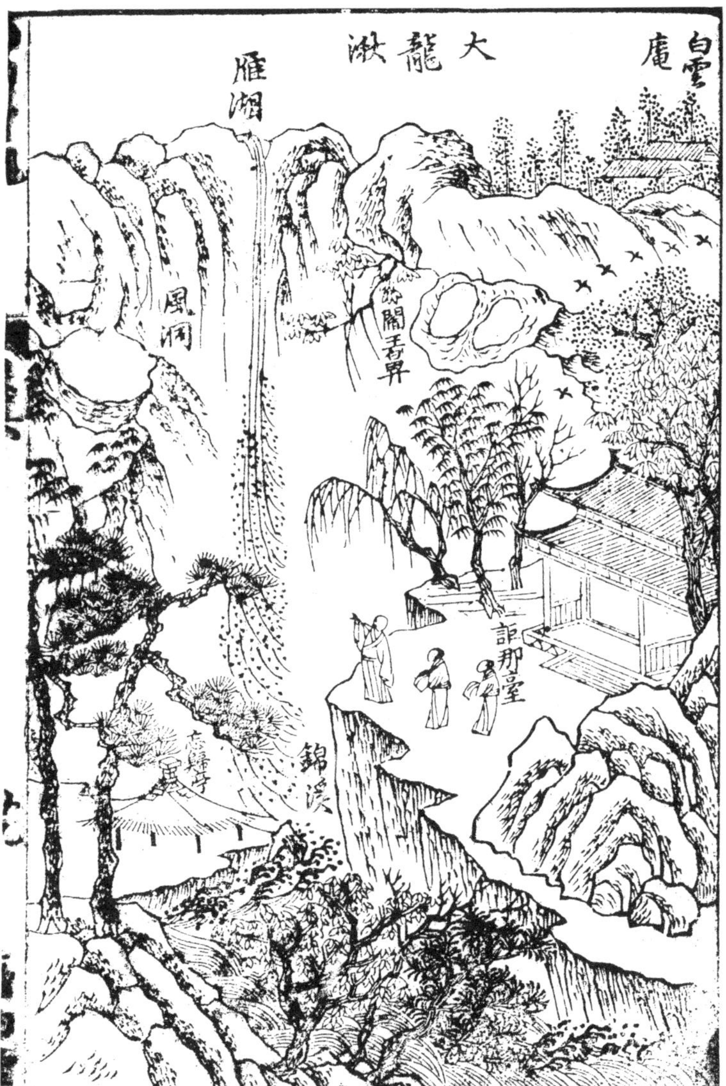
白雲庵
大龍湫
雁湖
風洞
闍王香界
詎那臺
忘歸亭
錦溪

瀑布飛不徹大顛空谷衆青天
下河漢日夕奔風雷潭穩蛟龍
定歲陰鴻鴈來方巖倚天畔吾
志在崔嵬

新鐫海内奇觀卷七

錢唐 臥遊道人 楊爾曾 輯

武夷山圖説

按茅君内傳仙家有三十六洞天武夷山乃十六洞天稱昇眞玄化者也在崇安縣南綿亘百二十里由西南白塔山逶邐而來融結于此中涵一溪下深下淺其源發于周村之三保山粼粼瑩澈蛇蜒東注與層巒疊巘縈廻映帶聯絡貫通遊舡從東泝流而入約數十里西出蔣村而境始窮南麓則臨石鼓渡北止于黃龍溪遠觀形勝則皆豐上斂下有縝潤玉削者有森鋭笋立者有端嚴拱揖如神人有峭麗娟秀如美姝者東望如樓

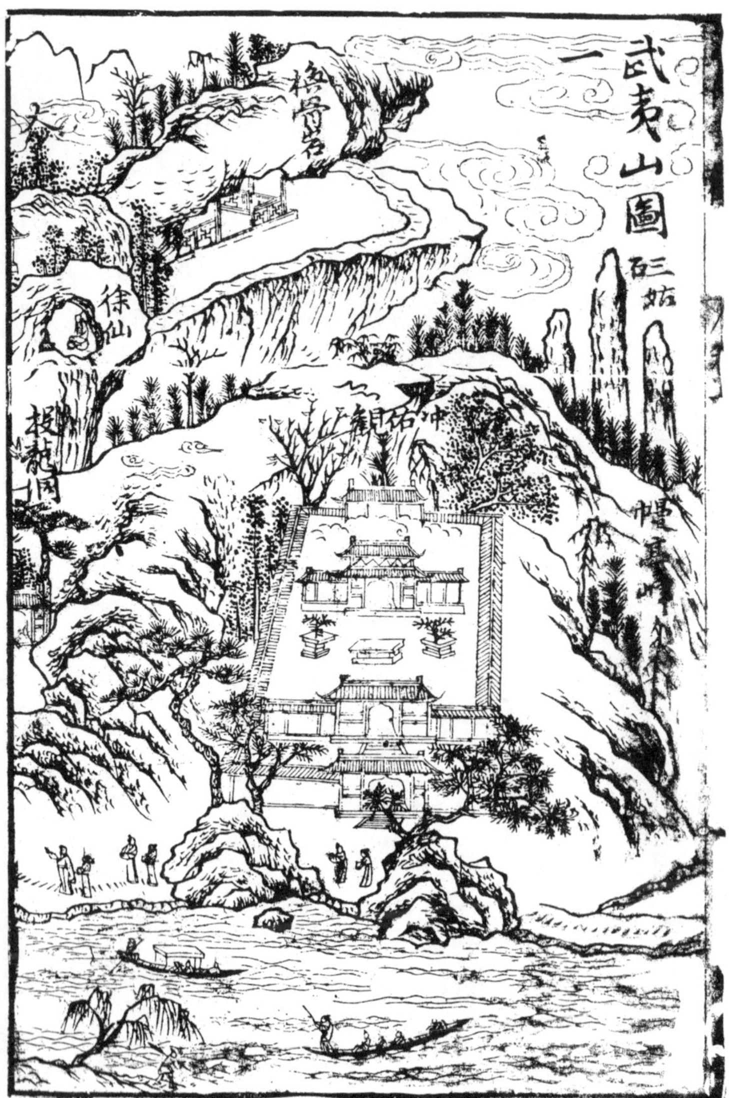
武夷山圖 一
三姑石
換骨岩
徐仙
投龍洞
冲佑觀
幔亭峰

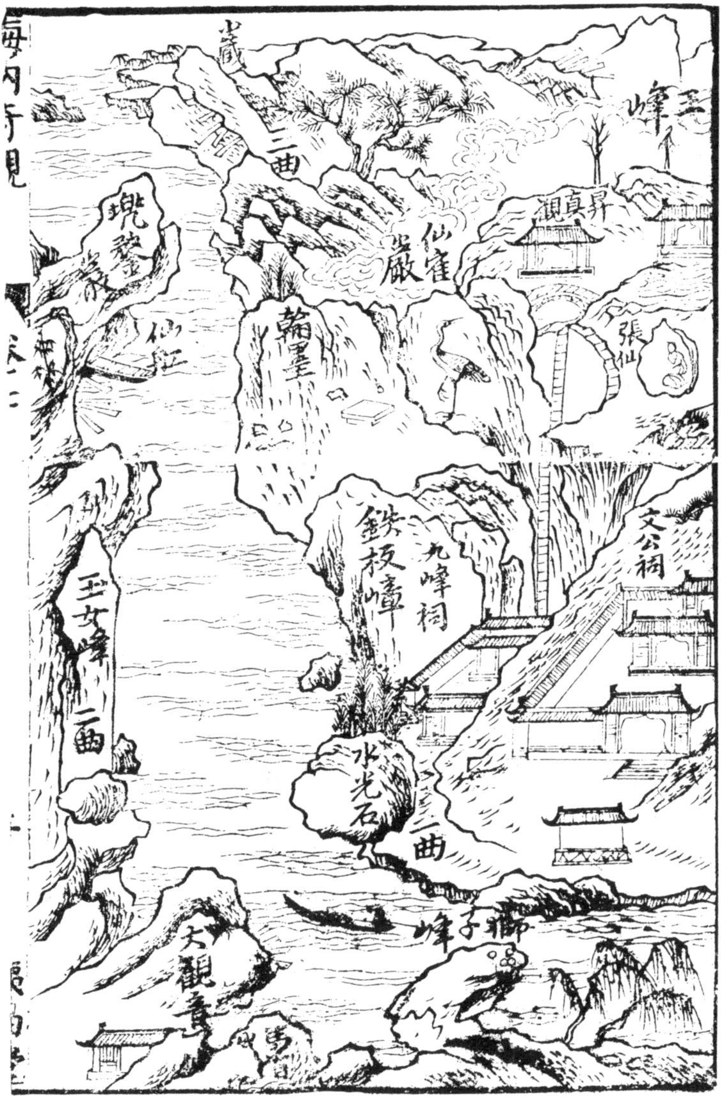

三峰
昇真觀
仙隺巖
張仙
二曲
翰墨
仙梭
玉女峰
二曲
鐵板嶂
九峰祠
文公祠
水光石
一曲
獅子峰
大觀音

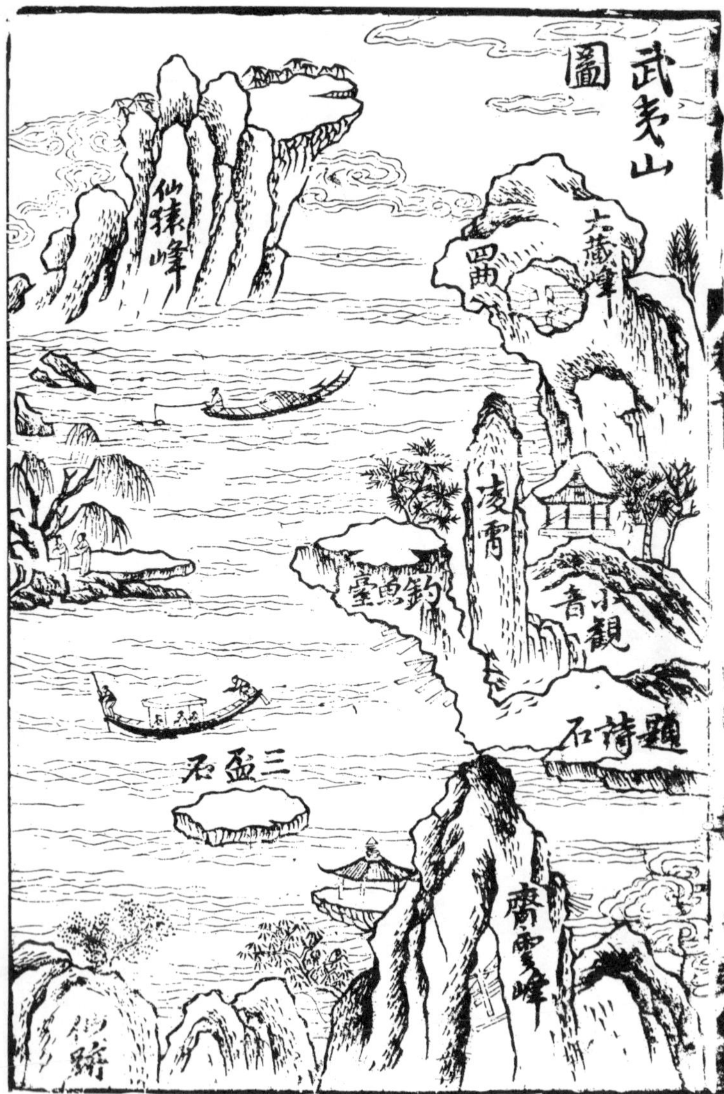
武夷山圖
大藏峰
四曲
仙猿峰
凌霄
釣魚臺
小觀音
題詩石
三盃石
齊雲峰

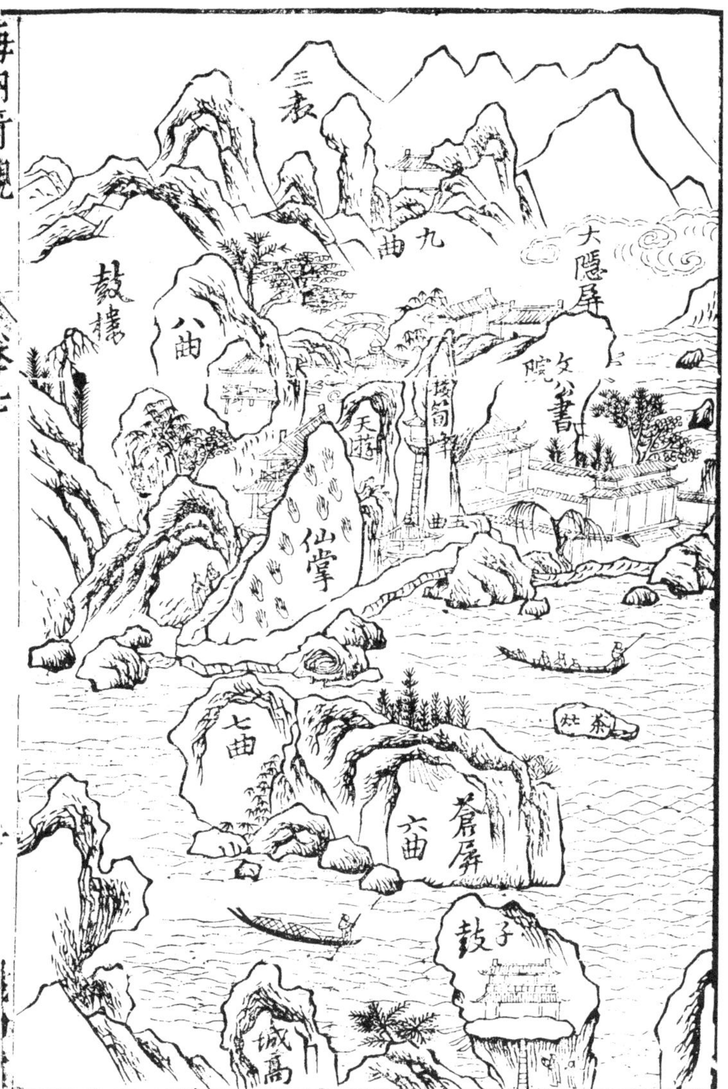
九曲
大隱屏
鼓樓
八曲
文公書院
接筍峯
天游
五曲
仙掌
茶灶
七曲
蒼屏
六曲
鼓子
城高

臺高視如城壘西顧似庾廩北觀如車蓋其驤如龍其踞如虎蹲者如猊馳者如馬峰巒巖岫峭拔奇巧高下相屬吞吐雲霧草木蒙茸寒暑一色崖壁紅膩而稜疊可愛三三曲流繚繞六六峰之間飛瀑落崖一瀉千萬仞之遠筏登棹進水陸皆通琳宮梵刹依岩負磴鐘磬相聞各據其勝揔名武夷相傳唐堯時錢鏗隱茲山二子曰武曰夷山因以名又謂有神人降此山自稱武夷君漢武遣使築壇祀之今遺址尚存宋朱紫陽著書精舍遊轍游臻白玉蟾居止止庵以朱紫往來高車秣馬大汨玄功迺去之羅浮焉

自常山過玉山南北二石梁橫跨溪流中達信州入龜山爲南

巖寺數里長林翳日巨壑緣溪類西湖之靈隱岩阿深奧石色深紫仰睇梵宇僧居嵌空其中石壁多宋元名賢題識由陸路至鉛山有觀音岩岩洞數折而上幻出一奇峰儼若大士中天而立抵車盤雲度嶺漸入佳境過分水關閩楚疆限也二水南北分流其源出于黄山之龍井踰大安至崇安縣度五里庵三十里入武夷渡口清瀨急湍柳堤篠岸村墟歷歷遠近映帶乃九曲溪西出與大溪合處溪徑里許松翠侵衣爲會眞觀觀前老楓大踰數圍千百年物也左折旋而入山門榜曰天下名山第一爲冲佑萬年宫新構壯麗題署繁夥中有拜章臺三清殿玉皇閣閣下列十三仙後爲法堂左爲方丈碑碣詩刻森立又

有魏子騫頭顱骨光潤如玉頂上紋裂横豎兩理子騫秦時人
尸解于漢桓帝時也宋理宗玉簡長尺許書刻金精觀後一峰
方圓十里高五千尺巍巍如冠冕屹如天柱曰大王峰一面向東
瞰北溪一面向南瞰西溪其陽縱裂一罅長數百尺下有木樁
立横石上峰之北爲幔亭峰魏子騫架虹橋設幔宴會孫處有
漢祀臺石盤陀方廣數十丈漢武遣使禱祀處扁爲雲龍道院
彭祖故居址也峰之西爲鶴模岩壁裂紋霜翎朱頂如繪有
飄泉若飛絮縹緲游空而下明江瓘題其岩曰萬峰晴雪又里
許豁然徑斷有巨木階倚懸崖斷峽間階窮處扁路可至絶頂
仰睇巖嶅褀樹倒懸斜倚榱桷霏雲俛瞰溪谷則平楚阡陌不

可辨倚岩木階復數十仭峭壁亂松蒼翠可愛階窮處兩木橋閣崖鑿援之而升有石門頗隘側身以入兩岸開敞夷曠嘉樹美箭蔥蒨芬芳緣磴復升迤邐漸高有石池長可七尺廣深半之瑩澈可鑑爲天鑑池復躋數十步平坦幾半畝窓櫺數楹乃昇眞觀也蓋廢而復興池右有投龍洞洞口小而直下垂綆百二十尺方及水以小石投之其響激越良久乃已宋嘗遣使投金龍玉簡于中山有嘉竹狀亂屈如龍蛇又有仙橘小者如彈丸其皮可食大者如雞卵味尤甘仙李如小鳥卵長而色赤味亦酸美仙荔叢生而葉微類閩中者但差小耳近峰頂有磚卷城門魏子騫所築也前爲修眞壇乃張湛遇控鶴眞人之所下

爲止止庵十三仙修煉之所也出宫由一曲逆流而上石上刻一曲字九曲溪萬丈丹青碧水丹山漸入佳境智動仁靜諸字其碧峰森立巉岩蒼翠雲髻烟鬟寶冠螺髻色相若曾陀者爲三姑石溪中有虎鼻石刻石門靈源一派六字西有獅子峰大小觀音峰此一曲之觀也觀音峰左爲兜鍪峰上刻陽明詩海上眞爲蒼水使山中又遇武夷君之句下爲九峰書院頹廢已久路通一線天兩崖壁立千尋仰瞻天光隱隱如線近兜鍪者爲粧鏡臺上刻之一曲字對鏡臺者玉女峰刻第一山壁立萬仞七字次爲勒馬峰凌霄岩赤壁峰過赤壁爲小藏峰崖壁廻合爲石室几案布列謂之仙學堂水中浮印石檀音石儒冠石刻

千崖萬壑四字溪東爲鐵板嶂嶂後仙猿岩巖右會仙岩昇[illegible]
岩翰墨岩崖石隱起類墨鋌下有三孔如人口俗又稱回子獻
墨岩此二曲之觀也車錢岩者聖姥鞭牛背代之地上有白玉
蟾舟鼉過此則馬頭岩大釣磯也水中方石如砥曰三杯石可
停棹坐飲溪流衝激作絲竹聲謂之水樂溪西峭壁千仞爲大
藏峰崕端石室數穴亂插木板如機杼狀一穴板上度一小舟
歲久不朽曰架壑船上刻三曲飛仙臺五字此三曲之觀也大
藏而上爲金鷄岩中有洞穴外隘中宏藏仙蛻數函木篠縱横
如鷄棲狀旁有數洞嘉靖乙巳飛鐵香爐大如卓入洞中登峙
可仰而見岩下卧龍潭旁刻四曲字上爲宴仙岩左爲李仙岩

李蛻尚存石龕壁削不可登下爲御茶園龍井龍亭在焉澗水從碧雲橋下出自此而上爲更衣臺天柱峰蓋魏子騫更衣處也溪右有石突立中谿若斧劈然相傳爲控鶴仙人試劔石宋人題刻布滿石上蘚蝕不可讀溪中巨石介水中數折號小九曲舟可環遶又有上水魚石溪東一石飛聳欲墮入溪中曰釣魚臺右峻壁斗絶上有數竇皆横插木板望之如棧中列陶甕如管如笥如爐如鼎内藏仙蛻二函高下歷歷可數曰眞武洞近溪爲希眞岩題詩岩此四曲之觀也魚臺運大隱峰峰削立方正如屏下爲紫陽精舍後爲伏羲洞洞廣數丈石堆列如卦畫又名先天洞洞左爲羅漢洞外有黒洞曰回回洞頂甚平坦

鐵笛亭址也逶迤碕磵半里許爲接筍峰有道人居焉石壁陵峭鐵鎖横綴崖腹以託足屈曲盤折數百級亦爲道人所棲曰玉華岩岩深可丈餘高廣倍之白雲蒼霧生滅無時飛泉風樹聲協絲竹溪中石如竈曰茶灶石溪西爲曉對峰上刻五曲高山仰止六字此五曲之觀也隱屏連千接筍峰玉華岩下有洞刻昇眞洞三字從小徑傴僂而入一里許有境一匝四周兮崖壁立崖産茗名茶洞轉至仙掌岩崖石有紋類人指掌者十數痕長二丈餘從磴道入峪蒼松夾徑雲陰藉襟數里登天遊觀一覽亭前有嘯臺空曠高爽隱屏立其前仙掌翼其右千岩萬壑俱入指顧高下起伏若翠濤澎湃出没烟嵐紫青繚白頃刻

萬狀過此爲三層峰石門岩溪中石曰曹家石溪西爲響聲岩
刻六曲二字逝者如斯四字文仙跡岩巻屏峰疊疊而起此六
曲之觀也巻屏以上山形高峙長亘五百餘丈曰城高岩溪中
亂石春開百花曰百花庄溪東三山聳翠若舉首企仰爲三仰
峰中有碧霄洞白玉蟾丹灶猶存下爲陷石堂其地古爲禪寺
宋天聖間忽一夜雷雨陷没今石崖交横外成石門僅容足進
十餘步平曠又名小桃源堂門曰北廊岩刻七曲字岩頂曰天
壺岩左曰棋盤岩此七曲之觀也接天壺者爲鼓樓岩岩前兩
峰屹立如鼓狀曰鼓子岩岩南絶壁廣數百丈壁間裂開一穴
可容四五十人吳公成道于此曰吳公洞下爲鼓子庵右連鐘

模岩獅子岩刻八曲字水中禪笠石上水龜石溪之西大小廩石下有海蚱石將湖石入面石魚磕石此八曲之觀也九曲溪頭爲靈峰白雲岩玄都觀在其下岩左爲毛竹洞次而三峰金峙曰三教峰下有香爐石猫兒石對峙爲丘公岩內有石室廣數丈丘公成道處近溪石形如磨曰磨石此九曲之觀也九曲之外登陸而遊復有換骨岩一線天水簾洞皆洞天絶境也其列于後

靈岩一線天岩從二曲行七里有兩岩相倚長數百丈中分一罅窺見天光又名一字天下爲三洞其一尤深廣風從一線中透出晝夜不絶刻風洞字谷口刻靈岩字有觀音閣葛仙館陽

朙祠洞石有穿徑僅容一人側足而上可至絕頂頂上平曠約數里許有泉池對峙有鼓角岩藍石五老峰下有石門如關隘然

擲骨岩在觀左三里許幔亭峰之北峰腰石室廣六七丈可容百餘人内爲小閣三間祀玉皇元君房有黑穴中有泉極甘冽童子匍匐可入或溢或乾崖高數十仞峻峭難登住持者掛大繩于上登者攀繩而上左有三姑石金猫捕鼠石靈龕道者岩

龍井坑

水簾洞地名赤石奇秀類武夷從擲骨岩進七里馬頭岩之右赤壁高廣數百丈水從頂下如簾幙然不減雁宕龍湫之勝矣

水自高岩下垂非若太山房山之水纔出于洞口也一名唐曜
洞天房有清微洞眞觀
雲虛洞在下梅里去觀二十里與大王峰相對又名均峰洞有
上下下洞幽邃不測房有龍井洞中石盆石硯皆天然自成會
聖堂前朝眞石甚平整廼孔莊葉三仙女修煉之所

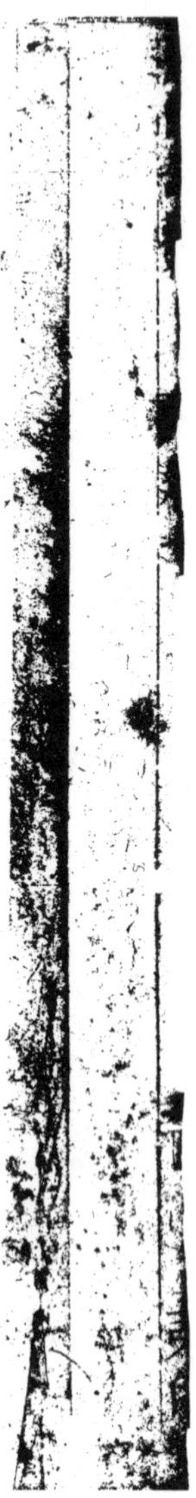

九鯉湖圖説

莆陽之西八十里有湖曰九鯉山則奇崛峻聳兀突崔嵬雄並崑崙險如劍閣陜其巔者若凌風若登雲若孤鶴獨號于長空徘徊孑立石則怪異瑰奇如雲如岫直若戰棹細若累卵圓如沉瓜巨如扛鼎水從永福萬山中來所歷無慮數十百里注而爲湖則異石當其衝兩峽壯其勢初到峽口有巖閘扼水之勢又似齊軍决囊莫可禦止稍遇坦石平衍瀰漫已而兩石夾流則奮怒悲號若迅雷之鳴聞者失色又直趨下數十丈中爲平湖方圓寛潤約百丈餘則泓深澄定凝然不動若星旋而斗自鎮草動而根不移泉則玉墜珠飛虹垂霞集千態萬狀凄清悄

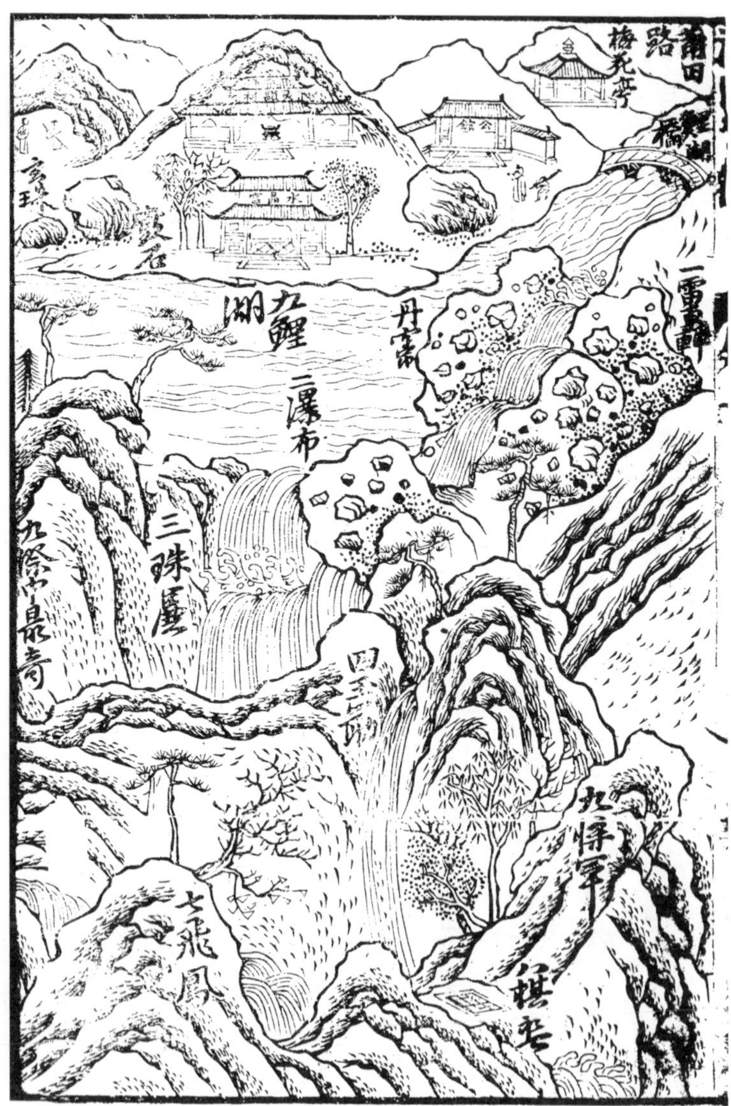
九鯉湖
二瀑布
丹霞
水晶宮
公館

九鯉湖圖

天子萬年

九鯉湖

石門

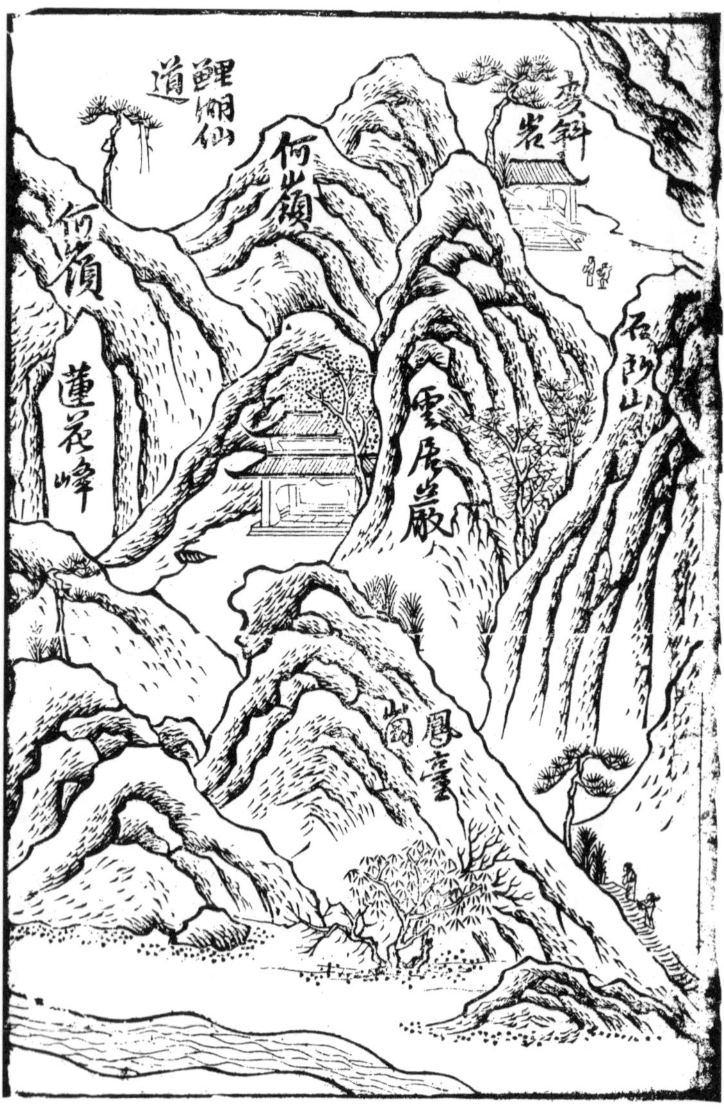
麥斜岩
石竹山
雲居巖
鳳臺岡
何嶺
鯉湖仙道
何嶺
蓮花峰

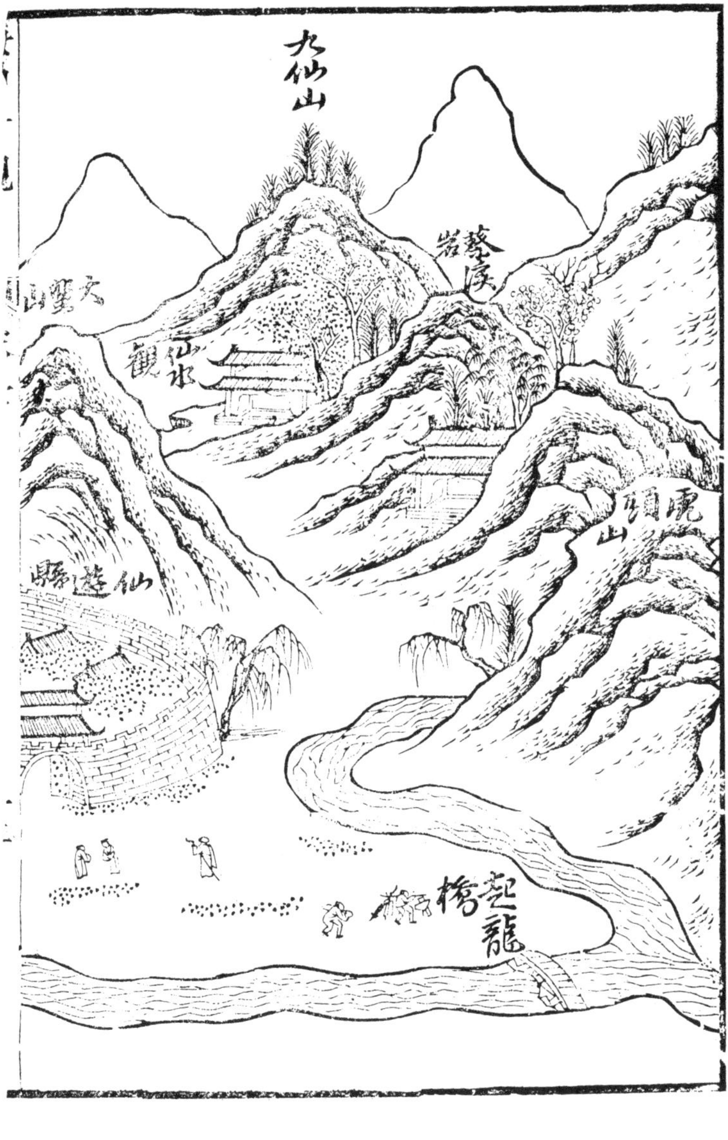

九仙山

蓼溪岩

大望山

仙水觀

虎頭山

仙遊縣

起龍橋

寂令人泠泠有遺世想故仙靈托之以冥栖曆達慕之以長往云

高陽山高且百餘仞去何嶺益十里而遥奕奕臨湖與飛鳳山相望鳳臺岡屹然于湖之東而脉自南發西與盤龍山會其上灌木萬章其下鐵色萬仞居然神臯之一大觀也

蓬萊石在湖之東高丈許廣倍之屹立于雷轟漈之右鄭尚書表爲第一蓬萊昔有湖光亭久而圯比更新之以鐘鼓名

雷轟漈在冊竈西湖之東水從何岩下注而爲湖沸沸湯湯不舍晝夜喧豗如雷故以雷轟名是爲第一漈

冊竈在雷轟漈東石嵌空似竈無慮百餘處水漫流其上遇竈

色加澄而瑩綆有至數十丈者或云與西湖通理未可測也又云水旋而成窩愈久而愈深耳其左有巨人足跡長三尺許

黃鷄灘在雷轟漈東亂石縱横水自石罅中出春夏時其聲亦雷轟漈之亞

茶潭一名藥瀧深數丈其水亦淵泓可玩距黃鷄灘十步許

石牀在黃鷄灘之東廣八尺高六尺許四面皆如削成怪石參差雜其側水彭彭出石罅中高阜處有石如酒尊廣圓六七尺高丈許上有小石覆之如蓋然故名或謂仙人醉酒而卧此石牀也自蓬萊石至此爲湖之東

勸耕石在水晶宮之西石壁嶄巖佳植籠映宋陳讜勸天子萬

年四字甚偉

古梅洞在湖之北石廣一丈修倍之故有梅生其中題者遂以古梅名今無存矣洞之右地稍斥而可廬九仙閣峙焉前植老梅亦緣洞意也

仙泉在古梅洞下數石磥砢泉自石罅中出清冽甚飲之可以已病即大旱亦不竭閣夢者百十餘人皆取給于斯泉

將軍石在古梅洞西高二丈許望之桓桓如將軍故名

道家蓬萊石在適漈之道房距將軍石步武耳高二餘仞廣丈許奕奕偉觀

皷石在古梅洞前高六尺廣五尺狀肖皷扣之有聲即一人撼

之亦動又名動石

玄珠石去鼓石五尺去湖尺許圓類珠故名相傳湖水溢則浮自萬年石至此爲水晶宫之西亦湖之西也

龍擦石在古梅洞南紋縱横如龍鱗日晃之爍爍射目循石而下又有洞深廣丈許有石棋枰及爐竈遺蹟然已失其處矣

瀑布泉在雷轟漈之西相距五十步湖水遵石而下長如匹練怒流爭汛聲若雷霆又似數部鼓吹而石潤野花時開爾益其態傷有石廣二丈許明李翱書觀瀑二字是爲第二漈

珍珠簾者瀑布縈洄而下約五百步爲珍珠簾夾流之石廣數丈修不啻百餘仞水上垂垂而挂可數十行綴若流蘇晶若聯

珠水激濤湧噴薄飄空細者如霧如烟粗亦如霰如雪粉珠屑
玉簾外都無勺水日映之光氣紅緑成行如彩虹飲澗夾漈嘉
樹森鬱盛夏都無暑氣是爲第三漈漈之右石修廣楚楚幛壁
高仞餘有龕可坐四五人明王世懋勒石曰九漈中最奇處㴱
孜懷搆亭石畔名觀瀾亭
玉筯爲第四漈視珠簾稍狹水自盤龍山來兩行下垂瑩如玉
筯春夏往觀眞爲奇絶對視鳳臺岡巒競秀嶐崒不可陟仰面
望九鯉湖瀑布俱不可見但覩銀濤滿洟皆從樹杪下令人毛
骨清徹耳傍一石曰龕龍石高可丈許中爲竅䖝若洗若削登龕
前望則飛鳳盤龍兩山愈覩遠水蜿蜒上聯刺天石壁亦一奇

也
石門湖之第五漈也自水晶宮來不知幾千丈石參差漈中而
二石脊崟壁立故以門名又里許爲五星漈漈中萬石繽紛獨
五石屹然錯落如星故名五星左有鳥道可傴僂而進是爲第
六漈
飛鳳山爲湖之朝山高幾百仞蓋第七漈也上多僕壘蒲盧而
無鳥聲下山里許一石名觀音龕龕外石罅如天窓然中可坐
十餘人以祀觀音大士前有深潭水自龕上過亦一奇也
棋盤石距飛鳳里許爲第八漈漈中卧石宛然棋盤懸岩一石
類樵子風雨中若鬪棋聲或爛柯者流

將軍石為第九漈兩石瑰壯如武夫當關故名漈至此去湖且
二十里亂石擁塞崖谷相懸其水為若溪為壽水入于海
九仙山在仙遊縣東北二十五里山之半有石穴湧泉色白而
味甘昔何氏九人飲此故山以九仙名
錦仙山在縣東距九仙山十里許松杉森鬱頂有石棋枰或謂
霧雨中時見數人箕踞奕碁何氏兄弟也
雞子城山在縣東十五里距九仙山里許城故越王所築越王
為閩越王審知
高望山在九仙山西距何嶺數百武峰巔高聳可以遠眺風日
澄霽即遥海俱在目𥄉上有石浮罨五層二石高數丈名笏石

南有髻山以雙峰如髻址有仙人臺以何仙登之故名
雲頂峰在仙臺北端聳秀麗下有石室十餘所名舊隱岩相傳
有眠雲閣釣月灣聞猿洞今皆蓁蕪矣
古壺山在仙水廟東三峰崎立東者高五仞陡削玉立名挂巾
石其一昂首如獅以獅石名山之腰十餘石玲瓏相通其一屹
立數仞修廣十餘丈下凹爲室深二丈廣四尺無穢不治左有
飛泉沿崖而注爲瀑懸流數十丈何仙藥竈遺蹟尚存
何嶺在九鯉湖北高數千仞折而東五里爲龍紀院又五里則
湖矣世傳何仙居九仙數日又踰何嶺而東入湖故名何嶺嶺
有泉出石罅中明林正夫篆仙泉井三大字于石

石所山距何嶺二十里去縣治六十餘里高數千仞盤踞十里巉岩石骨黟黑如漆其巔有石如笏高三丈許

雲居岩在石所山巔有石可坐數十人古篆百餘字皆作龍蛇狀不可辨元世祖御書夾漈書院四字岩前有亭曰獅子亭相傳有池可蓄鱗魚

紫帽山在石所山西夾斜岩在紫帽山下左有兩石洞右爲玉泉岩未至岩數百步爲山門門左有石高二丈修半之有朝眞福地祝聖道場八字其前方沼舊植蓮山門内有石崇廣三丈許元世祖顏之曰樵谷山折而北則松篁夾道花冉冉襍烟霞房澗亦饒木石躡磴以北舉趾浸高一巨石屏立道旁西爲玉

泉嵓石縱橫洞口上覆巨石泉䖏流自紫帽山下瀉飲之清冷透骨大旱不竭南爲玄帝閣北爲佛宫前爲一樓爽塏可居嵓山環拱如龍如馬如屏如縞帶鉅如斷鼇幻如結屋修如北溟之鯤奇態萬狀東有棲雲洞兩石修廣丈許一石廣圓三丈覆其上中可坐數十人

眞潊洞距棲雲丈許數石嵌奇相附而爲洞

滴水岩在麥斜岩東水自巔下涓涓不休前爲銀坑口狹而傾如建瓴好事者秉燭蛇行以入屈曲不啻十餘丈

鳴山岩巨石削立扣之有聲

虎頭山在紫帽山東爲麥斜岩左廧黝石陡削高可五十丈石

昂昂如虎頭元世祖標之爲鐵衣壯士

蓮花峰距石所十里許數峰參差奇秀如蓮花下有淸源庵北

卽銀岩山

蔡溪岩在縣東北六十里岩前巨石如雙闕曰石門高三十餘丈廣四之折而北洪崖峭壁夾摩雲飛瀑直瀉而下瀑盡處爲龍潭深不可測流爲溪澗是曰蔡溪遶石門而上有巽堂有艮軒有幻遊洞藏直鳴眠雲石岩水涯洞前聲如雷轟豬而爲潮竹松交翠木之大者百圍長夏亦無暑氣昔陳聘君隱居于此

羅漢洞在蔡溪岩之右泉石玲瓏松杉蓊鬱凝神趺坐可以忘

飢

[illegible]岩距羅漢洞數武今在蔓草中

鼓山距省城三十里蓋福之鎮山也東障大海浺瀜其巔海眉睫間小琉球隱隱在望山半有古刹有靈源洞有石梁有天風海濤亭乃朱紫陽所書

石竹山在福清縣北距孔道十里巉巖險絕其巘有觀音岩巨石覆其上石下稍支榱棟以祀觀音左折有化龍窩紫雲洞又左則九仙院也

滕王閣圖說

滕王爲唐元嬰嘗都督洪州工書畫音律善作蛺蝶時乘青雀舫選芳汀渚建閣于章江門外名滕王閣高五十尺四周步檻咸複陸閣道垂以簾櫳下刻三王詞與韓昌黎記章貢二水自西南來繞鏈右角去東北入湖凭欄浩渺無際鄱陽一名彭蠡又名揚瀾左蠡居南饒九江四郡之中春水方漲挂帆截洞瞬息百里足配洞庭霜降水落則長堤曲岸縱橫荒草中有徐孺子亭蘇雲卿隱居東則康山功臣祠　高皇帝與僞漢百戰之地也東北爲古敷淺原水與豫章鐵柱宮井盈涸相上下湖北窮處落星一島翳于鏡中是爲星子縣書院有白鹿洞洞在禮

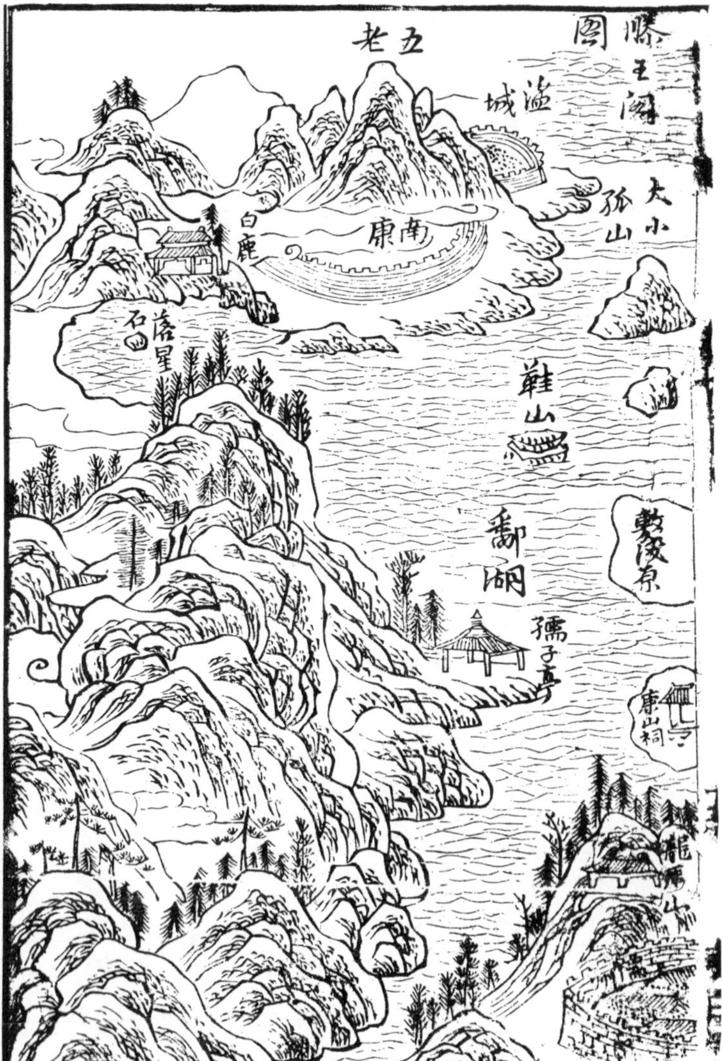

滕王閣圖

五老
湓城
大小孤山
南康
白鹿
落星石
鞋山
鄱湖
敷淺原
孺子亭
康山祠

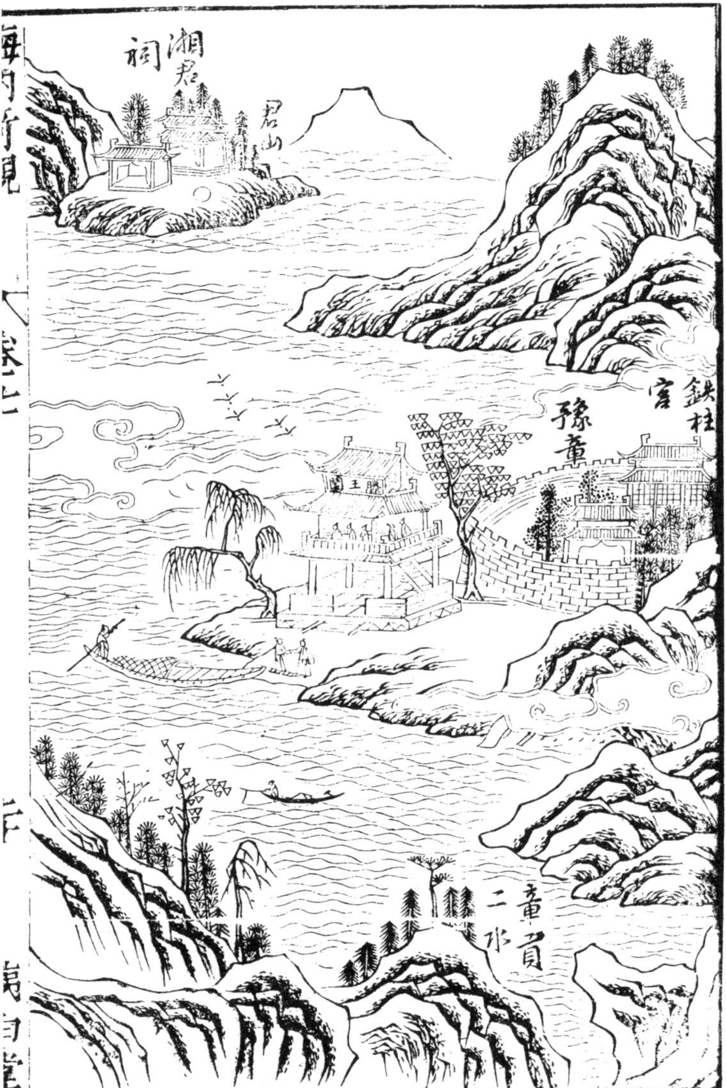

湘君祠

君山

鐵柱宮

豫章

滕王閣

章貢二水

聖殿後石壁刻晦翁墨跡爲多出湖口水則有江島則有大孤
小孤大江出蜀三峽合漢沔七澤九江之水而下怒濤晴日翻
空至湖口復會湖水二山浮水面直截狂流與鞋山相望爲砥
柱近縣又有石鐘寺弄月最佳

麻姑山圖說

麻姑山在臨川郡城之西周四百餘里中多平田可耕道書三十六洞天之一上有瀑布龍岩丹霞洞碧蓮池皆奇境也仙壇有顔眞卿記并書爲二絕從姑山本爲麻姑山而見稱然去城近搢紳先生與閭巷人過覽便其峰石磊塊多幻奇覽者目易桃又羅近峰標置聚徒衆爲此山擅行而麻源入山深跂高測險泉石幽曠無已聲奇豔則其無人松響雲光映徹林表故郡人多稱從姑奇絕而以麻姑本山爲少致

出城歷石磴上十里有亭一座又五里爲半山亭雨玉虬從半嶺下奔淙淙可三百餘尺則瀑布泉也夜雪飜濤銀河素練曇

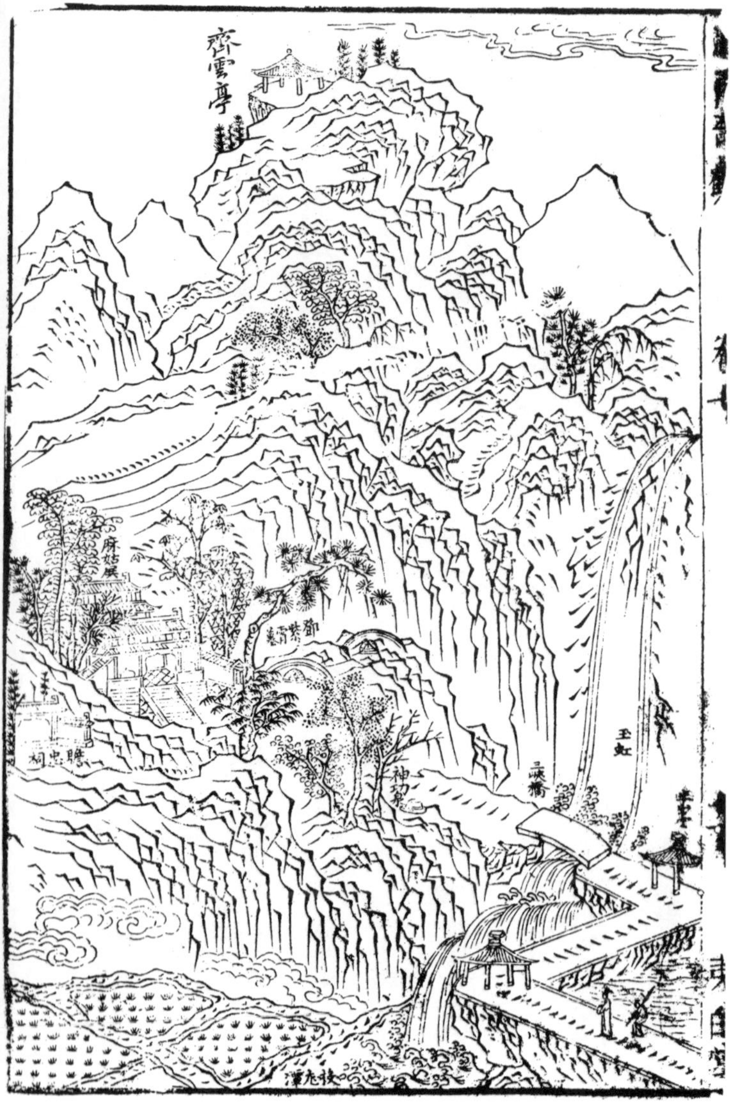

齊雲亭
麻姑殿
鄧紫霄臺
瞻忠祠
玉虹
三峽橋
神功泉

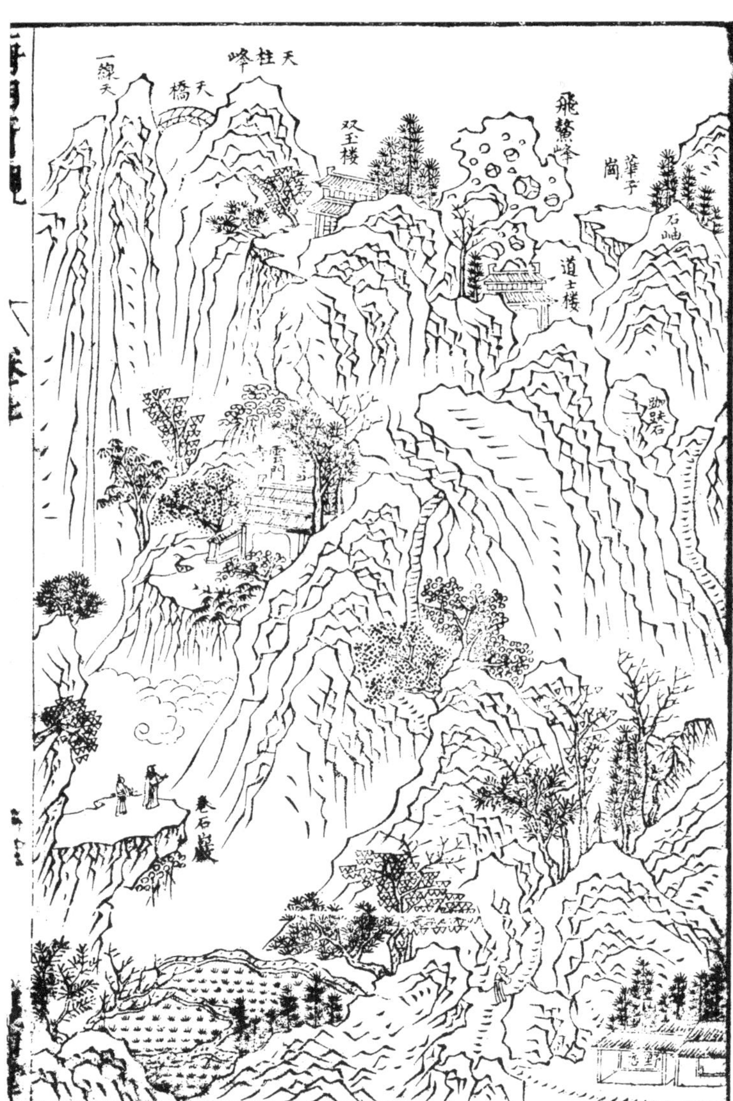
一線天
天橋
天柱峰
双玉楼
飛鷲峰
華子崗
石岫
道士楼
跏趺石
雲門寺
巻石巖

霏散爲珠濛濛拂拂爲霧爲烟可望而不可即又半里許爲三峽橋下有投龍潭記載天寶五年投金龍于瀑布一石池中有黄龍見其處也又幾半里有岩石下尺許爲神功泉口不盈一小盂而深深不竭味飫而重即葛稚川丹井也好事者取以釀酒名眞姑酒四局即本山泉與較每兩即輕減錢餘眞神矣坐三峽橋上可聽泉窺潭左右山峰色俱集麻姑殿結構非唐時物其小法身經火不壞亦靈應也山門左有古松可合圍唐所封爲大夫松者可班三竺九里中局有詩僧墓平眺四際山巖峰頂前後平田幾數百畝所謂碧蓮池者盡阡陌矣麻姑向方手言接待以來見東海三爲桑田詎不然乎山絕頂有齊雲亭把

壞不可登殿傍爲疇忠祠祀顔魯公李忠定文信國三忠者壇側有紫陽墓開元眞人鄧紫霄瘞骨處也橋之下爲避秦洞又昔有壇傍杉松曰七星杉松皆偃蓋時聞步虛鐘磬之音不可復接惟玳瑁石距此窣中無恙

從姑山去城僅五里許從麻姑山折西北行上下山坂不甚峻而田阡間之往往于深巖峭壁中間平爲田綠野之色與碧山青澗相錯他山未有也紆迴數里漸近雲門寺則澗水澄瀉而奔注岩岫峰壁爲蹲爲踞爲立爲臥若列幕縣帷大半似盤山第盤山無草木爲衣此山時有樹盤山一長石橫臥如虹亘此山澗灘凡數折皆綠蔚可挹石文舊題識處皆殘剥模糊苔蘚

中不可讀惟卷石巖爲曾子固題尚在書法莊整如其文隔澗一林望之破屋殘垣殘門荒樹則雲門寺也寺虚無僧惟雲封苔鎖馬跡鼠蹤草樹數株而已而境絶佳澗前有野店可供遊客再上爲華子崗即謝靈運所詠麻源第三谷是也無徑不便登再北入靈谷徑其石岫一片似西湖寶石山帶以石欄杆又數武則石岩垂爲屋明聯陽汜公來令此邑顔其巖然僅可當武林飛來峰一竇耳又三轉石磴上道士棲居在焉四面巉岩石俱蔽遮不令見香火客坐俱窣窣在重圍中從從姑山後上爲跏趺石可坐數百人落級而左兩岩隙深千尺有天下瀑渺飛一道光名一線天其上爲天柱峰爲步天橋遠眺則江城

野郭烟樹萬家縹緲在望從一線而度爲雙玉樓羅近峰講道其間逌而右爲飛鶩峰乃從姑擅場處緑崖爲堂卽羅近[illegible]所其四方人揮麈談性命之地俯檻則林木掩映蒼翠[illegible]右眼復轉而左爲仰影庵讀書岩皆近峰所品置

龍虎山在貴溪縣一路綿亘水澄于碧上有上清宮寥陽殿昊天閣俛闞遠眺萬山拱翠三十六宮雲繞宮左翠微深處修竹萬竿中有歸鶴亭亭後有白雲窩爲蓋淨道天師煉丹所也龜峰一名圭峰三十二峰壁立如削其大片石山與西湖寶石山相似岩内開方廣坐四面峰岩其狀爲爐爲鼎爲芝爲旗爲獅象爲劍皆歷歷可指

仙岩在貴溪城南七十里距上淸宮十里沿洄一溪乃得至岩下岩高數十仞多奇石壘門削壁嵌空懸虛歷石九層而上自岩腳登觀音閣級凡三淸波丹洞蕩漾几案踰梯以升凡八歷級高可百餘丈則豁然一竇人掉頭從此中出如出井中憑崕仰掛棟不啻匯二分在外揺揺凌虛氣起星辰可手摘而蒼茫一水在下盼如帶題閣者曰堆雲曰飛雲曰空中樓閣曰仙鶴危巢曰濯纓浸月無問其標置雅俗而此岩崒嵂奇幻宛然有畫此巖有二十四巖如仙桃蓮花蘂岩仙床佛岩獅子幞頭紗帽展岩之類雖雅俗同稱而形俱酷肖眞神工所琢也

普陀岩離鉛山二里許平地突起巒峙嶂斗巢飛來峰中有一罅

明透日影流光傍有泉滴瀝島中可布几席淨雲𩃬雨明虛浸暗

岑山在興安境境之左曳輿轉級而上可三五里周遭皆小山林木薜蘿與衣裳相鈎帶山一洞如佛獅子座洞口昂首軒鼻卷文如螺似天爲之左爲龍乳泉瑩色如玉微微滴溜下如乳味不澹而濃重又似美人微汗浸浸不收其右爲魚峰班文片片如黄竹葉所居宜窈郎白日秉燭入之乃見俗亦名仙岩扇有刻修碑以木爲之係天順七年其聲樸樸如古琴其文班駁斷連亦如老桐琴文又轉最上峰爲禪堂堂踞岑之頂信州山水可攬取盡故岑雖小山亦足方仙岩也

葛仙山在鉛山山高而徑深凡三十七盤方及半山有駐鶴亭從左岡盤旋而上十里始達于巔古木數章森秀參天合抱數圍前有太極殿祀葛仙遺像又有飛仙臺後有亭巍然翚亭亭右有試劍石下有卧雲樓

新鐫海內奇觀卷八

錢唐　臥遊道人　楊爾曾　輯

匡廬圖說

山海經云廬江出三天子鄣入江彭澤西蓋謂廬山也或又云殷周際有匡續先生者隱居此山仙去唯廬存人因以命其山爲匡廬匡廬無二錢唐　臥遊道人　楊爾曾　輯最高五老次之登漢陽四望則知此山拔地無倚自高梁迤邐而來東南北三里據江湖之會其西則大陸群山所奔湊也南望鄱湖烟水蒼茫輕鷗片片落星一點明鏡之翳也北望九江盡乎湓浦風帆上下千里瞬息順流而東則石鐘大小孤山之所錯而踞也傳

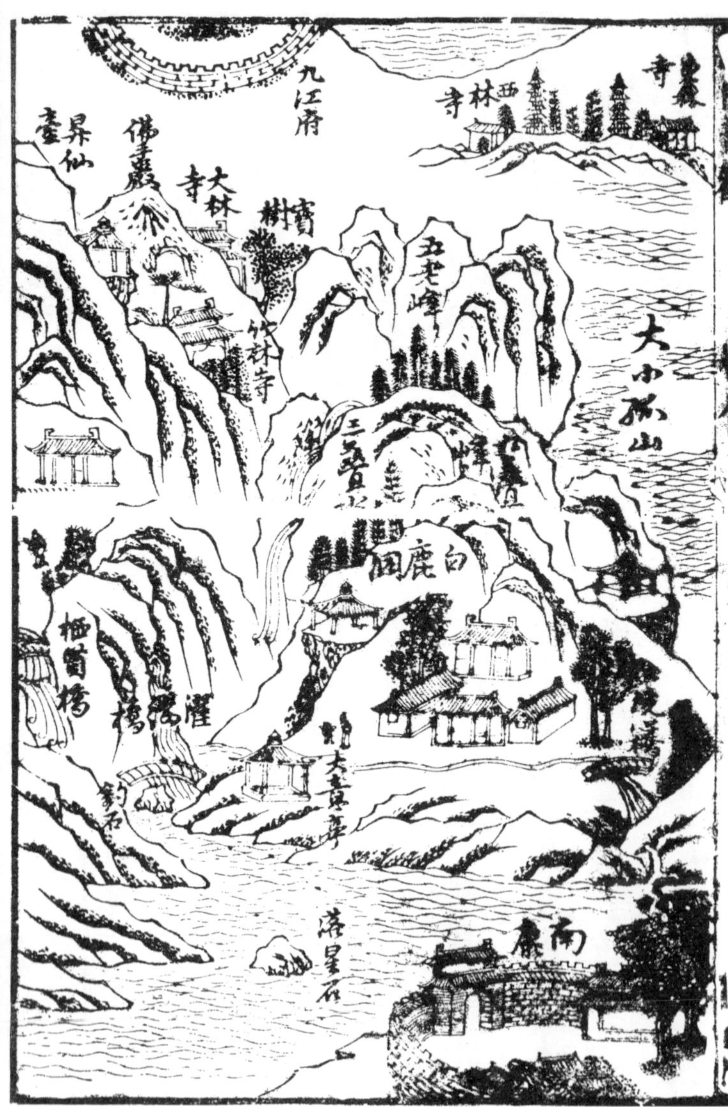

九江府
西林寺
昇仙臺
佛手巖
大林寺
寶樹
竹林寺
五老峰
大小孤山
白鹿洞
棲賢橋
三峽橋
釣石
大嘉峰
落星石
南康

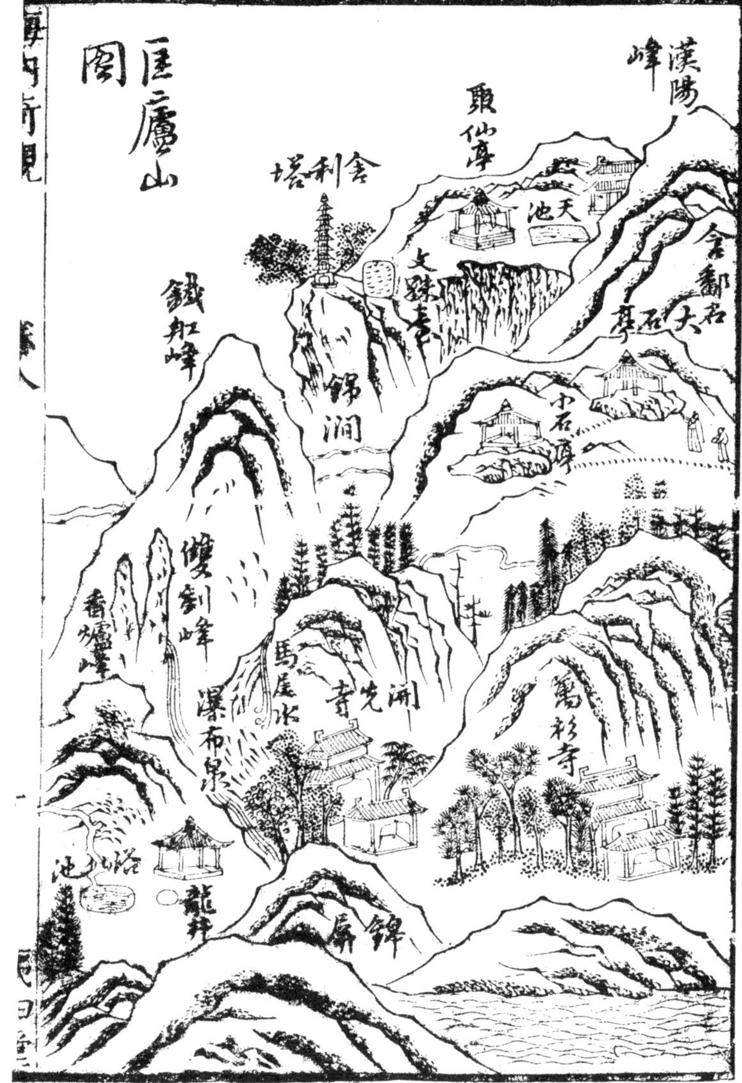
匡廬山圖
漢陽峰
聚仙亭
舍利塔
天池
文殊臺
鐵船峰
錦澗
雙劍峰
香爐峰
馬尾水
瀑布泉
開先寺
萬杉寺
龍井
錦屏

稱北山詠眞之天周廻千七百里或未必然

自南康行十里則開先寺寺倚鶴鳴峯下南唐李中主幼慕物外問合兹山後賜名開先寺故寺後有讀書臺臺後石壁鐫黃太史七佛偈陽明先生紀宸濠事王敬美書寶墨亭亭下雲錦樓面錦屏山而峙上有瀑布倒挂石梁掣曳上下澹然天碧若機絲未緯縷縷璀璨下有洗墨池右紫氣閣西南兩石筍廉利插天爲雙劍峯如蛟龍出水芙蓉插天精光射目雙劍之南一員阜矗立爲香爐峯每過雨返照紫烟縷縷從香爐出若有意點綴然者鶴鳴之右水奔灑成千百縷而短曰馬尾水雙劍之左懸挂千百丈如匹練而長曰瀑布泉二流合山峽石扇碕訇

中爲青玉峽出峽繚飛亭紺涯爲龍潭前有小石坡爲浴仙池
從潭引水過石溜㲀爲泓曰龍井上有漱玉亭今廢立小石塔
當之西亭其南崖石欄倚碧飛沫時上人衣袂最勝也李白云
銀河倒挂三石梁今無矣寺北爲慶雲峰下爲萬杉寺惟餘龍
虎慶風四字在遼壑一杉不復存東北廿里五老峰一山前四
環之桃溪石窟處爲白鹿洞唐李渤馴白鹿讀書其中昇元中
建廬山國學晦翁爲請于朝賜額拓而大之與嵩陽石鼓嶽麓
禮聖殿居中左右列書屋百楹以廩歸諸來學者石鐫風雲鈞
臺枕流漱石字晦翁手跡居多洞前水自凌雲來汗湃下石峽
東爲洗心橋上有獨對亭又亭獨對之上爲聞泉重山若抱古

松千樹丙夜天籟吽號如波濤起松間拉水聲度嶺去爲山亭
爲高矣高矣西下爲大意又濯纓橋西有釣臺石稍北亭爲朋
來朋來一亭則猶在山之巔登亭睇五峰巉削横列天表時有
白雲衣之眞如五老人軒然連袂傍立下窺重湖李青蓮愛其
勝卜築焉五老南下有獅子峰東北有九疊屏屏下有三疊水
轉西南二十里爲棲賢橋三峽澗出焉兩崖峭壁水墮下百仞
聲撼山谷十里爲楞伽院又十里爲大石亭小石亭舍鄒口則
大漢陽峰峰比諸山爲最高一路陡絶崎嶇無着趾處下嶺而
北路稍袞大石千百闌臥如群羊十里爲擲筆庵五里天池寺
寺前二池世稱帝釋天尊手檀也西有聚仙亭以祀周顛天眼

赤脚徐道人又西片石危立瞰無底谷一老松偃蓋臥前爲文殊臺瀑下月明有火光自空來一化爲百如亂螢落臺前是爲佛燈臺前有白石聳後日射之五色隱起是爲佛光石上有石浮圖是爲佛舍利塔塔南下有捨身崖崖有獅子岩岩下爲錦澗隔澗爲鐵船峰東北里許石阜卓立爲白鹿昇仙臺上有高皇帝傳周顛碑又東北數百武石竅成洞洞上石縫參差如指爲佛手岩岩北蒼崖巉巘下臨不測一徑縈紆廣不盈咫望之畫圖然路窮處爲訪仙亭亭下二石突起爲鐘鼓山後隸竹林寺三字寺廢名存風雨中時有鐘梵聲周巔蓋于此示幻云又數里爲大林寺寺有兩寶樹昔西域僧自其土攜種之鳥雀

不栖其一爲兩龍挾風雷扳去今尚卧路側披霞亭甘露亭下爲竹林後門自攝雲亭錦繡亭鳥道百盤始抵山麓復二十里則東林寺晉遠公所開山也山門外水爲虎溪有三笑亭其墻猶鬼壘故址也門內左右爲康樂所鑿蓮池其右尚存遠造寺時木自池中溢出爲神運殿池今故在殿下遠公影堂後爲氷壺泉十八賢像錦澗橋東有三疊泉九疊雲屏西有淵明醉石栗里柴桑康王谷陸羽泉白雲峰紫霄峰北有太平宫五乳峰太乙峰蓮華峰中有遷鶯谷青牛谷皆奇偉絕特磕硊詭怪山中氣候五月披裘三月桃始華大都比城市後一月其烟雲雨霧膚寸觸石一日無慮數十變眞瑰奇之至也

黃鶴樓岳陽樓赤壁磯圖說

黃鶴樓在武昌府鸚鵡汀汙其上漢水自西來數千里注其下雕欄畫棟阿閣翬飛祠立十二楹拓架作菱花狀山脚鐫天下奇觀四字每字方圍約數八尺對晴川丹青在目視滕王爲過之巴陵縣有城陵磯有洞庭湖有岳陽樓君山島城陵爲江湖交處風檣千樹烟火萬家固之巨鎮也夏漲則江濁而湖高以清秋落則江清而湖低以濁湖盤三郡瀰漭晶瀁齊旱潦而視彭蠡爲深登岳陽樓望之汙白天際杳不見四山有無日月若晨昏出没其中者時而長風鼓浪可高于屋風平浪恬則君山浮僊如螺髻然故三樓望遂又以岳陽爲甲覩樓前水中産麥

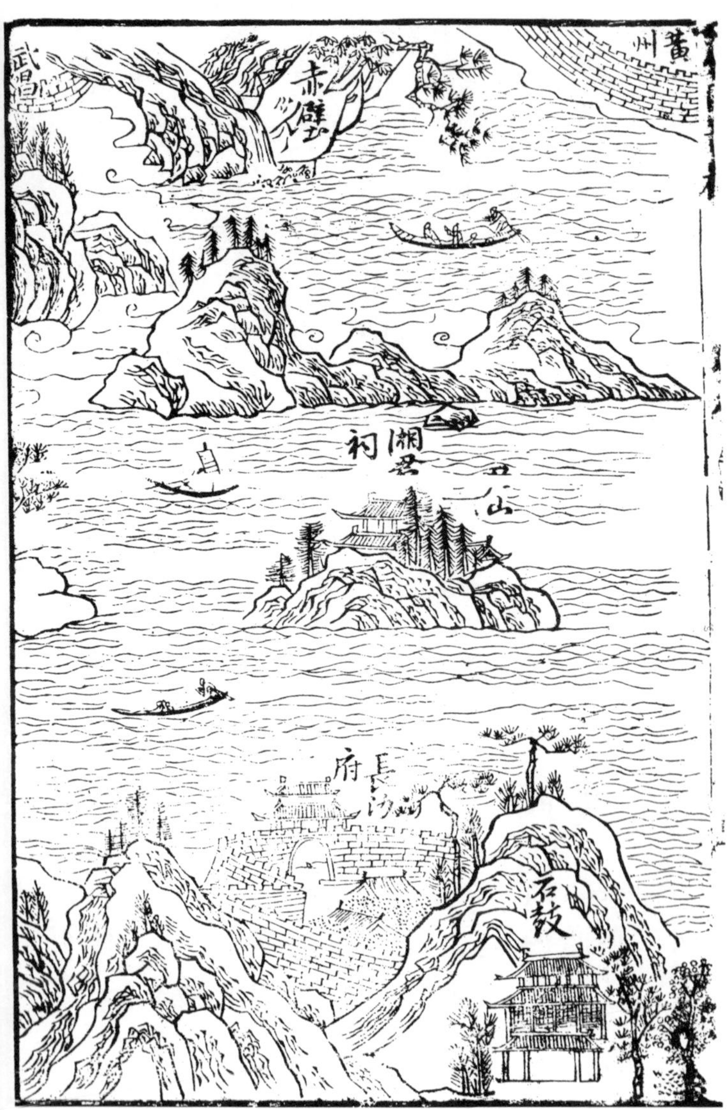
黄州
赤壁山
武昌
君山
湘君祠
長沙府
石鼓

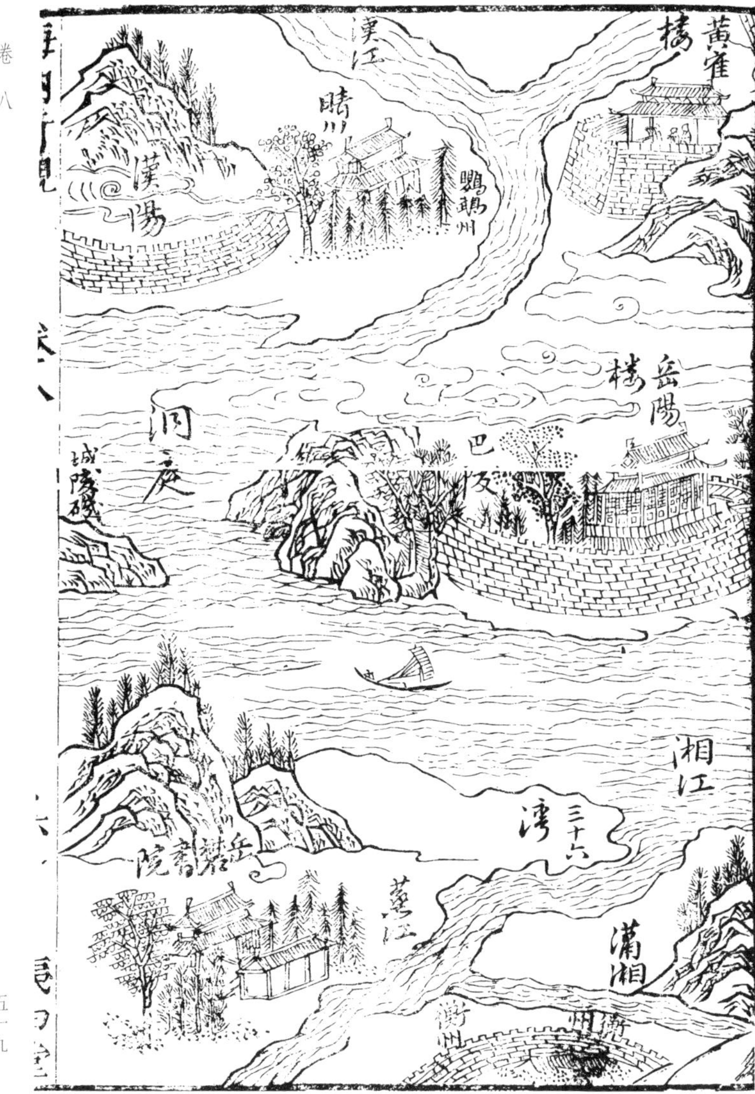
黃隺樓
漢江
晴川
鸚鵡州
漢陽
岳陽樓
巴陵
洞庭
城陵磯
湘江
三十六灣
岳麓書院
蒸江
瀟湘
衡州

飯石質鬆而色如銀可療諸毒山上祠湘君夫人傍有酒香亭
鄉𥁕井其三十六灣則湘流之曲也黄州府黄岡縣有赤壁磯
亦名赤鼻磯乃蘇子瞻所賦非孫曹戰處也三面臨水平沙淺
渚蘋蓼參差鷗鷺飛浴晴日遊之爲佳

詠瀟湘八景

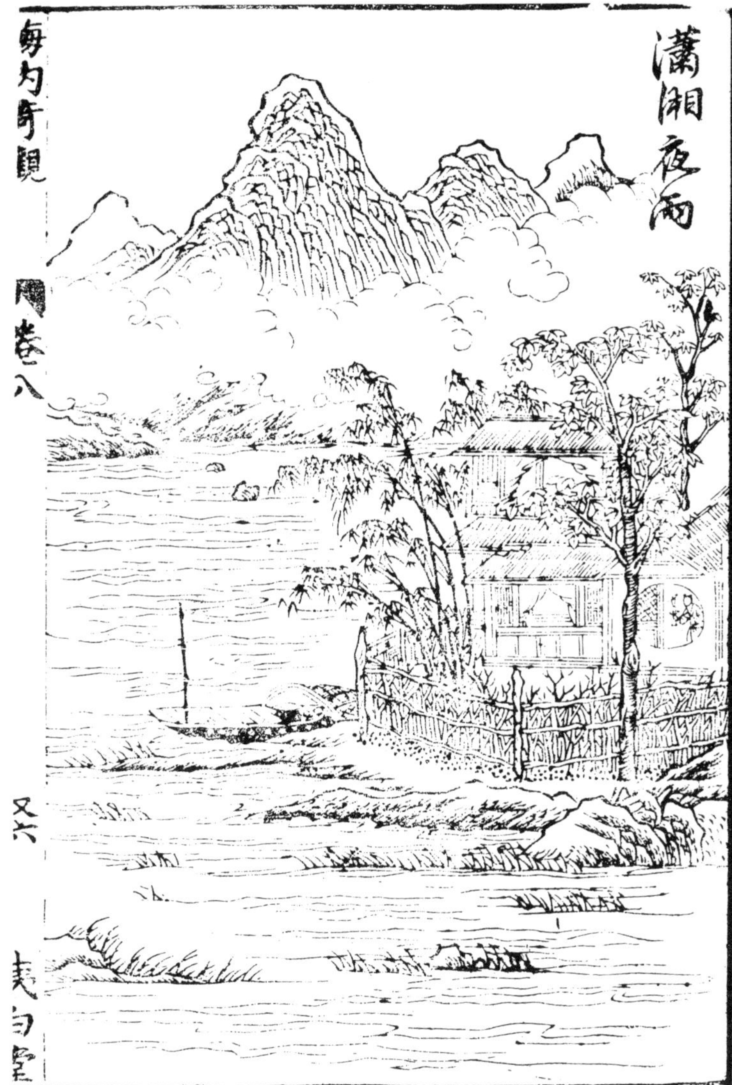
瀟湘夜雨

夜響起烁竹浩之楚

雲白曉來看沙嘴新

水添一尺

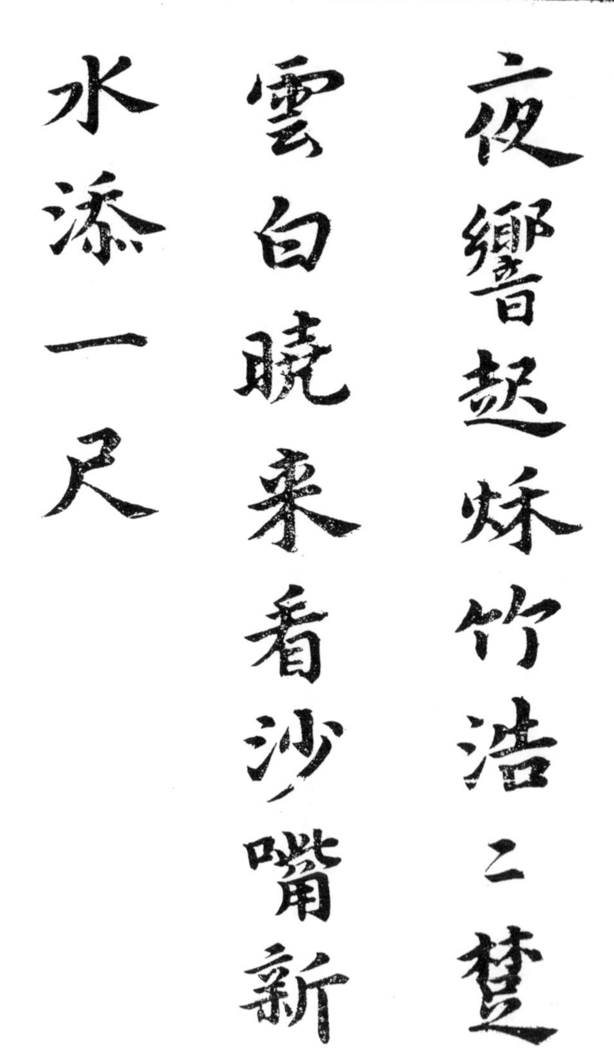

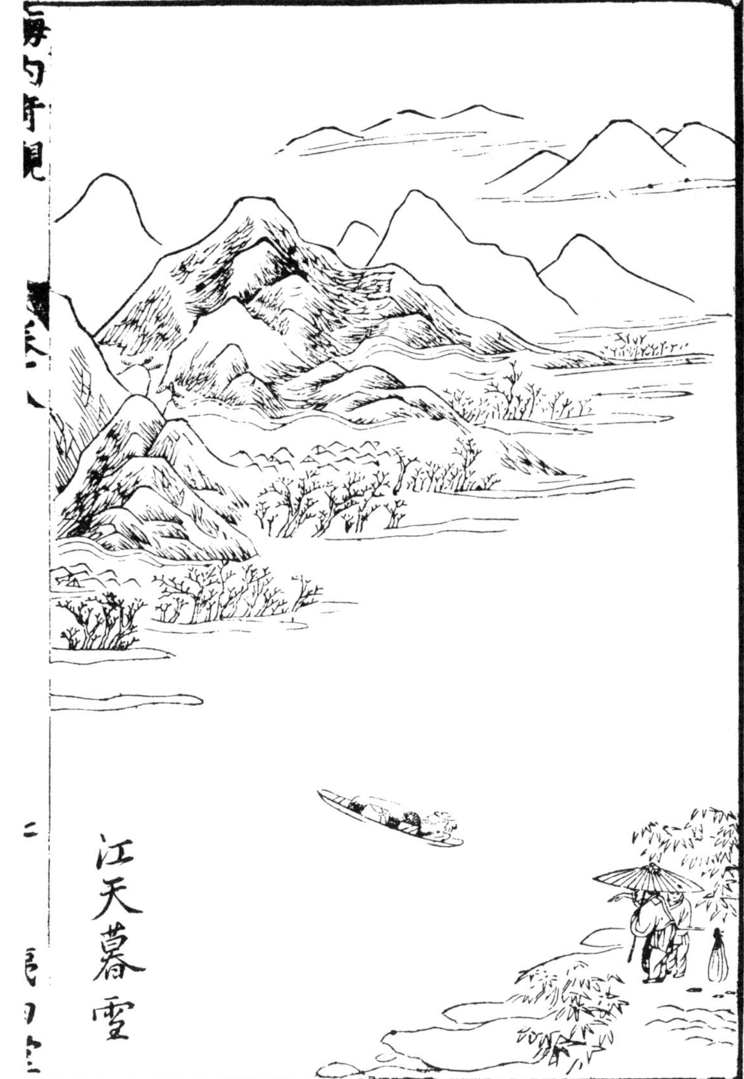
江天暮雪

長江浪滾雲烟墨
花爭飛可憐橫流
者孫舟一篙歸

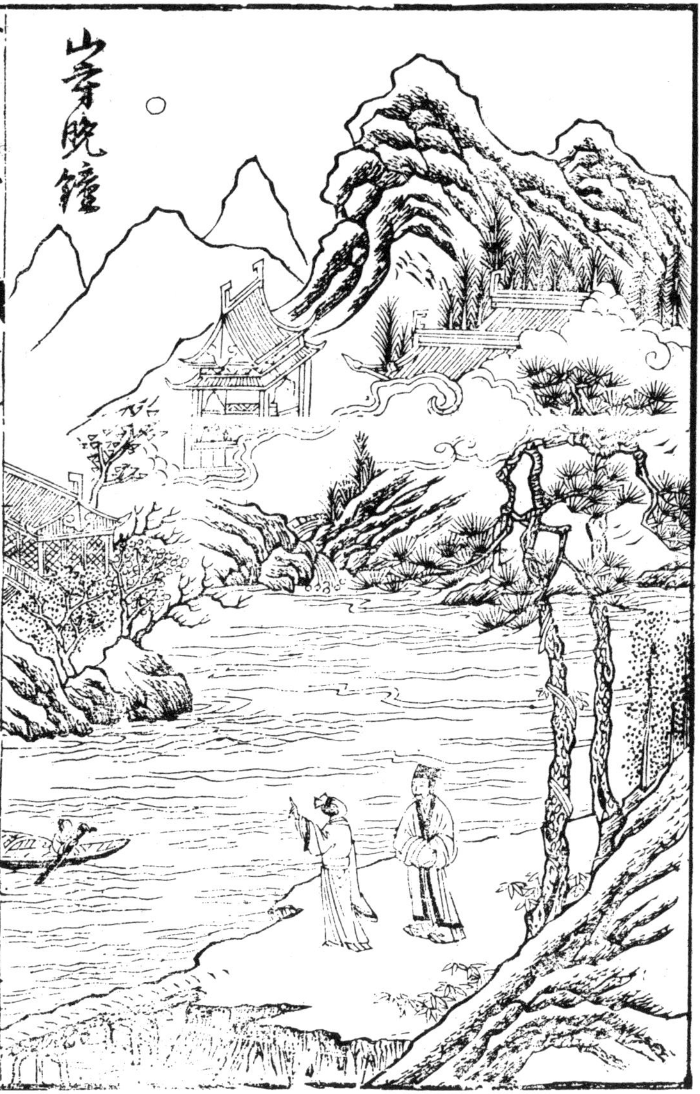

山寺晚鐘

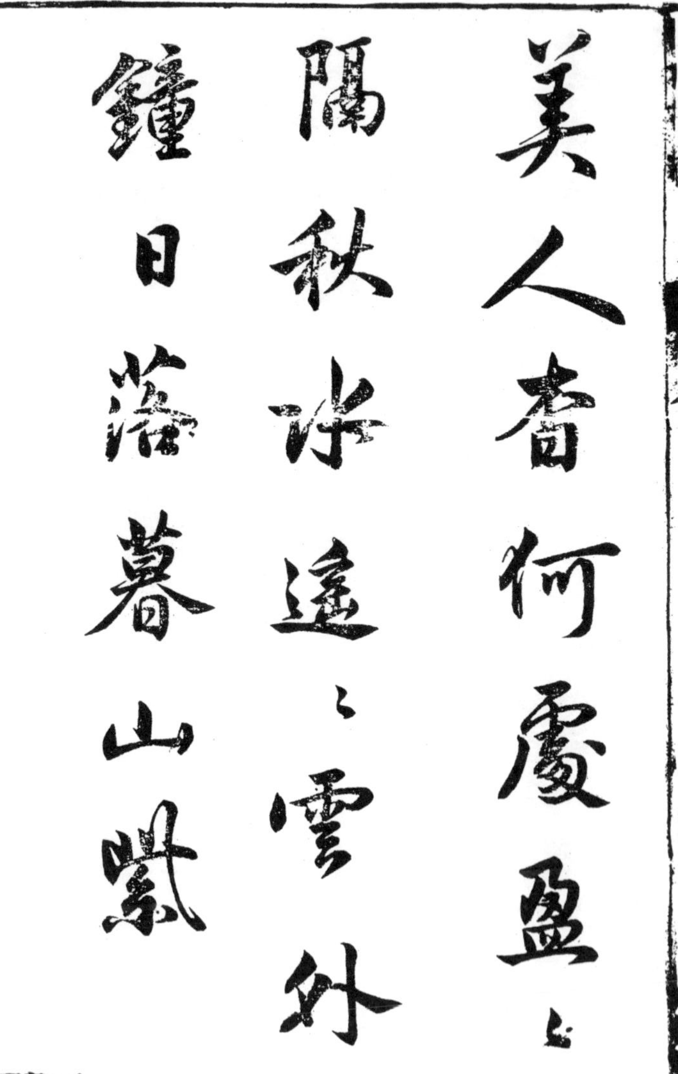

美人香何處盈々
隔秋水遙々雲外
鐘日落暮山默

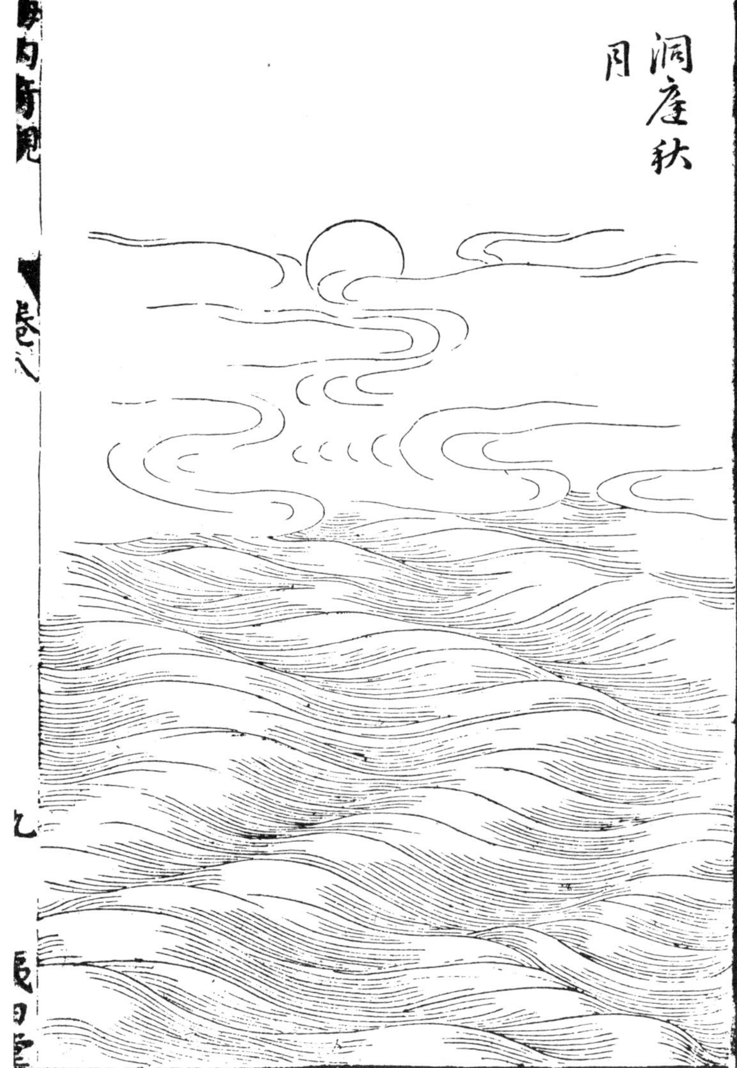
洞庭秋月

天水本自空圓月況
秌映晶晶起霜色千
里一懸鏡

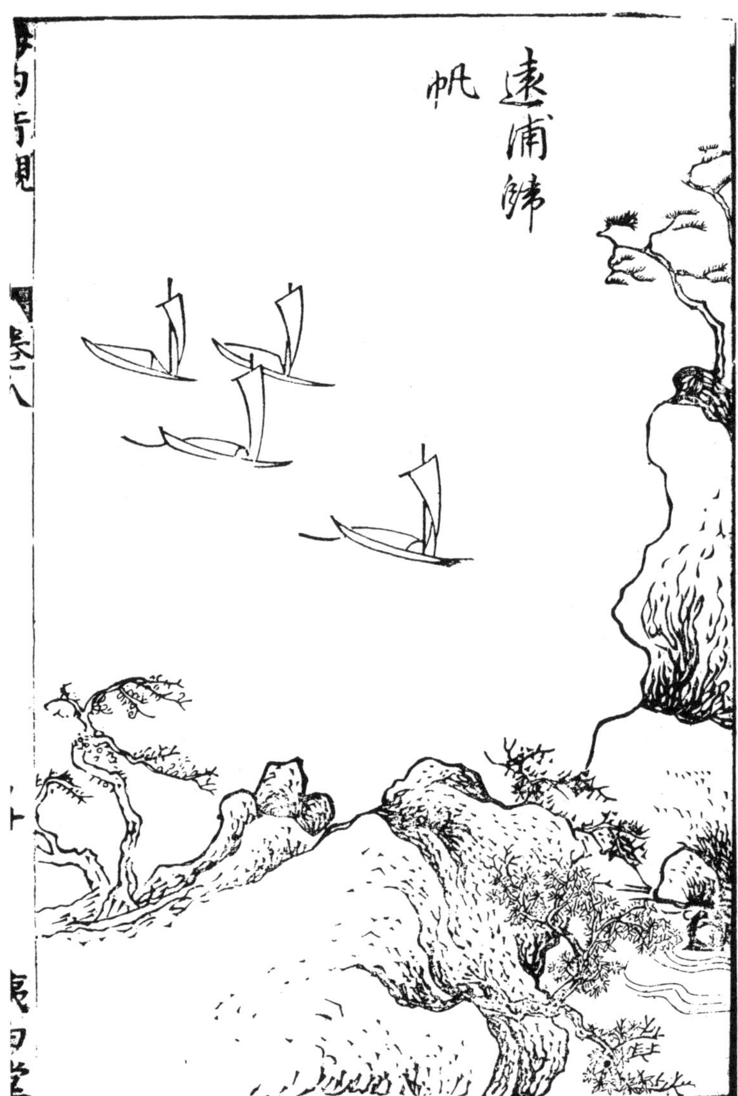
遠浦歸帆

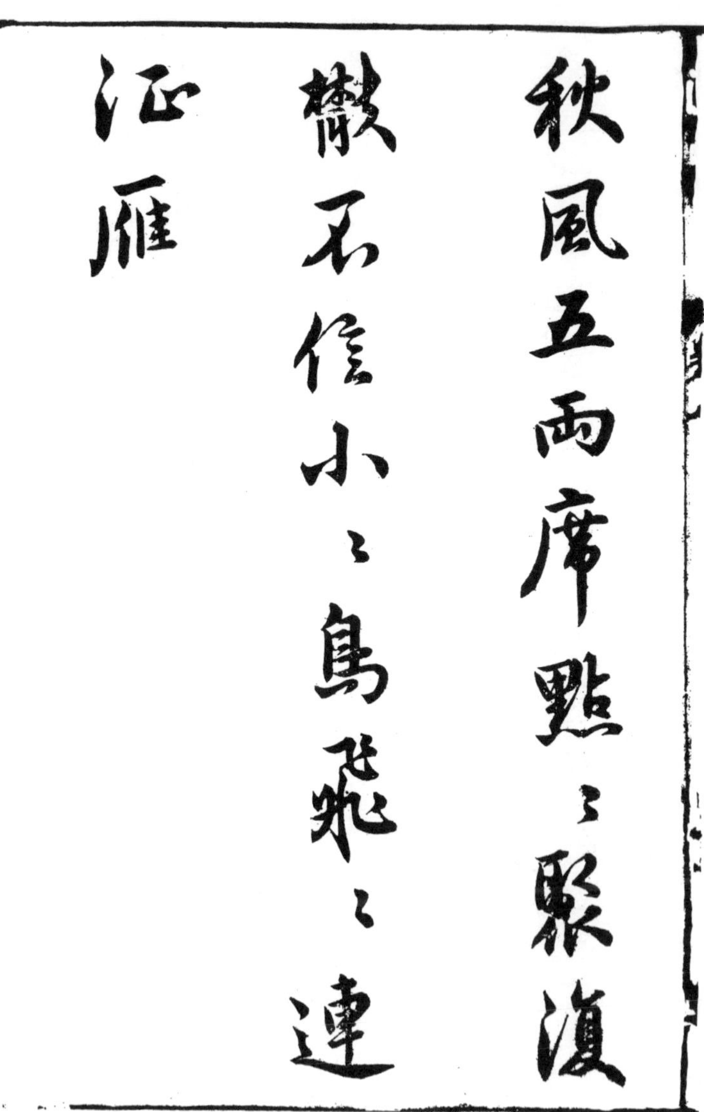
秋風五兩席點點聚復
散不信小小鳥飛飛連
征雁

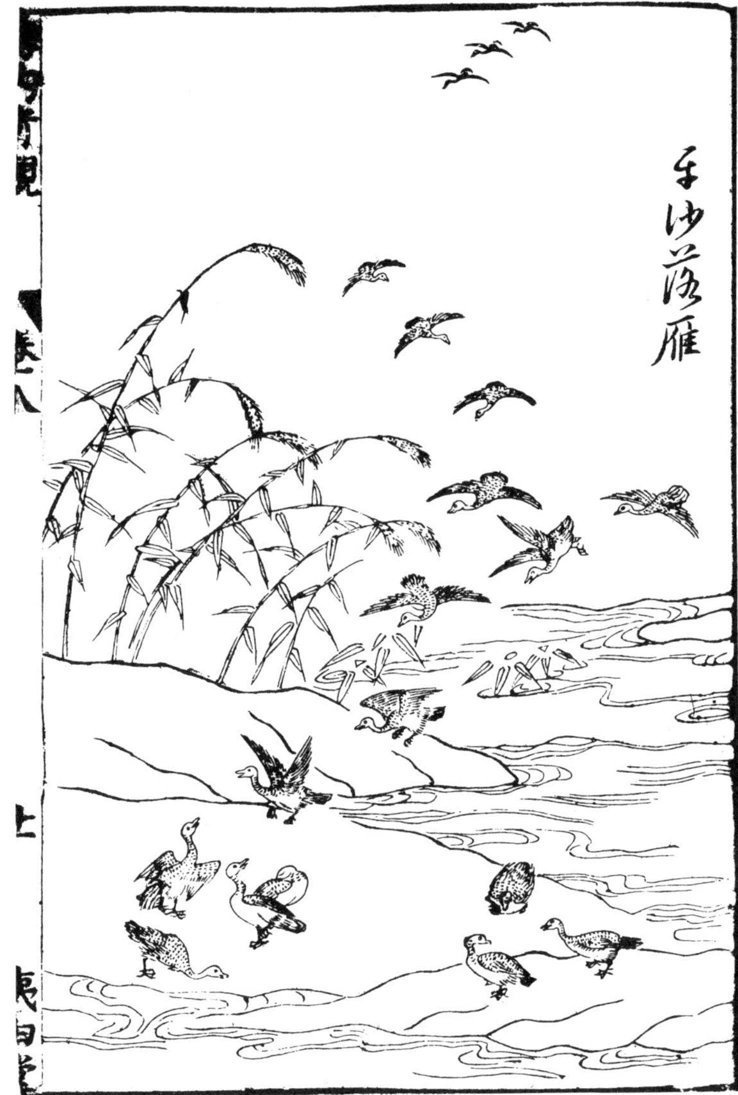
平沙落雁

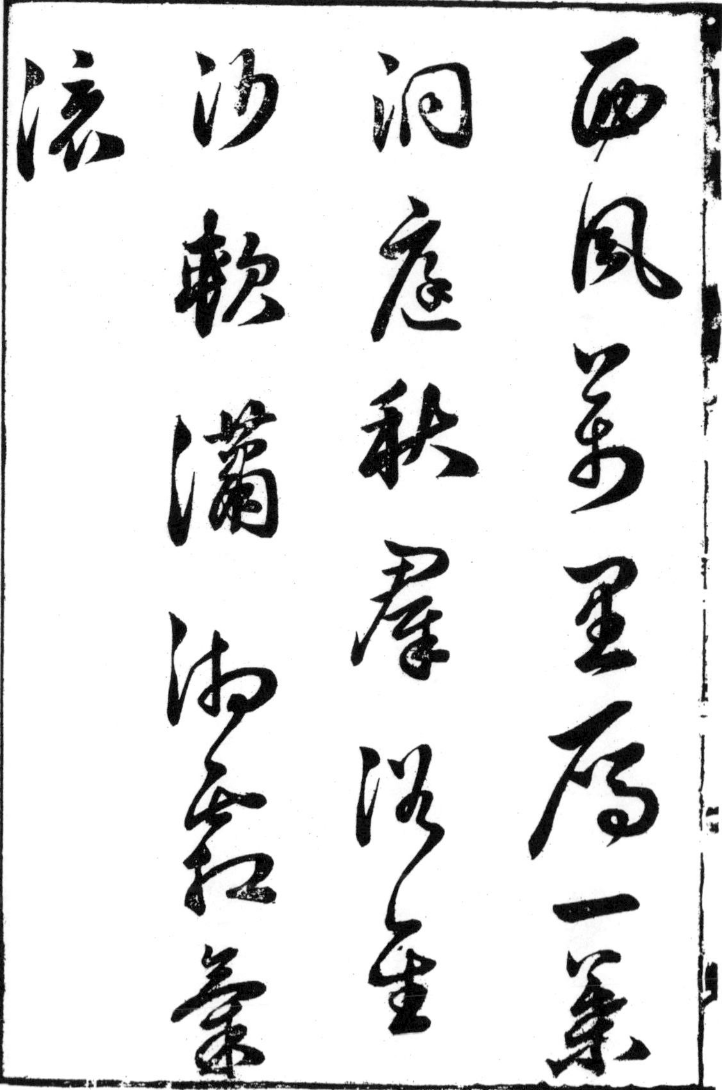

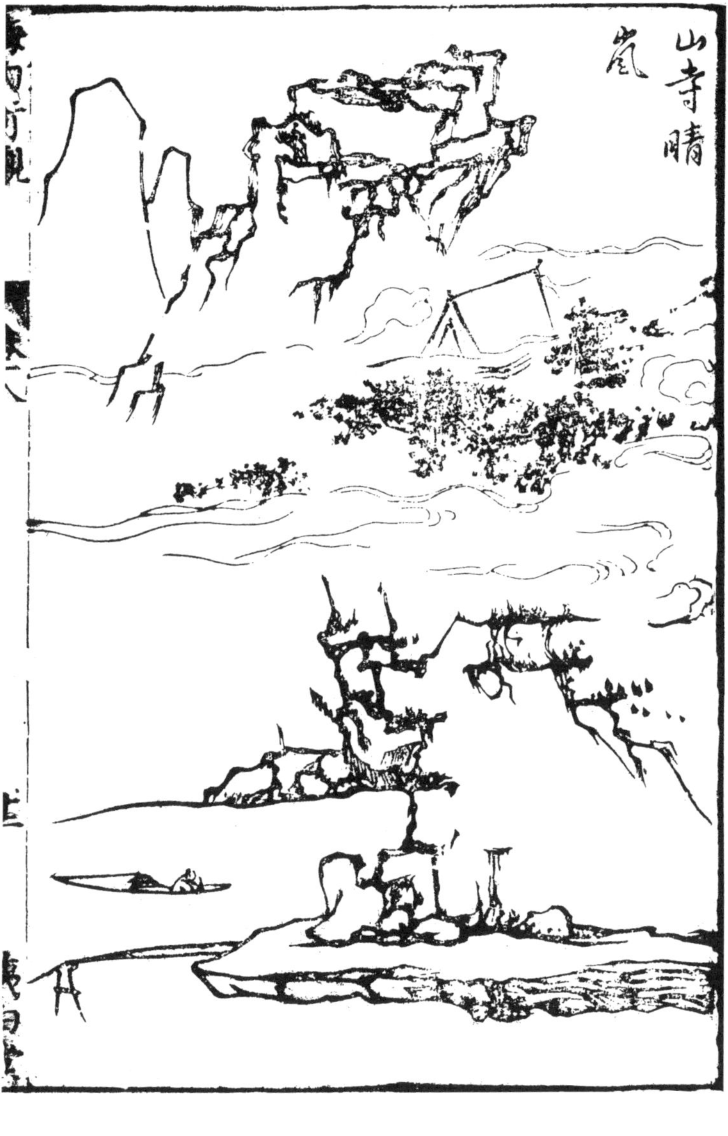

山寺晴嵐

華晴退夜嵐晨妝翠
猶濕但聞山鳥鳴不見
鳥也入

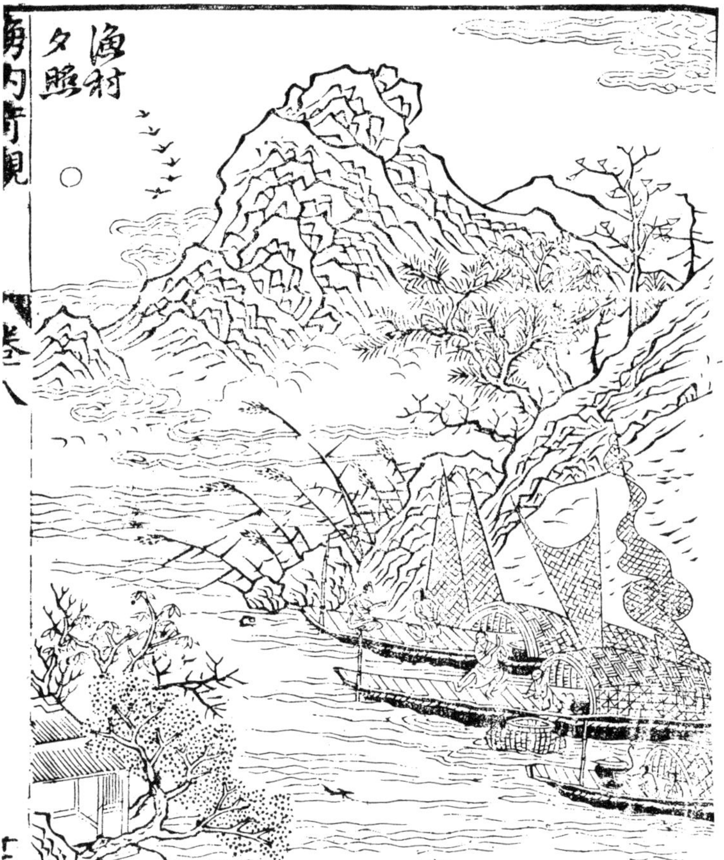

渔村夕照

西暘下洞連綱集清
潭〻一丈黃金鱗可
見不可綱

蛾眉山圖說

自眉州十五里過蘇稽鎮爲彭山縣西行五里爲聖積寺左重廊翼然爲老寶樓署魏鶴山峩山眞境四字則登峩第一山門也又有龍神堂凉風橋數里爲解脫坡高山大崖深林巨澗度溪橋爲華嚴禪寺寺北爲青竹橋樽木坪上五十三步一平臺可坐數人覆以翠竹爲歌鳳臺云接輿隱處前有一石遠伏山口如舴艋爲晉賢船又前片石踞立路側爲大峩石後有石並峙下深成井水自石井濃濃出爲玉液泉石鐫陳圖南福壽二字西數里爲呼應臺則茂眞尊者與孫眞人精舍也北數里爲白雲峰爲中峰寺上大坂凡三望乃至三望坡下坡抵壑雙溪

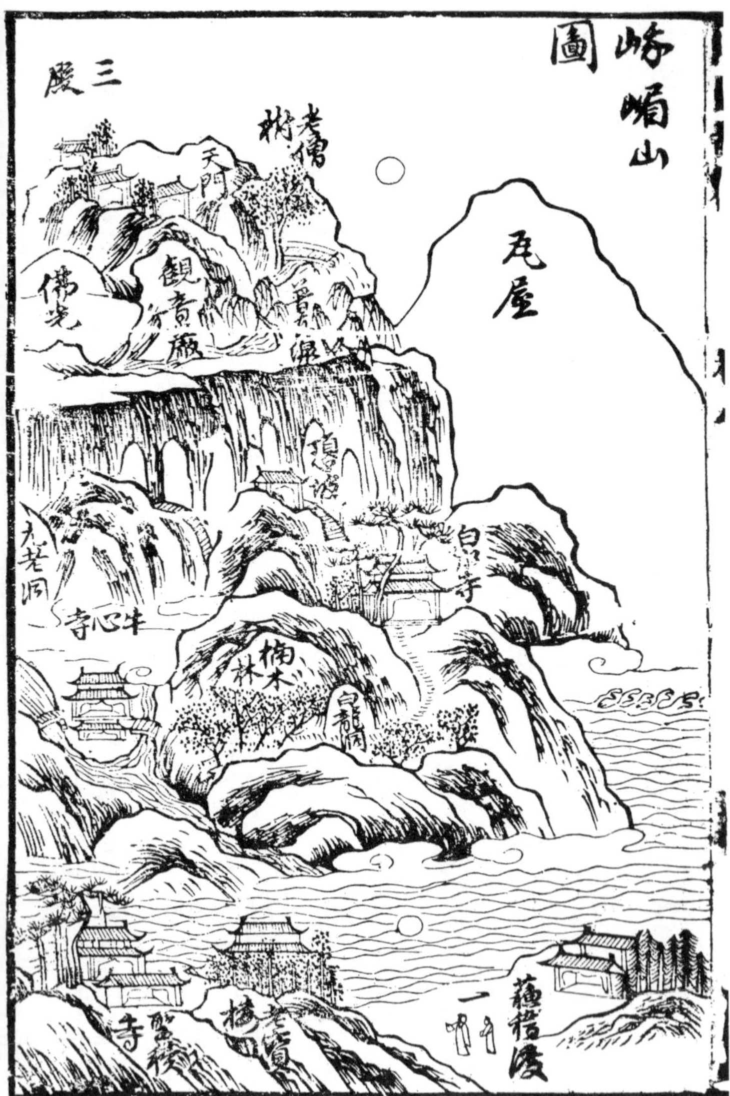
峨嵋山圖
瓦屋
老僧樹
天門
佛光
白水寺
牛心寺
九老洞
楠木林
白龍洞

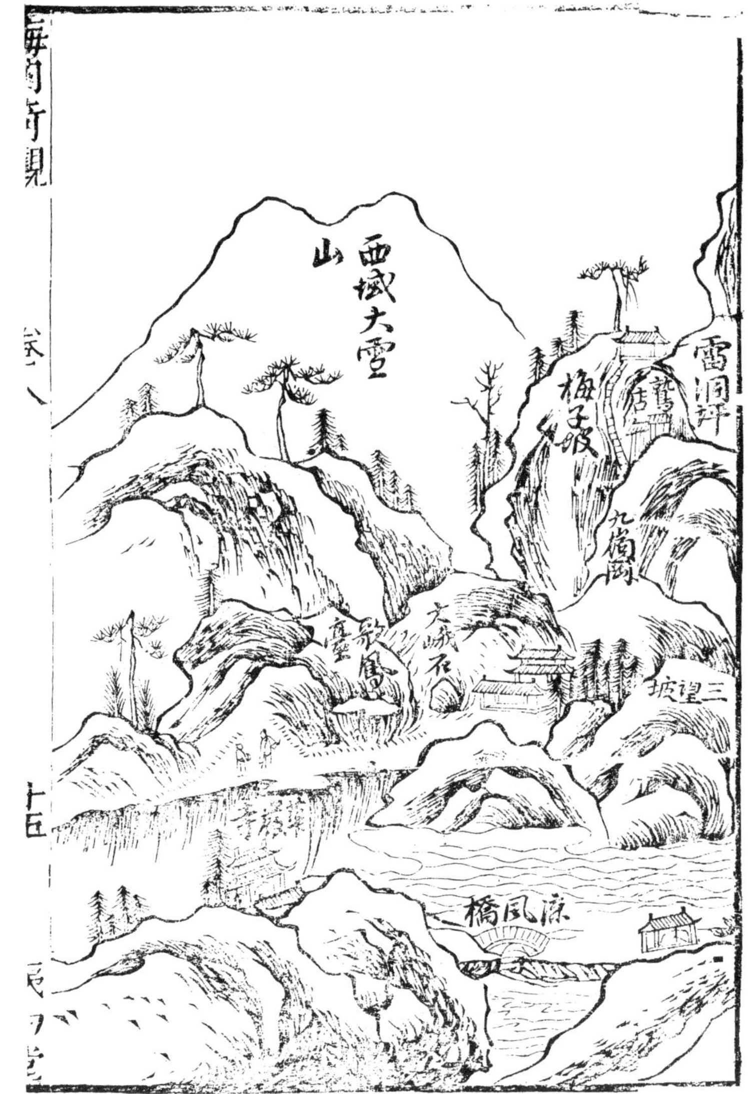
海內奇觀
卷八
十五
西域大雪山
雷洞坪
梅子坡
九嶺岡
大峨石
鳳凰臺
三望坡
涼風橋

合流障以石山如葫蘆出物楹其背爲牛心寺寺後綠陰簇抱蔽虧天日景幽絕不類人間右過十二峰爲九老仙人洞寺左右爲雙飛橋橋流合處怪石磥砢怒瀑出其間一石懸峙爲牛心石兩石崖夾飛濤而去乃峩山最佳處再歷危磴爲白龍洞洞兩翼樹楠千本空翠欲滴上四會亭爲白水寺有宋興國鑄普賢騎白象相傷有三千鐵佛廊廡鱗集此皆山之北麓從寺後南上一千步爲頂心坡頂心者足行與心相着也又一千五百步爲息心所左右俱瞰空壁有大小深坑坑窮無磴道板緣嶮巇而上五里許爲長老坪偏山左行爲鴛鴦店下深谷如井爲九嶺岡既下又起爲鮀倒退又下至谷乃上胡孫梯路絕則倚

木棧懸接之十里餘至一坪爲矽歡喜亦稱錯歡喜也千年之
木臥路側古苔茸挂又升高餘八里爲木皮店以此地十日九
霜雪陶厓龜折覆屋皆以木皮故名再下石壁橫亘數十丈爲
梅子坡坡長與木皮箏至高處稍平爲白雲殿殿陡崖萬丈綠
崖爲雷洞坪崖石臥路盡青碧膩理玲瓏如琢與古檜老樹相
盤錯虯龍虎豹兩欲鬬巧崖斷處下窺無際杳然深黑世傳雷
神居之聞人語聲則風雨暴至舊樹一禁語鐵牌下有十二丈
洞穴人不得至也過雷神洞而上長十數里險視猢猻梯過之
爲八十四盤盤盡則一石穿雲而立爲觀音岩岩石前樹抱石而
生藤蘿髮髮爲會賢綫岩傍巨石如門又數折爲荔蘿坪爲大

歡喜過歡喜亭無復崎嶮南爲通天堂又南爲老僧樹樹兩岐直立枯而空中一游僧來定焉復縈抱爲一右折二石矗天開一罅爲天門石轉而爲七天橋蓋瓦屋九天也三殿先錫瓦次銅瓦絶頂爲鐵瓦皆像晉賢名光相寺前一山衣白巑巘僅在咫尺爲西域大雪山浩刧積雪不消去此蓋數千里初陽射雪色更熒熒照人如沁肝膽月明之夕有聖燈自一二栽求如亂螢數百撲之皆木葉山前時現佛光狀如寶鏡紅黃紫綠暈其週春夏時有鳥稱佛現食人堂中寒卽不來一黑貂盤桓欄楯見人不怖山後岷山萬重近瓦屋遠晒經側爲青城玉壘縹緲中爲火燄葱嶺餘山皆垤壘砂陸通天觀有大藏寶幢臥雲庵有

三大師所傳西竺像文殊普賢虬鬚觀音大士則頭陀而髯與入中國變相異山有放光石色如水晶而六稜從日隙照之虹光反射

三峽圖說

重慶府石城天險依岩而立巴縣明月峽石壁圓孔形如明月高四十餘丈溫湯峽懸崖湧下騰沸如湯酆都縣平都山道書第十八福地山横嶺圍邑後唐斷碑五段書洞天道山字置山門漢王方平陰長生于此上昇亭塑二仙圍棋像如生忠州石寶寺有石蹲山頂高十數丈濶倍之遠望如天柱巴陽峽長二十里夔府八陣石在魚腹上左右八磧其一尚在明滅闇謂六十四蕝者非左復壘石爲城形城東一水爲左瀼數里爲楚公艸堂文數里有城跨二山古白帝城也左山昂據爲赤甲對江爲白鹽江水奔流如在石罅中出下白帝一石堆嶷然踞瞿塘

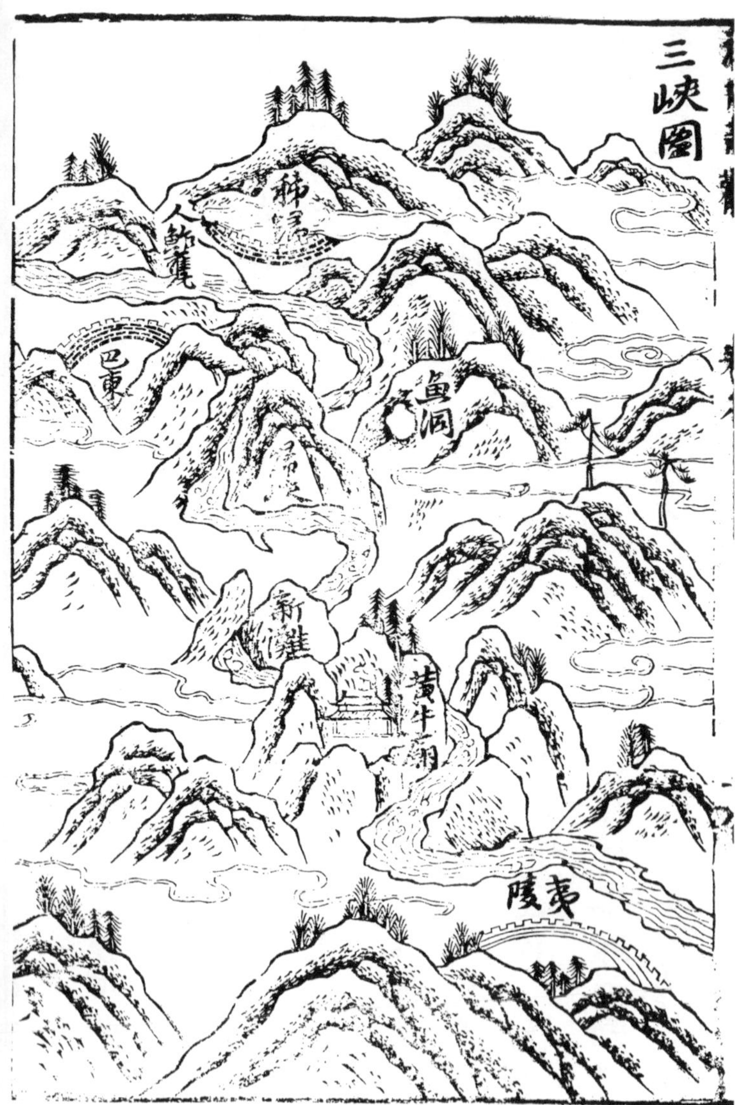
三峽圖
秭歸
人鮓甕
巴東
魚洞
新灘
黃牛廟
夷陵

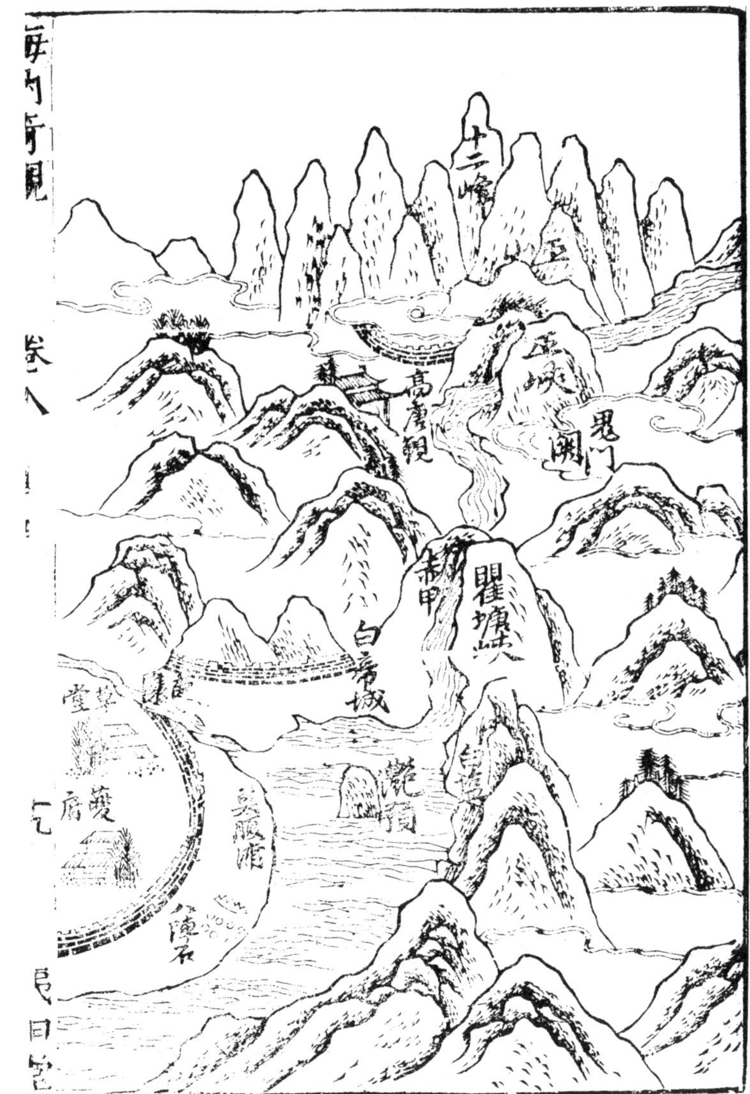
十二峰
巫峽
鬼門關
高唐觀
赤甲
瞿塘峽
白帝城
灔澦
草堂
夔府
八陣石

口爲灔澦盛夏雪消水没灔澦頂如象馬則峽封舟峽人以此爲水候漸入削壁仰天一線昔人謂非亭午不見日景固然數里石刓成窗見箱形俗稱風箱峽即瞿唐峽也兩崖對峙中貫一江二十里出峽爲巫山中峰屏立兩崖如刀戟成巫字與江水稱巴同高唐觀在山頂上三十里復入峽中峽更奇峭石未遠見明星迫視之隙光也土人呼爲彈穿峽出峽爲神女廟正對巫山其他崖壁方者鋭者仆者蹲者傾欲墮者爭相獻奇巴東縣締搆據山勢亦宏壯歸州即古秭歸也以屈原姊女須而名州前石銛利寸立水滙成盤渦舟入不出名渦那吒灘亦名人鮓甕黃魯直謫涪云命輕人鮓甕頭船行近鬼門關外天是

也今改爲瞿門關在巫山路上去州二里爲蓮花灘又爲石門灘又十五里爲香溪相傳昭君滌粧處溪中魚洞生成幢旛日月禽獸之類天下岩竇巧莫過之自此爲空舲峽即兵書峽長十餘里絶崖峭立飛鳥不能棲出峽口爲新灘嘉靖間山崩而成故名二灘上下浪激如飛霞雷轟夜鳴每一舟下灘後舟始發恐卒遇石觸難解也再一峽爲馬肝峽出峽爲黃陵廟廟後山數疊如屏中疊有丈夫牽牛道水影則黃牛神也孔明嘗誌其事于廟廟左右石壁環江排列數十里如芙蓉城記云朝見黃牛暮見黃牛三朝三暮黃牛如故黃金藏在石碑峽中過南井關爲夷陵州以險至此而平也大約行川江三千里都如石

峴出三峽中視之更顯

四川棧道圖說

寶鷄古陳倉縣也出縣南門度渭水十五里至鎮關尹喜故宅在馬沿溪直入白石縣上可把又十里爲棧道高坪插雲顏以陳寶重關即大散關也關下水北流入渭南流入漢堪輿家謂爲中龍過脈云下至坂虎豺晝夜伏道傍二十餘步則起獨樓雜以檻穽即二三烟突聚落亦斫木爲城環避之自東新店過偏橋路絕處插棧崖壁間偏山架木下臨白水江源始眞棧也自寶鷄至此覆屋咸以板眞西戎俗矣又上下鳳嶺五十里至三坌三坌者一去鳳一去褒一去鄜也鄜道在叢山枯窖中昔孔明出斜谷即此嶺南北水各入白水江陳倉路崄巇僅容單

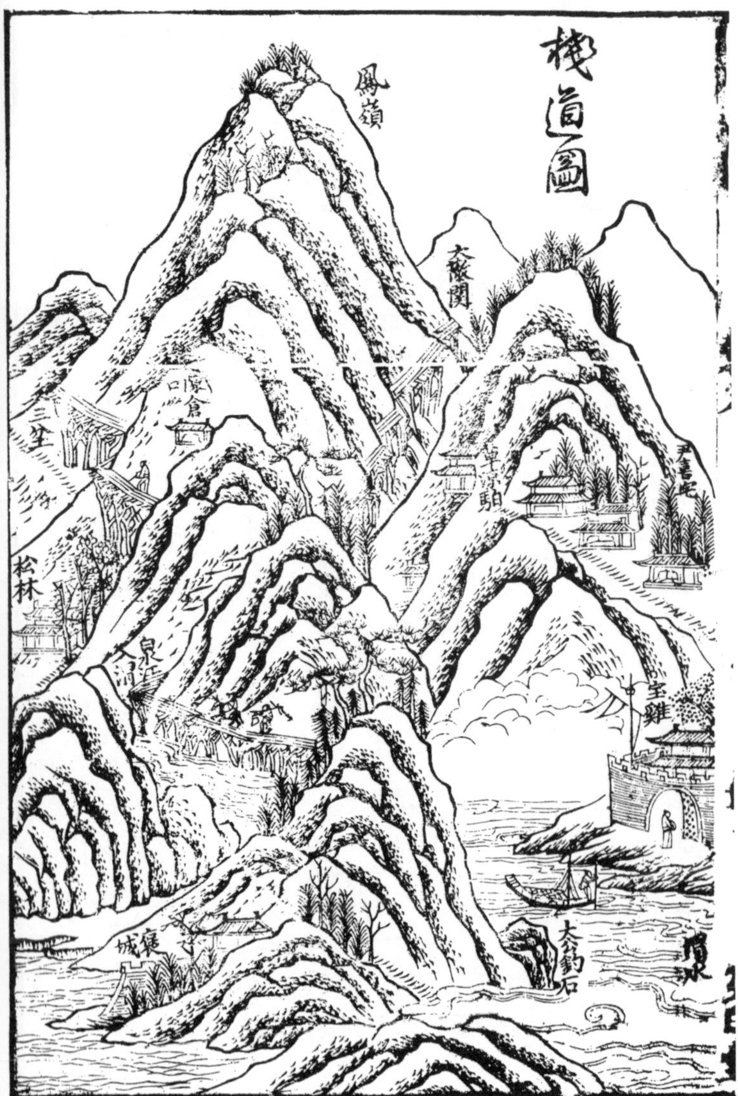
棧道圖
鳳嶺
大散關
陳倉口
三坌
松林
草涼驛
尹喜宅
寶雞
太公釣石
褒城

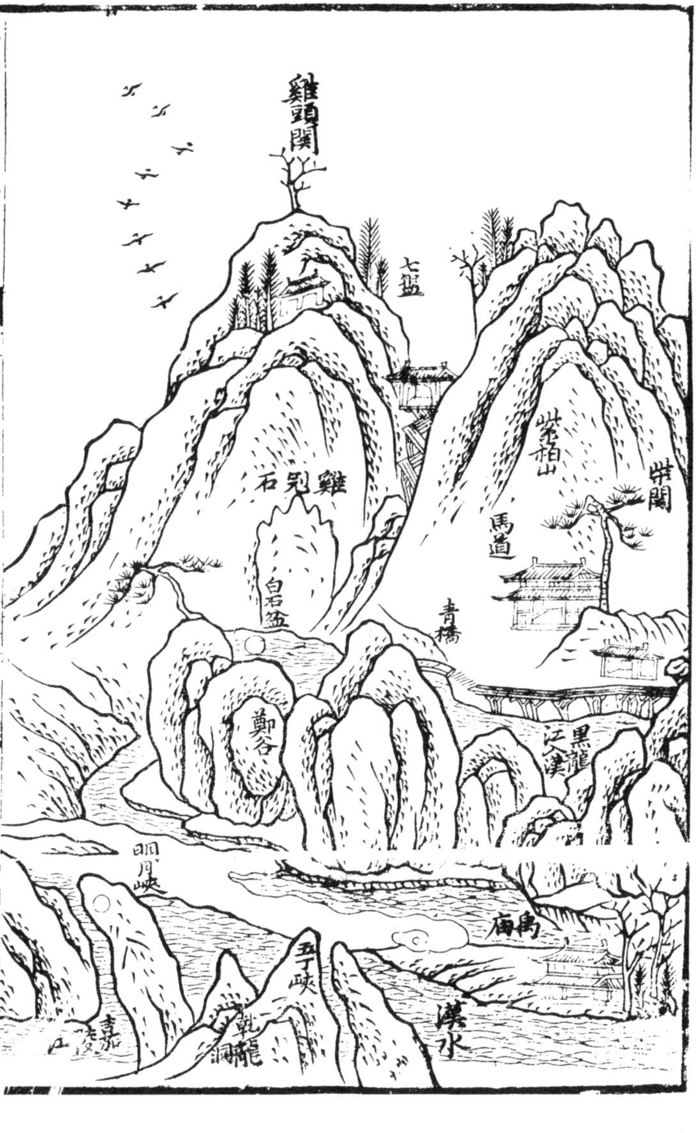

雞頭關
七盤
紫柏山
柴關
雞冠石
馬道
白石盆
青橋
鄭谷
黑龍江
漢
明月峽
禹廟
五丁峽
乾龍洞
漢水

人西行二百里爲沔之百丈波韓淮陰明修棧道暗度陳倉者是三十里爲松林驛十里上柴關復下十里爲紫柏署前列雙峰左山深處有寺樹石蒼翠錯落棧中第一勝地也出署平沙如砥晴雨皆可人此地青山夾馳緑水中貫豐林前擁叠嶂後隨去來杳無其跡黒龍江深處約二丈餘皆巨石激湍時有小鸕鷀千百爲群飛立水際盤石上青橋岑嶔難步又三十里上七盤盤盡爲雞頭關一石如雞冠起逼漢下俯江水出玉石盆兩崖突兀爲出棧最奇處鄭子眞耕焉稱鄭谷也

兩河圖說

由桑朝水過涿州爲華陽臺過安肅保定入慶都多馳道中趣夾以女墻高柳綠天綠陰成巷歸鞍去馬六月無暑自眞定渡滹沱河爲欒城欒武子故邑城不三里而儉未至栢鄉十五里有光武廟三石入斷臥荊棘中云光武渡滹沱時夜行問道此爲人也手刃之次日皆石當是高帝斬蛇故智內丘有國士門豫讓橋臨洺關有冉子祠洺漳咸出晉地穿大行而東爲邯鄲道故盧生夢黃粱處邯鄲城有藺相如回車巷城外古叢臺曹操七十二疑塚過漳河爲銅雀臺臺下漳流如故湯陰即古蕩陰不十里爲文王羑里廟演易臺出蕩陰五里道樹扁鵲墓碑

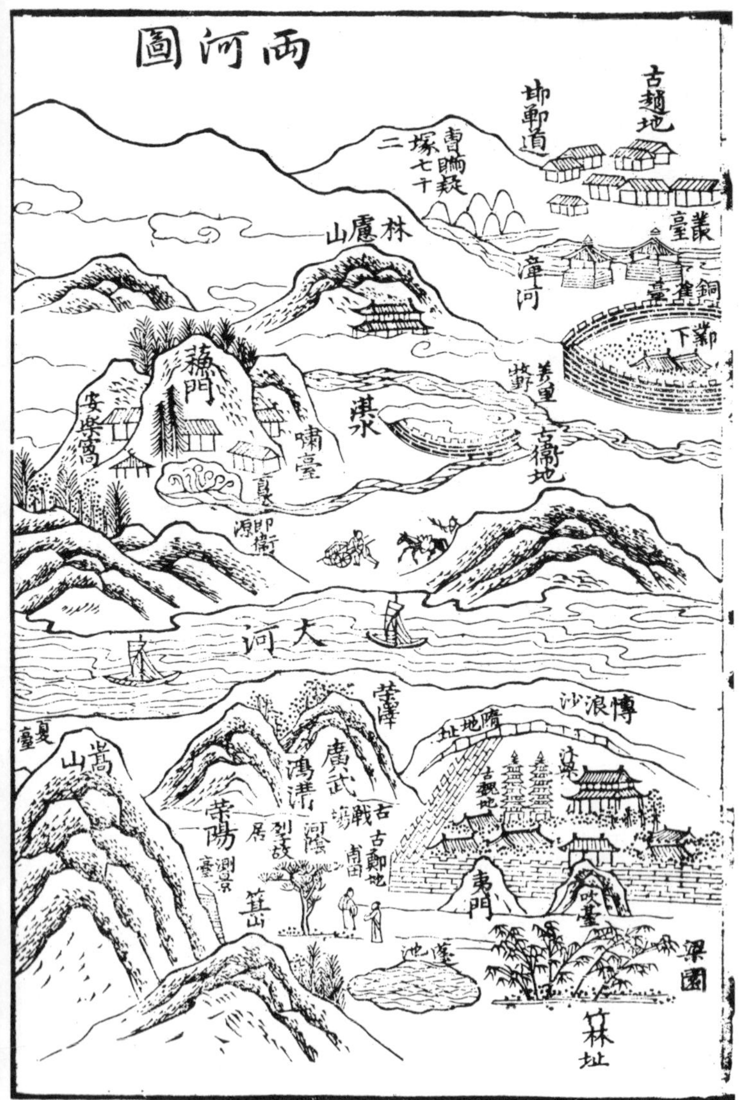
西河圖
古趙地
邯鄲道
曹瞞疑塚七十二
叢臺
林慮山
漳河
銅雀臺
鄴下
羑里
安樂窩
蘇門
嘯臺
淇水
古衛地
百泉即衛源
大河
嵩山
夏臺
滎澤
廣武
鴻溝
博浪沙
隋地址
古魏地
古戰場
古鄭地
河陰
滎陽
測景臺
箕山
東門
吹臺
梁園
竹林址

兩河圖二

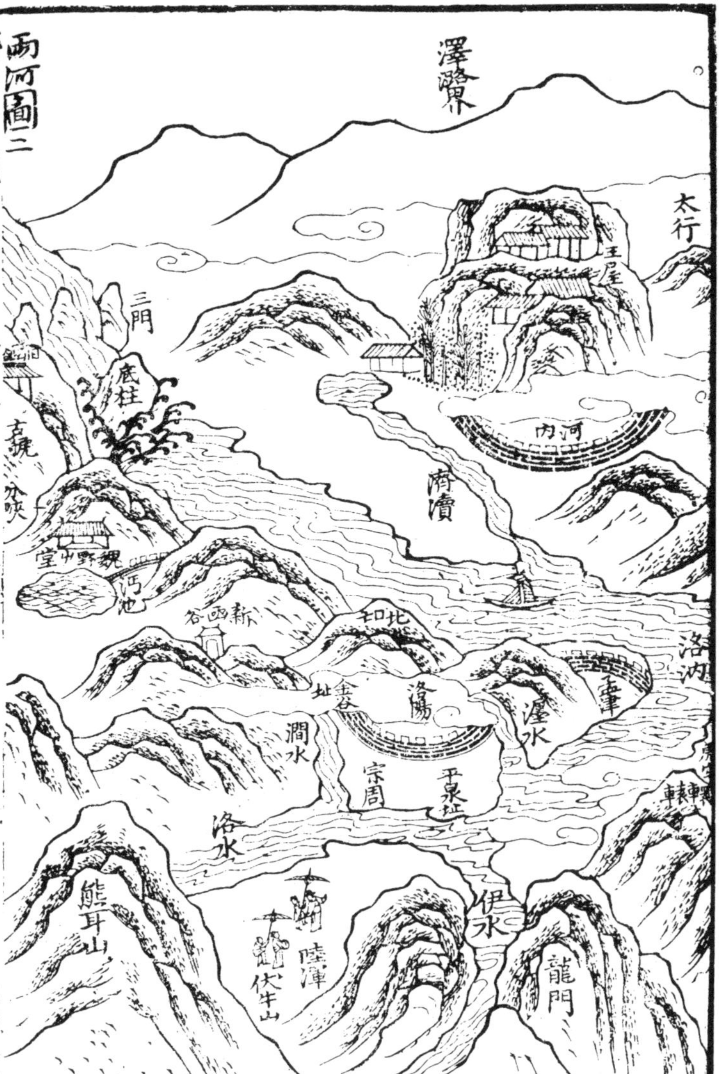

澤潞界
太行
王屋
內河
濟瀆
三門
底柱
古虢
陝
魏野草堂
澠池
新函谷
北邙
洛汭
孟津
瀍水
洛陽
金谷址
澗水
宗周
平泉址
轘轅
洛水
伊水
熊耳山
陸渾
伏牛山
龍門

又十里名冝滿則子貢故里也衛輝蘇門山山一平阜左臯有孫登嘯臺右乃康節安樂窩臺下爲衛源廟廟下珠璣萬道清鑑毛髮爲百門泉中有湧金亭蘇長公書也亭畔白楊如抱奇古可愛洛城北邙後艮伊闕前㢠嵩岳峙于東南洛水汭乎東北瀍東澗西伊來自南眞帝王四塞都也邙山橫亘四百餘里故河不內侵而塚纍纍若林一鉅塚人伐其南不得入云漢明帝陵也俗善伐塚洛中塚匪直陵寢即將相勳戚之家類延袤里許又多設機穽其法不盡傳俗遇敗塚刻其門洞而居爾雖其穴山壁而棲者亦稱窑自此崎嶇山谷中路僅一綫至澠關乃止函谷關在新安乃漢武爲樓船將軍楊僕移而東者澠池

在城西門秦趙所會地也次砥石次張茅自此北去四十里則爲三門兩崖壁石橫截河堯時河上溢禹乃鑿人神鬼三門以洩之前爲底柱巉嶫起又前巨磧星布河出門過磧勢如震霆聲聞數百里故不可舟也不知漢時何以通漕于此謂各有月河云河北乃中條山起蒲坂接大行護以土山與中條俱起山麓二小邑對陜爲平陸對閿爲芮城橫轄河濵數十百家耳五十里至魏野草堂有樂天洞邏山之北麓十里至陝州河遶城北如環此本古虢州周召分陜以治處召公祠一枯棠倚池頭尚餘二幹云召公棠也城如龜脊中無水東一小池自交口引至灌池中乃從東麗譙上過祠前鑄鐵作二翁仲似千年物自

陝至閿亦皆行山之北麓與河之南涯不十五里爲函谷舊關
正老子西度田文東出處今蕪矣五十里至閿鄉有軒轅鑄鼎
址前一穴如井名九龍窟云通大行貫河而去人聽之風聲訇
訇然入城有王濬故里城枕泰山腹西接太華東抵洛陽誌云
秦頭魏尾故稱秦也潼關據高岡俯河流爲陝咽喉故其萬戶
府直隸大名此　祖宗深意十里爲楊伯起墓墓面華背渭郎
迸行折柄莫佳于此岳廟前有唐栢五株其一寄生槐巳成抱
門作五樓橫絡之晻旰蔽雲日歷渭南行數十里爲新豐市乃
漢南所築徙豐人以居者枌榆雖亡其鎮故在亦郎鴻門坂楚
漢會處也又十里爲驪山東西亘五十里古驪戎國始皇滅之

而塚其下今陵土尚觿然規千畝前峙二丘抑其墓門也始皇
答李斯云鑿之不入燒之不𤍠須房行三百丈宜牧羊兒火一
月不燼矣西行十里溫泉出焉山壁立臨潼之南門下爲二窾
水正溫倒可浴亦可漑灞橋即灞陵水名灞以秦旌章霸功李
廣辱亭尉項王屯灞上皆此二十里乃長安城東門十里乃阿
房秦與舊址又五十里爲咸陽城山南水北咸在城之陽故曰
咸陽地多漢陵不可識城後高原橫亘二百餘里與平即古廢
丘道左有太眞墓墓前白石如菽名楊妃粉人言𨻳粧所化也
得之可除面斑目翳鳳翔城東南隅爲三良墓四十里爲汧陽
此汧入渭處名底甸前對南山三十里爲宮則長春眞人煉丹

所也數里爲蟠溪有太公釣石足跡依然旬倚西平原環原夾渭而行又數里爲祀鷄臺志稱秦祁祀鷄鷄以夜來聲殷殷如流火也二十里爲靈原原有金臺觀張三丰日衣卭杖故存原轉西則爲寶鷄縣古陳倉也再西爲大隴山其坂九回七月乃可至巔俗歌云隴頭流水鳴聲幽咽遥望秦川肝腸斷絕

泌陽鄧河鄧通故居也通一嬖倖名傳至今南陽西八里則臥龍岡草廬祀諸葛武侯像猶翩翩神仙人也門左有諸葛井井欄石繩轍卽十數過數之數各異岡僅僅與人首齊非幽岑邃谷不知武侯曷從避亂至此或云南陽乃襄陽墟名非此也岡稍壮爲百里奚墓墓有七星石次召信臣舊堰次裕州撇倒井

井泉飛涌淸沁入齒牙旱潦不變過即昆陽城乃巨無覇驅虎豹戰敗地葉城西爲孔子問津處後有嚴光祠明王士性謂當祠沮溺于中與光爲三隱實豐香山寺云大士示現之所亦爲自司馬九老會地由汝州取道登封轉轘轅嶺則鞏東行則爲虎牢關今爲古崤關即成皋敖山乃秦所置太倉酈生所爲據其粟處益而東則爲鴻溝尚有址焉一山平列爲廣武山山東西二城其下即楚漢提兵百戰相拒地名古戰場古陽城有周公測景觀星二臺臺後石製量天尺刻周尺一百廿尺登臺視天心猶之乎燕粤間臺面箕山上有許由塚歲飢諸惡少發之石槨發輒合容東有軒轅三女墓一白松三岐長百尺色如傳

粉而綠膚葉勁如鐵亦數千年矣墓前土蓬厚尺許水如提壺
涯下縣逌宫石皆蒼質白理不亞太湖中年五十里爲甫田藪
昔周宣王會東都講武地今高者居低者田窪者瀦湖不復成
藪矣中有列子故居在焉大梁夷門今止夷山一阜漢梁孝王
修竹園鴈鶩池無一存者考之志云兎園正隸歸德乃汴東南
城外又有孝王平臺亦名繁臺又爲師曠吹臺日落登之晴風
泠泠如絲竹至臺有大禹廟甬制狹不稱所以報禹者廟有李
子碑又祠李白杜甫高適三君子今益以李何二君從其地也
地東南則隋煬帝引河入汴故道城東北爲壽山艮岳宋徽宗
以花石綱縻天下力供之而株木片石俱廢城北爲周王府因

宋舊內也城內寺頗多惟相國鐵搭一時最修麗城外去黃河十里作大堤環護之周八十里樹陰夾道行堤上不論晴雨皆可人城北有蓬池或云尉氏亦有蓬池竹林七賢僅有碑在而黃公壚不知何地未至尉氏四十里則朱仙鎮有祠祀岳鄂王許昌一祠爲雲長舊宅蓋降操秉燭達旦處鄢城爲桓公盟召陵故城今亦廢

新鐫海內奇觀卷九

錢唐　臥遊道人　楊爾曾　輯

太和山圖說

太和山一名武當地隸均均春秋時麇國也道書稱玄君降于神農之世爲淨樂國太子乃亦治麇緣是上昇我　文皇感而尊爲帝時賜名太岳聚南五省之財用八二十一萬作之十四年而成　肅皇復尊稱玄岳欲以冠五岳云云武當者則水經已先之矣志稱山擁七十二峰三十六岩二十四澗周環八百餘里謂此天下名山非玄武不足以當之然哉山旣以擅宇內之勝而帝又以其神顯四方士女持辦香戴聖號不遠千里號

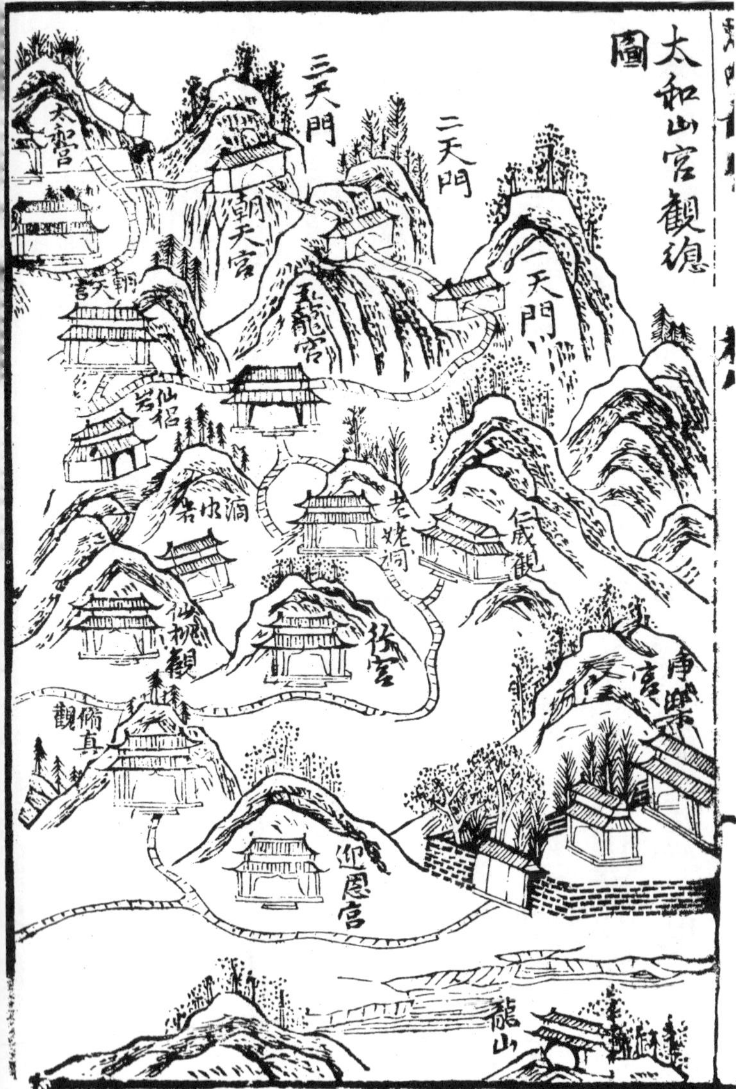

太和山宮觀總圖
三天門
二天門
一天門
太和宮
朝天宮
五龍宮
朝天宮
仙侶岩
滴水岩
老姥祠
仁威觀
仙桃觀
修真觀
淨樂宮
迎恩宮
龍山

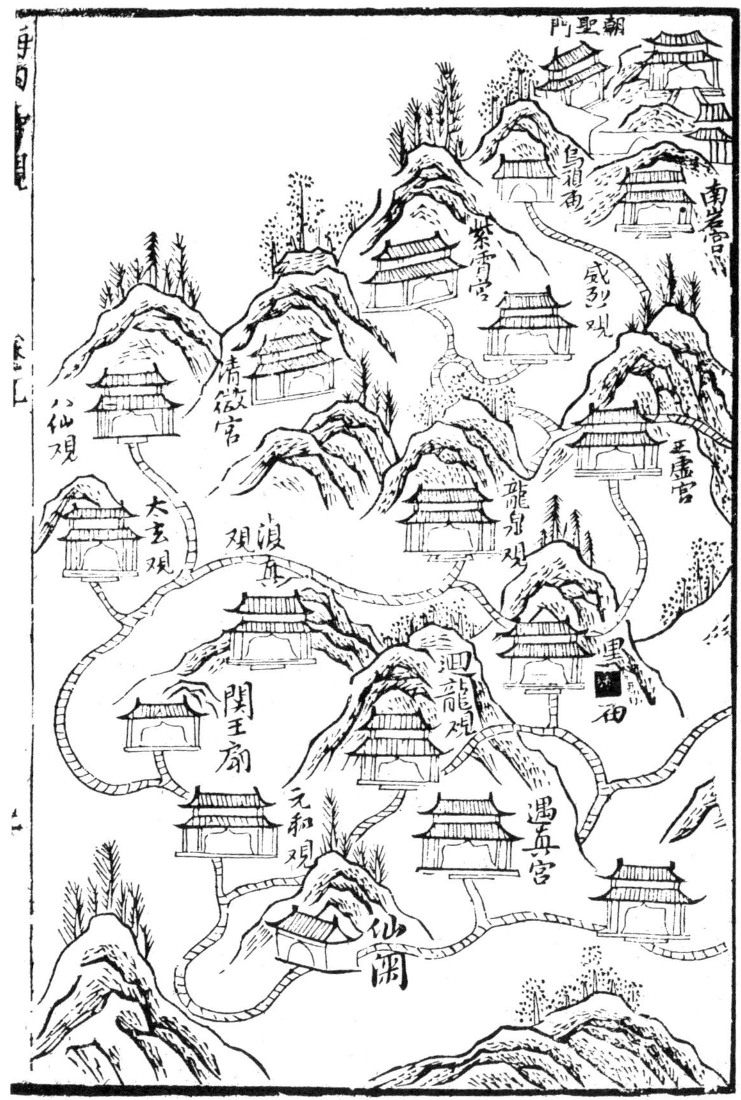

朝聖門
南岩宫
烏鴉廟
紫霄宫
威烈观
清微宫
八仙观
太玄观
復真观
龍泉观
玉虛宫
関王廟
廻龍观
元和观
遇真宫
仙関

拜而至者蓋肩踵相屬也

宫觀總圖説

天柱峰絶頂爲太和清微宫朝天宫黒虎廟隷焉太和下二十里值山腹爲南岩太玄觀烏鴉廟榔梅祠雷神洞滴水岩仙侶岩隷焉南岩東北行五里爲紫霄福地殿復真觀龍泉觀威烈觀隷焉北行三十里爲五龍隷之者行宫仁威觀老姥祠自然庵隱仙岩靈應岩凌虚岩也紫霄東行四十里下平地爲玉虚隷之者關王廟太上岩玉虚岩回龍觀八仙觀也玉虚之東五里爲遇真元和觀修真觀隷之又北十五里爲迎恩續創無所隷又北四十里爲淨樂入均城中領觀日真武則遥置于樊城

者也以山之高下言先太和次南岩以宫之大小言先玉虚次净樂棟宇之盛盖曠古所未有也賜額治世玄嶽盖與天而無極云

太和宫圖說

太和宫在天柱峰峰之極頂則宫之正殿也元時有銅殿一成祖文皇帝創修之日以規制弗稱乃撤置于小蓮峰改治銅殿飾以黃金復範金聖像于内殿左右盆以飛棧爲更衣二小室殿外爲臺臺外爲檻檻外爲紫金城城闢東西南北天門以象天闕儼然上界五城十二樓也自南天宫出右折爲朝聖殿爲鐘鼓樓又下爲元君殿爲聖父母殿爲誦經堂爲眞官堂爲神廚爲龍池爲龍廟又下西折爲方丈爲廊廡爲齋堂道房復自故道折而北上爲朝聖門既度復東折而下數十百級迤出天柱峰後爲三天門又下數十百級爲二天門爲摘星橋復折

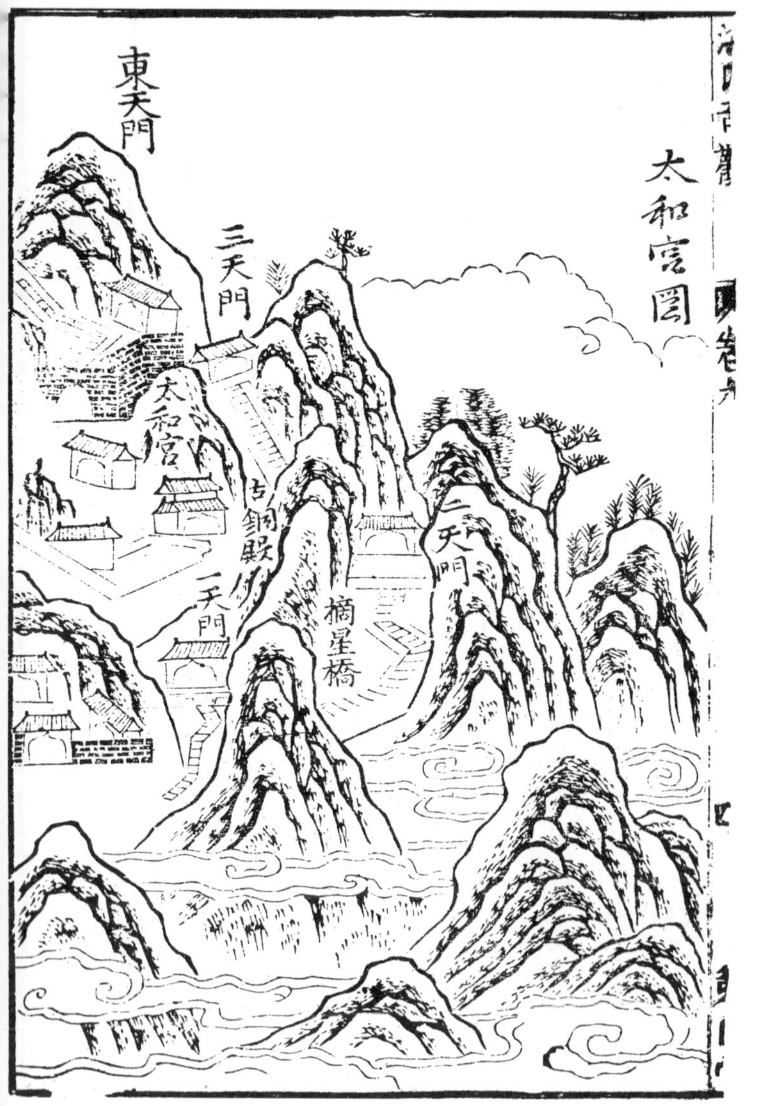
太和宫圖
東天門
三天門
太和宫
古銅殿
一天門
摘星橋
二天門

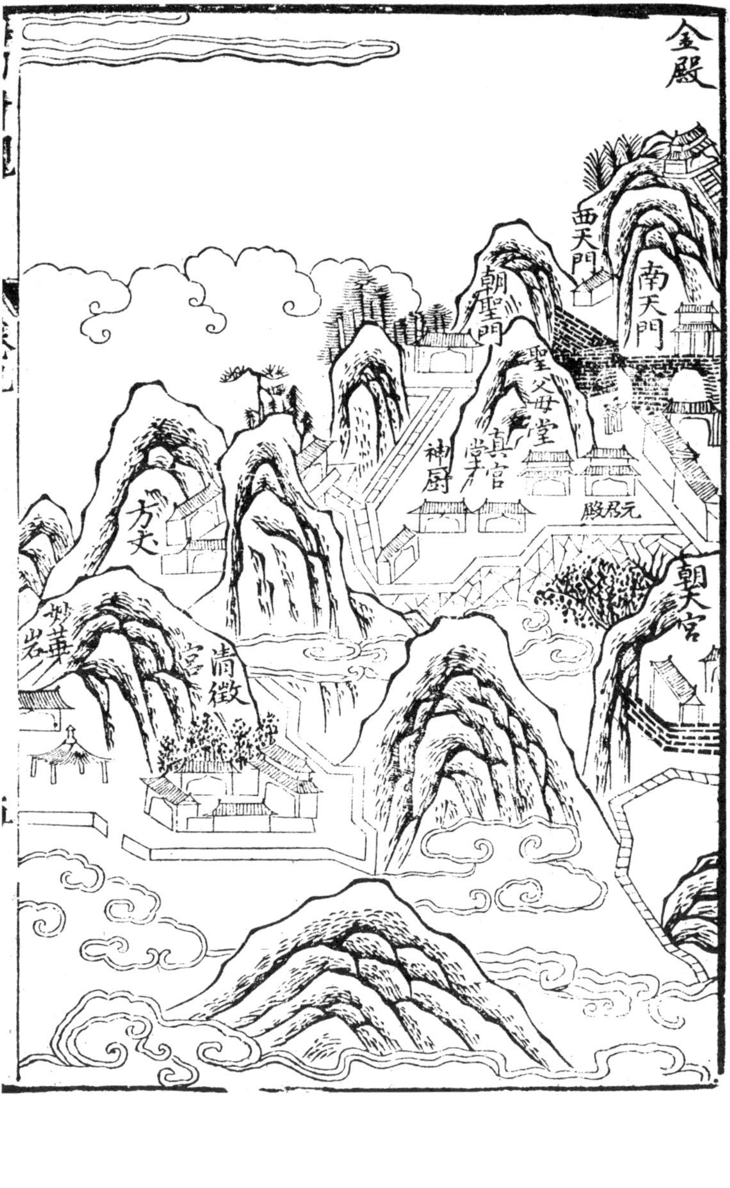

金殿
南天門
西天門
朝聖門
聖父母堂
真官堂
神厨
元君殿
朝天宮
方丈
清微宮
妙華岩

而西下數十級爲一天門爲楹大小總五百二十永樂十四年
落成賜額太岳太和
淸微宫去本宫七里卽淸微妙化岩張三丰修煉之所永樂上
年建爲宫迤西偏别築妙化巖朝天宫去本宫東六里一天門
下黑虎廟去本宫三十里九渡澗之上相傳玄帝修道之時當
有黑虎巡山乃北方天一之所化護國鎭山之神也廟設黑虎
神像天柱峰一名參嶺根插黃泉頂冲霄漢高出群峰萬丈居
七十二峰之中上應三天當翼軫之次府睍豫雍之野山川之
遠無不在目晨夕見日月之升降頂西九丈南北二丈四維
皆石脊如金銀之色地產異草細葉延蔓秋冬弗凋其味頗辛

怪松數株盤桓如龍蛇之狀高不滿丈許南峭壁下有池如井名曰天池北下石門三所曰三天門皆插空萬仞顯定峰在大頂之北翠巘倚空人跡不及獅子峰狀如獅子即尹喜所棲處皇崖峰上應太安皇崖天下一岩曰皇后巖聖母善勝天后尋真暫憩于此故名小筆峰在大頂東[illegible]卓立如筆靈石峰在大頂西北上有石土地踞虎而坐貪狼巨門祿存文曲廉貞武曲破軍七峰俱在大頂之北若北斗拱極之象南有常春岩向明高敞常如陽春西有硃砂岩石爲日華所爍色如硃砂北有北斗岩夜漏清寂惟聞烏猿嘯月之聲中笏峰在大頂北石如圭瓚鞠恭類進趨之勢千丈峰在大頂西群山之下超然獨出

其右萬丈峰在大頂東北大蓮峰小蓮峰在大頂西相望並秀

亭亭然如芙蓉初發隱映淸波春夏之時嫣嫣尤絶大筆峰小

筆峰相峙于蓮峰之間落帽峰在筆峰北漢時戴孟飛昇落帽

于上下有石橋白雲峰在大頂西紫蓋皇崖東西互拱下有岩

曰白雲傍一石穴如星曰星牖陳希夷避召三遷于此仙人峰

隱士峰在大頂南神仙出没人多見之或槲衣披髪或奇形異

相手足爪甲各長五寸或坐盤石或濯澗濵眞氣逼人不可相

近恍惚不知所在大明峰在大頂西上有庵曰王母宫中鼻峰

聚雲峰手扒峰竹篠峰槎牙峰俱在大頂東南一嶺南飛五峰

分布有徑曰主簿磴當勾房往來之道石芒峭發人皆側足而

行聚雲峰下一岩曰集雲龕門峰在大頂東南嵐烟瘴霧清晨如炊九卿峰在大頂南伏魔峰即大小兕峪澗常見靈龜巨蛇遊丞上下玉筍峰群峰裂地而出有新篁森鐏之象址爲鷄冠嶺南澗之外即房縣界有碧峰岩桎笏峰端如搢笏大武峰坦然如掌把針峰在大頂西岑小而高昔元君飛鐵杵之地丹竈峰狀類偃月昏曉之交有清烟紫霧如丹竈然天馬峰在大頂西百里一名馬嘶山一名西望峰即武當來山按圖記山自乾兌發源歷關隴金房之地盤亘萬里當均房官道中有龍井深不可測從西澗發源迤西下一岩名曰天馬岩行旅多宿于內俗呼崖屋鷄鳴峰鷄籠峰在天馬峰址當均房官道曰大雞鳴

小雞鳴下即金雞澗會西澗之水夏秋水漲商旅經月不可渡
諺曰上得馬嘶山四十九渡不曾乾風岩在大頂之下萬虎澗
濆石穴噫氣響震林谷武當澗在大頂東會黃崖諸峰之水北
入于紫霄洞西澗發源馬嘶山龍井北出于澗鬼谷澗在大頂
南會山南諸峰之水東入雙溪雙溪澗會東南諸水過浪河西
北入于漢參斗泉在靐石峰南石巖下有二井上應參星試劍
石在二天門內一石中分爲真武試劍處金星銀星二石出大
頂上研爲末可治心神不寧青崖在太和山北瓊臺在大頂東
南其峰壁立亞于天柱天池即白龍池在大頂南御壁下摘星
橋又名會仙一天門上橋當兩山缺處上瞰天柱下臨絕谷谷

中仰見人行如在天上白雲橋在白雲岩南

南岩宫圖說

南巖宫卽天一眞慶宫故址南列天柱諸峰北瞰五龍頂由榔梅祠右行南崖百餘步度北崖升自南天門循山左支行數十步折行右支百步復折而左入小天門並崖升折而行過大巖下爲大殿畢諸楹山復起突爲小阜爲圓光殿殿下則黑虎岩也從大殿後左折而東二十步折而陟崖上方轉西行過元君殿爲南薰亭亭外有石枰從衡十八道類俗所彈者傳爲洞賓故物復從元君殿折而下自是直東過磚室一曰獨陽巖石室一曰紫霄岩刻龍頭横出欄外四五尺其傍崛起灌莽中者爲禮斗臺崖上片石刻靈官像高可五寸許亂置小龕中亡數五

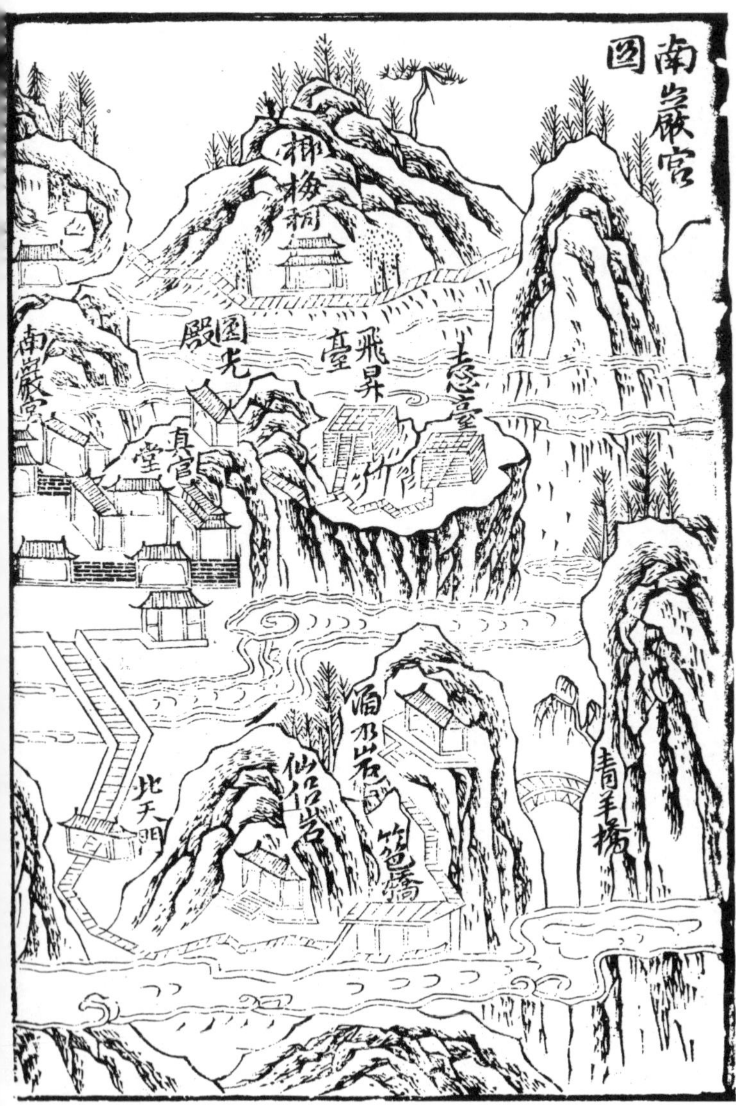
南巖宮圖
榔梅祠
飛昇臺
圓光殿
南巖宮
真官堂
北天門
仙侶岩
竹笆橋
青羊橋

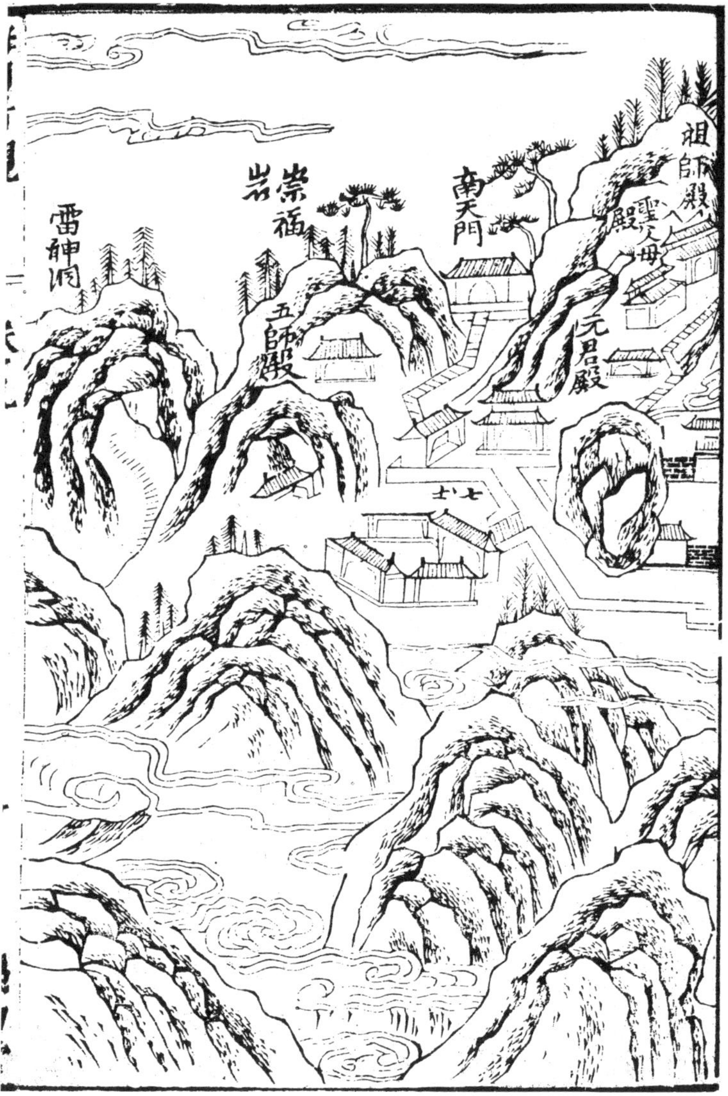

祖師殿
聖母殿
南天門
元君殿
崇福岩
五師殿
雷神洞

百云又東爲風月雙清亭亭外亦石枰一復從故道抵大殿後
西望捨身崖若垂天之翼其上爲飛昇臺臺下爲試心石又下
爲謝天地巖殿並山爲储室一神厨一碑亭二泉二曰甘泉甘
露池二曰大一天一殿之前偏右爲方丈從方丈左折行堂後
其上分爲二道左爲五師殿石穿道院中爲圜堂浴堂滄水庫
池池上有小閣道可通鉢堂由鉢堂陟翠微折行山之後則爲
焱火巖又轉而前平行山上北折則爲崇福巖爲楹大小總六
百四十永樂十一年落成賜額大聖南岩
大玄觀去本宫東北二十里古老君岩山門庵也内設大上像
烏鴉廟去官東北二里南天門之下相傳眞武修道時有烏鴉

報曉于此故建廟以祀之榔梅祠去宮南一里玄帝嘗折梅枝寄榔樹誓之曰道成當結實已而如其言需神祠一名欻火岩去宮百步北山之巔石如火焰樹如龍爪中有靈池水能療疾即鄧天君修煉處滴水岩去宮西北五里岩内甃石爲池泉水下滴不輟仙侶岩去宮西北六里爲眞武會諸仙處疊字峰在五龍頂南三山次列如疊字金鼎峰在疊字峰西形類鼎峙時噴雲烟下有岩曰藏雲健人峰在大頂東北如天丁拱立之狀下有岩曰道者岩紫霄岩一名南岩在大頂北獨陽岩在紫霄岩右崇福岩在南天門裏黑虎岩在黑虎澗上大林巨石黑虎所伏之地謝天地岩在南岩西飛昇臺下百花泉在仙侶岩昔

閩幼安得道于此甘泉在本宫一名泓泉試心石在謝天地岩
上飛昇臺即更衣臺在宫西百步禮斗臺在紫霄岩下甘露井
在大殿前梯雲橋在榔梅祠上步雲橋在更衣臺天一橋在北
天門外天一池太一池滄水庫池在本宫內

紫霄宮圖説

紫霄宮在展旗峰下故紫霄元聖宮今名香火殿之西宮前曰三公峰五老峰宮前之左曰月池右曰七星池宮後之左曰月池右曰眞一泉東方丈之北曰上善池今更曰泉從殿後右轉陟山之椒根石壁爲龕者爲太子巖左爲蓬萊第一峰岩下爲小圜亭下而出道院左復北上爲煉丹岩出道院右復西上爲七星岩又上爲三清岩絶頂不可到其下爲榔梅園自榔梅園東下文轉而南上爲福地殿殿兩階下冊井二北爲萬松亭東爲賜劍臺相距不數武左右山斷而復起如小兒孥拳之狀者爲大小寶珠峰諸岩水合而東流于右脇者爲金水渠渠廣八

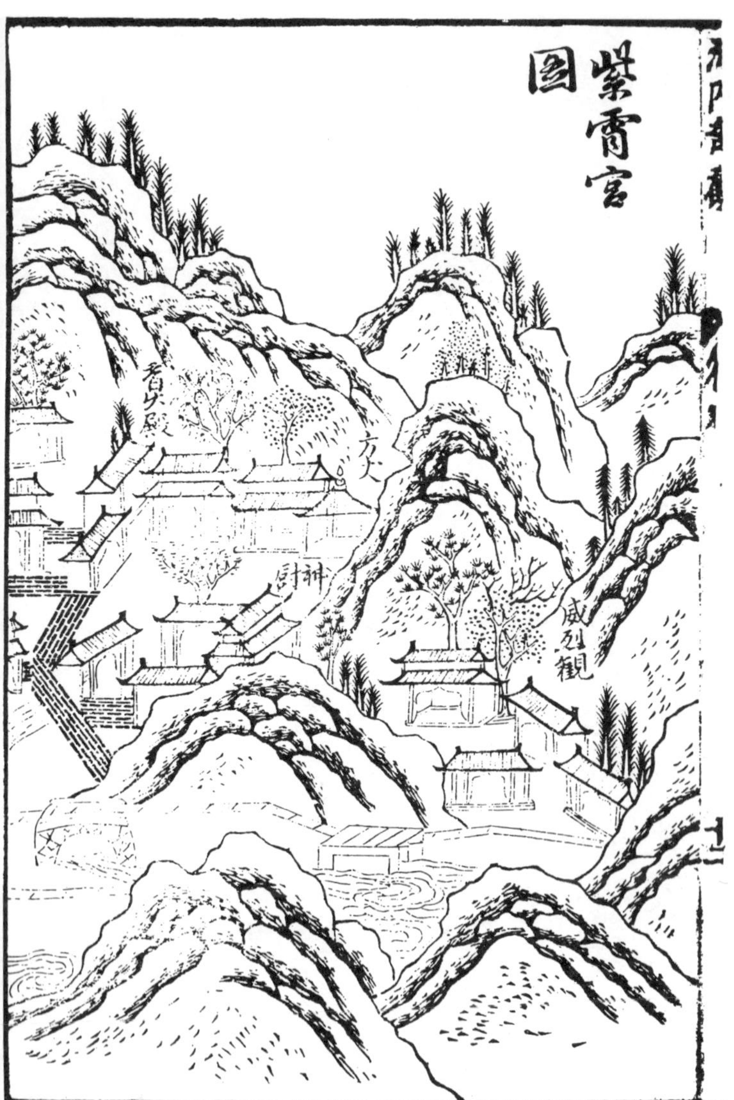
紫霄宮圖
香火殿
方丈
威烈觀

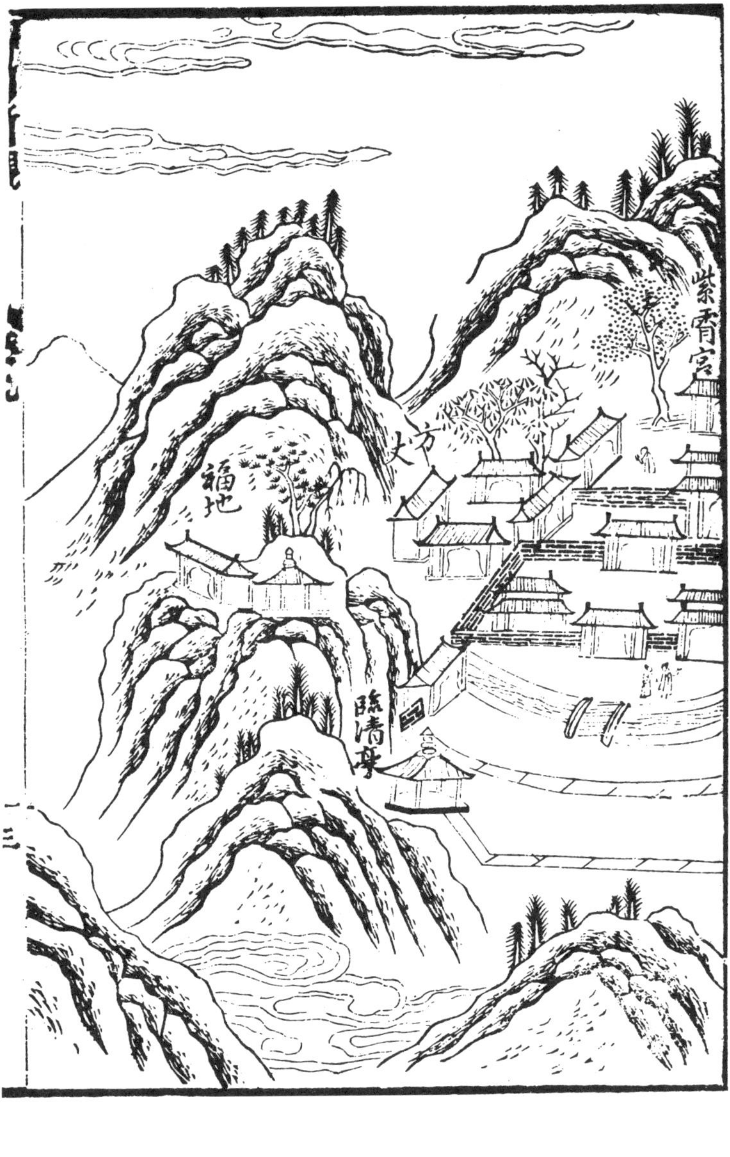

紫霄宮

方丈

福地

臨清亭

九尺北折過宫前抵小寳珠不得出鑿其頂以行爲後瀑既出
復東趨大寳珠溢于其趾爲禹跡池池大僅一畝池上有亭北
有橋舊傳神禹導水嘗至此故名爲橋大小總八百六十永樂
十一年落成賜額太玄紫霄
福地殿去本宫南八十步七十二福地此其一也上近三公峰
下瞰禹跡池前擁寳珠峰後倚焰火岩威烈觀去宫北二百步
中祀威烈王王爲唐太守姚簡也龍泉觀去宫北一十里九渡
澗天津橋之上玉虚觀之北復眞觀去宫北十五里一名太子
坡殿階下有聖母滴淚池紫霄峰在大頂東北白作金銀之色
竹木交翠巨虬異蛇盤穴其間香爐峰在仙關之南浮嵐遶霧

千態萬狀如香烟然九渡峰一名仙關在大頂東石徑彎環白
雲來去游人到此萬慮豁然展旗峰千仞如削宛然皂纛之形
上有三清七星煉丹太子諸岩太師太傅太保三峰即三公岩
始老真老皇老玄老元老五峰在大頂東南即五老峰五峰列
居宛然筆架太子岩在宫後上倚展旗峰下瞰禹跡橋舊有鐵
範聖像基址尚存黑虎岩在仙關九渡峰南龍潭之上白龍潭
在飛昇臺下龍潭之南紫霄澗黑龍澗白雲澗水俱入于九渡
澗九渡澗水入梅溪澗黑龍潭在仙關之上紫霄澗中二石高
出下廣如屋潭深不可測大旱禱之立應真一泉在宫右紫極
壇在威烈觀下萬松亭在福地太子亭在太子岩前禹跡池在

禹跡橋南上善池在宫東方丈禹跡橋在宫前通會橋在威烈
觀南黒虎橋在黒虎廟南黒龍橋在紫極壇北天津橋在九渡
復眞橋在太子坡北

五龍宮圖説

五龍宮卽舊五龍靈應宫故址前列金鎖峰左遶磨針澗其宫東向逆折其門址向宫門内爲道九曲十八折殿二曰玄帝曰啓聖二殿堦合九重前五重爲級八十一後四重爲級七十二望之如在天上眞所謂上帝居也殿前天地池二水從石龍口出馬左龍井三右龍井二碑亭二曰月池二殿之左爲玉像殿殿内藏玉像五沉香像一殿右山坎大林下有石碑六一爲崇封眞武誥碑一爲揭徯斯所撰宫碑一爲揭徯斯所撰瑞應碑一爲戒臣下碑一仆于地湮没不可辨要皆元時所遺也宫門左從曲道址折陟左山爲榔梅臺下而折左出大門外爲眞官

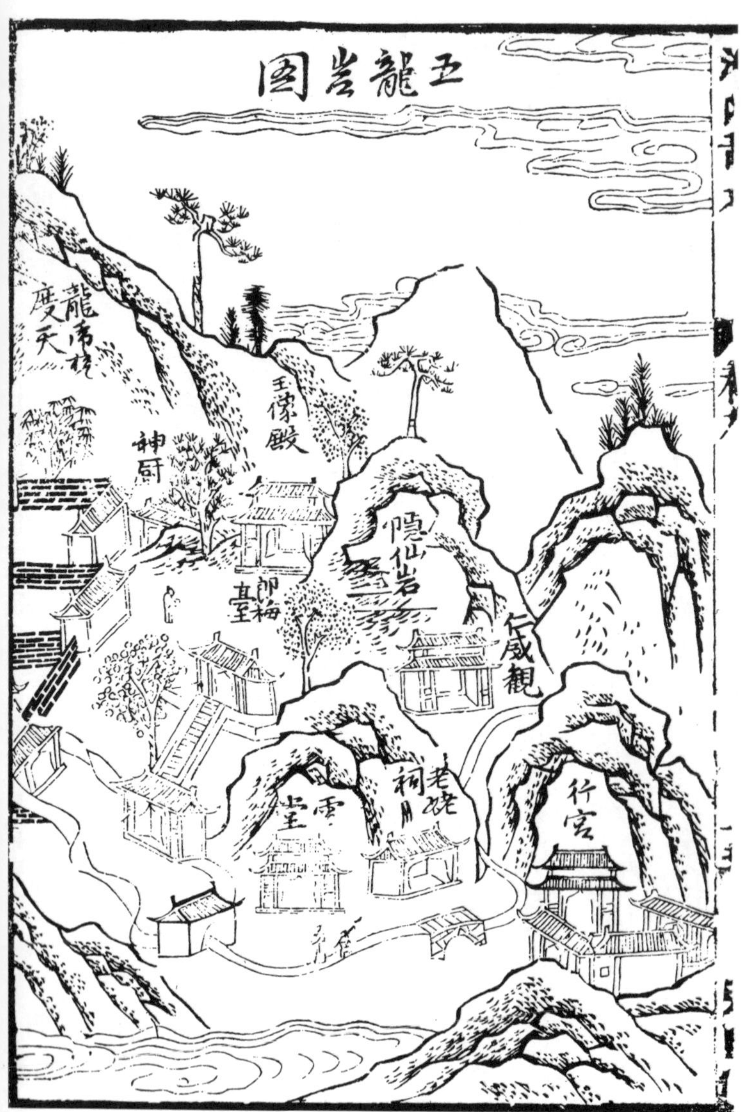
五龍岩圖
王像殿
隱仙岩
郎梅臺
仁威觀
雲堂
行宮

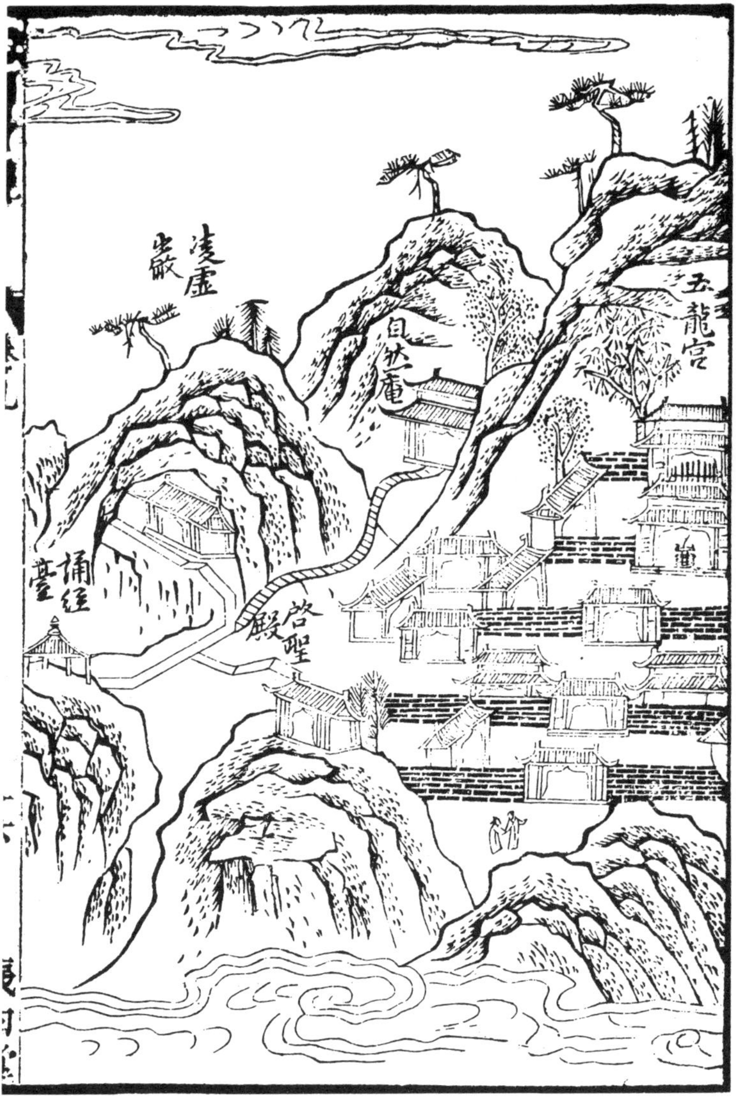

玉龍宮

自然庵

凌虛巖

誦經臺

啓聖殿

堂爲雲堂自雲堂並山西行下小谷澗水出焉卽磨針澗也澗上有老姥祠宫門右從碑亭下南折陝右山爲啓聖臺折而南下則陳希夷誦經處直下爲淩虚岩復從故道折而西上爲自然庵内藏　文皇賜李素希青袍一衲龍棗各一呂公絛一庵前石作小池池上爲橋其頂爲靈應岩其外爲長生岩爲盆大小抱八百五十永樂十一年落成賜額興聖五龍

五龍行宫去本宫北三十里茅阜峰下殿後有茅阜石仁威觀去宫東北二十里香爐峰西老姥祠去宫北百餘步磨針澗傍自然庵去宫西五十步東有煉丹池水中巨石下一穴有龍居焉人常見之隱仙巖去宫北十里竹關之上一名北岩岩右石

棋局一橫鋪石上云君眞人彈碁之所夜籟澄寂常聞步虛玉磬之聲靈應岩去宫北二百步五龍頂上凌虛岩去宫西南二里許紫蓋峰在宫南二十里夜有仙燈往來相傳神丹瘞此松蘿峰在紫蓋峰西松蘿最盛東北有岩曰臥龍岩桃源峰在紫蓋峰北西南曰桃源洞東即誦經臺舊有院今廢伏龍峰在龍頂峰西下有龍湫五龍峰五峰分列中有靈池石廟一區曰眞源之殿即五炁龍君神寓之所靈應峰在宫後松杉接翠上凌星斗隱仙峰在龍頂北前曰竹關下曰隱仙岩陽鶴峰在龍頂西北巨杉數株常有鶴巢其上眉稜峰在五龍頂西房陵叠山之路復朝峰即外朝山也當房陵官道七十二峰俱拱天柱獨

此一山飄然外向金鎖峰在展旗峰北云真武鎖鎮妖魔之地青羊峰在金鎖峰北下曰青羊澗七星峰在隱仙岩北竹關之下一逕七里百步九折下即五龍接待庵磐馬峰在接待庵西北登山正路一峰特起即天馬臺下有黒虎神祠會仙峰在仙木舖地宋端平中豐觀妙迎三茅真君于此尹喜岩即仙岩在展旗峰北沈仙巖在飛昇臺西雲母岩楊仙岩在五龍宮東二百步昔有花楊先生者居此年百餘歲人訪之即忞避曰腥氣觸我不容坐爾後不知所在仙龜岩在金鎖峰下一石如神龜含烟吐霧磨針澗在本宫北一里有石横澗濵若磨痕萬虎澗在大頂北風雷一作如萬虎咆哮其水會于青羊澗牛漕澗自莽

喜君西入青羊澗桃源澗自紫蓋峰發源東入青羊澗黑虎澗白龍頂會于白龍潭陽鶴澗自陽鶴峰穿林麓東入青羊澗金鎖飛雲瀑布三澗俱入青羊澗會仙澗在五龍頂北會諸峰之水北出嵩山入于黄谷澗雷澗自疊字峰雷洞之水南合于五龍澗白龍洞在竈門峰東有白氣如龍即大雨如注白龍潭在磨針澗下瀑布千丈有廟在岩內祈禱屢應又一處在飛昇臺下潭黑而深啓聖臺在宫東南按圖經玄帝奉天詔于此五龍掖之上昇望仙臺在宫東北朝聖臺在飛昇臺西五龍池在宫頂日池月池在天寶壇南廡後五龍井在本宫大殿前歷代投簡之所青羊橋在山下磨針澗橋在老姥殿前聚仙橋在黑虎

澗隱仙橋在仁威觀上會福橋在仁威觀前蒿口橋在五龍行宫前豐和橋在蒿口石碑東

玉虛宮圖說

玉虛宮在展旗峰北真仙張三丰嘗庵于此語人曰此地他日必大興既而去焉　文皇物色之不得遂大其宮以爲祝釐之所其中爲大殿殿之陰曰啓聖殿左曰元君殿又左曰小觀殿西塢西山下曰仙衣亭亭後磚室一曰張仙洞室外銅碑一左爲聖水池宮前曰望仙樓樓外雪洞一石渠北曰齋堂石澗西曰浴堂宮門左曰鉢堂宮門右曰雲堂西塢北曰圜堂鉢堂後亦曰圜堂澗東曰東道院山西曰西道院山門外真官祠二前左南向爲祀真武壇前右北向爲泰山廟宮外復有東天門西天門北天門入仙臺仙桃觀華陽亭蓮花池于凡方丈書房僧

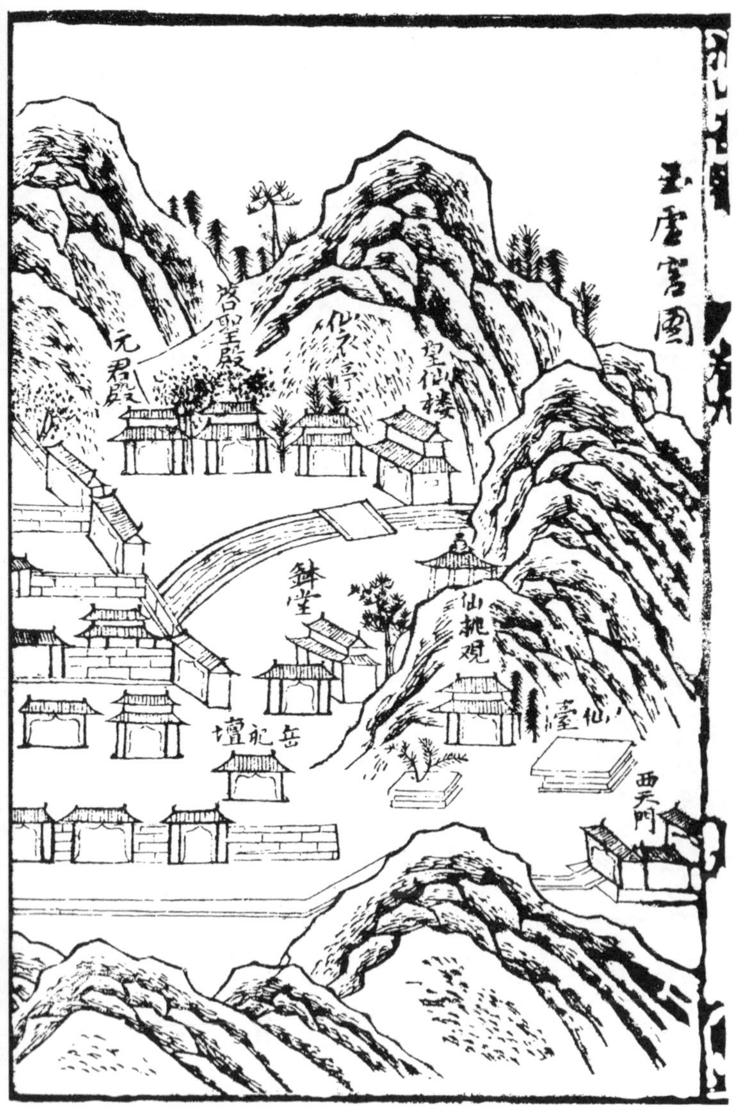
玉虚宫圖
元君殿
啓聖殿
仙衣亭
望仙樓
鉢堂
仙桃观
仙臺
岳祀壇
西天門

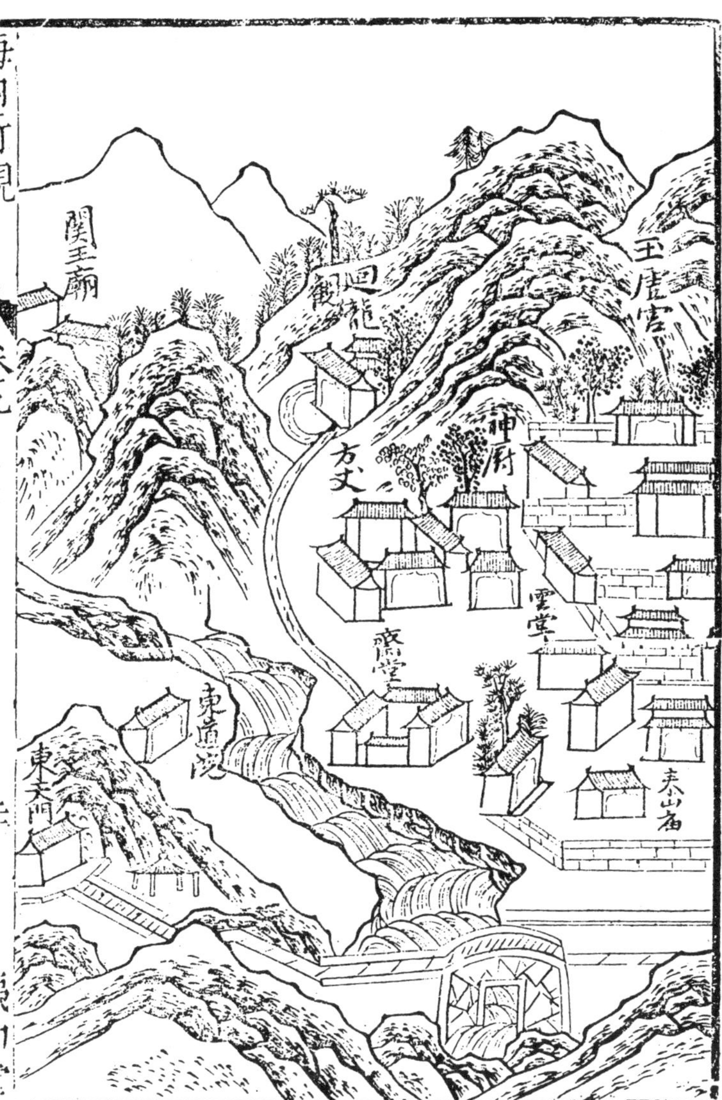
關王廟
迴龍觀
玉虛宮
神廚
方丈
雲堂
齋堂
東道院
東天門
泰山廟

所厨堂倉庫爲楹太小總二千二百永樂十一年落成賜額玄天玉虚

闗王廟去本宫四十五里崇寧祠故址東有一泓泉西有飲馬池太上岩即大上觀去宫西二十三里岩東刻天尊玄帝聖父母聖師北極三聖三茅九仙真仙神將岩西刻鬱羅蕭臺三清四帝雷尊南北二斗三官五師嶽鎮海瀆仙靈東西有靈石二泉玉虚岩一名俞公岩去宫西南三十二里九渡澗之上昔有隱者俞惠哲誦經于此一老人常往聽之忽一日曰我東瀛之子誦居于是限滿當得還此岩願奉仁者居之廻龍岩去宫西南五里山巒蜿蜒狀若回顧上有盆入泉四時不竭仙龜岩去

宫南二十六里嵩谷澗梅溪澗出為淄河東靈石泉西靈石泉俱在太上巖嵓巖高峻無水宣德三年于此纂修太和山誌岩東隴石穴下泉忽出巳而巖西路傍石根下亦復出泉于是鑿砌成池清洌可食神泉在宫神厨後遇真橋在東天門東源出九渡澗仙都橋在北天門裏游仙橋在宫左仙源橋在仙源橋裏西天門橋在宫西上有華陽亭下有蓮花池西山橋在西天門外北山橋在北天門外東山橋在東天門外登仙橋在東天門外南東萊橋在東山橋東

遇眞宫圖說

遇眞宫在仙關外去玉虚宫八里許左曰望仙臺右曰黒虎洞山水環遶若城然故名黄土城洪武年間張三丰結庵于此名曰會仙館宫東廊下厥像存焉永樂十五年建眞仙殿山門廊廡東西方丈齋堂厨堂道房倉庫浴堂爲楹大小總三百九十六是年落成賜額遇眞

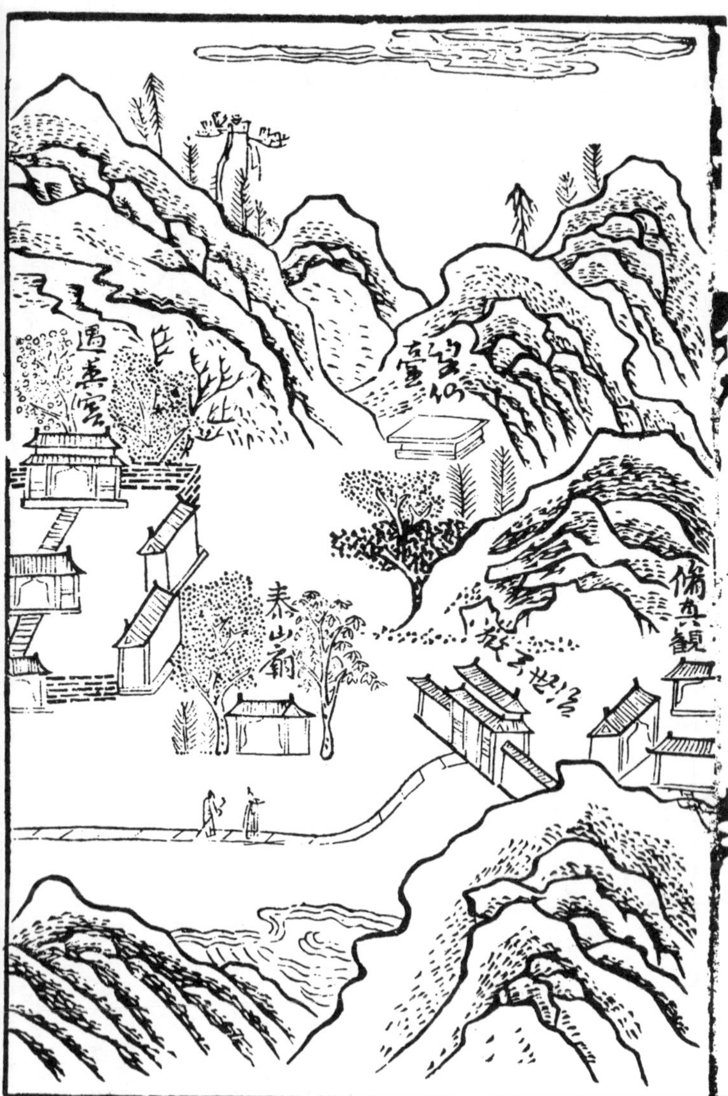
遇真宮
望仙臺
泰山廟
脩真觀

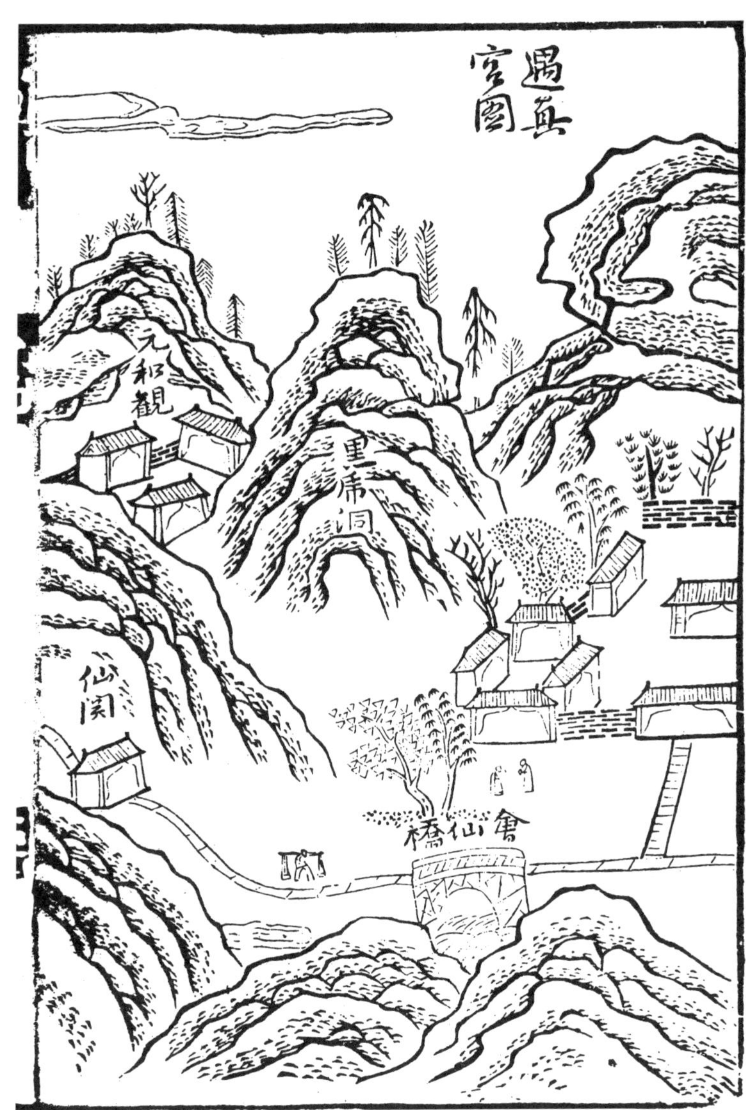
遇真宮圖
元和觀
黑虎洞
仙関
會仙橋

元和觀去本宮南二里仙關之東昔玄帝有元和遷校府之名故曰元和修眞觀去宮東二里鵶鵲嶺在修眞觀東上有太山廟集仙橋元和西橋元和中橋元和東橋俱在元和觀前會仙橋在宮前

迎恩宮圖說

迎恩宮在石板灘舊有闗王廟葢郵貟襄官路也灘合山前諸澗之水聚爲一川雨久則潰潦四出行者病涉永樂年間創修本山時始建石橋成化二年大水他橋崩嚙者多而兹橋獨完或謂玄武實相之乃治宮于橋南岸以昭神功中爲殿以祀玄帝殿左爲堂以祀啓聖眞官殿之右爲廟以祀闗王外爲方丈爲書房爲倉庫舍爲庖湢所爲道衆房爲楹大小揔二百八十成化十七年落成乞名曰迎恩觀十九年改　賜爲宮

迎恩橋在本宮址劵門外壽眞橋在石板灘西南絞口橋在石板灘南一里許中橋在石板灘址五里許坤和西橋坤和中橋

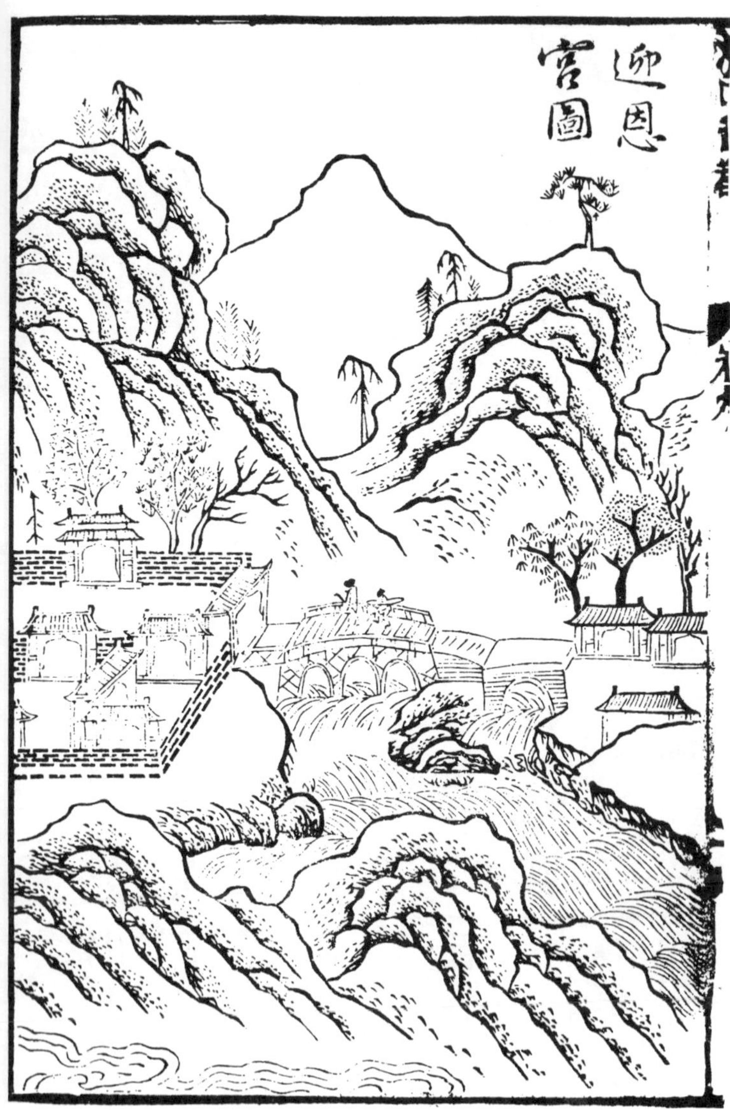
迎恩宫圖

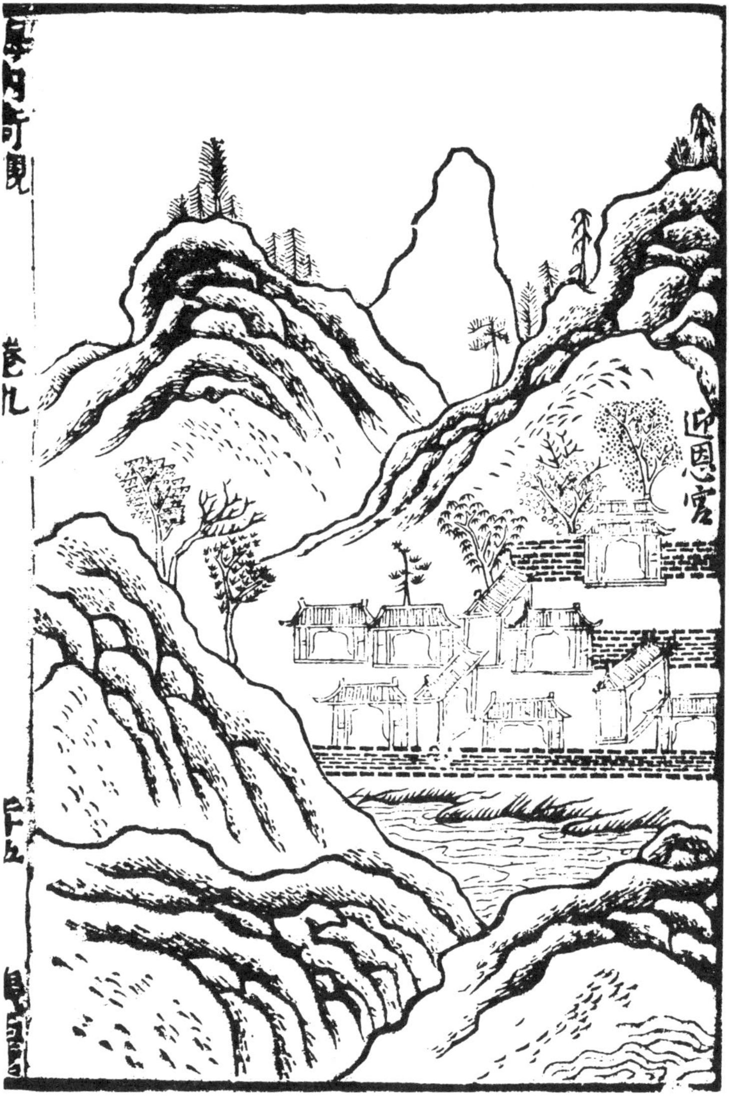

迎恩宮

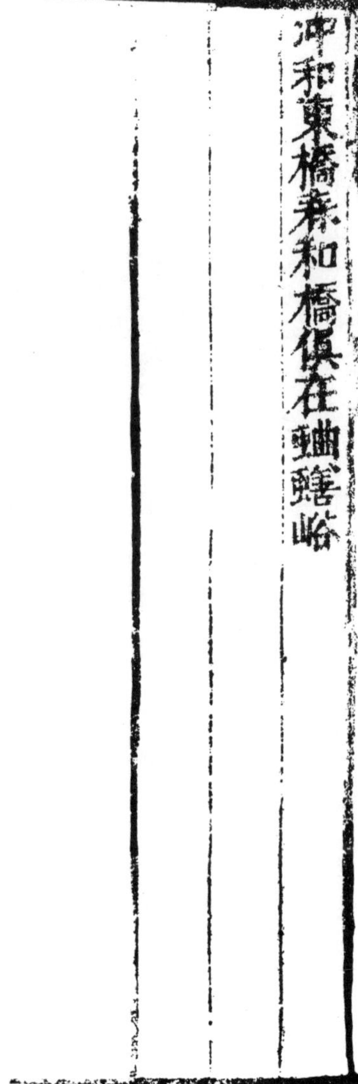

冲和東橋森和橋俱在蛐蟮峪

淨樂宫圖説

淨樂宫在均州城中各宫或于山于岩于谷獨此宫于市㕓相傳玄帝之先曾爲淨樂國王淨樂治麇而麇爲均地故以名宫宫之中爲玄帝殿後爲聖父母殿前爲左右廊廡東爲紫雲亭西爲香錢庫三門外左右復創二亭以度聖製碑右折而西爲方丈齋堂浴堂神厨神庫道房左折而東爲眞官祠爲預備倉二門外左爲進貢廠右亦爲道房爲楹大小總五百二十永樂十六年落成　賜額淨樂

眞武觀去本宫三百二十里襄陽府城之北樊城之西舊有祠不稱永樂十年營運武當山琉璃諸物至襄陽小舟萬計泊祠

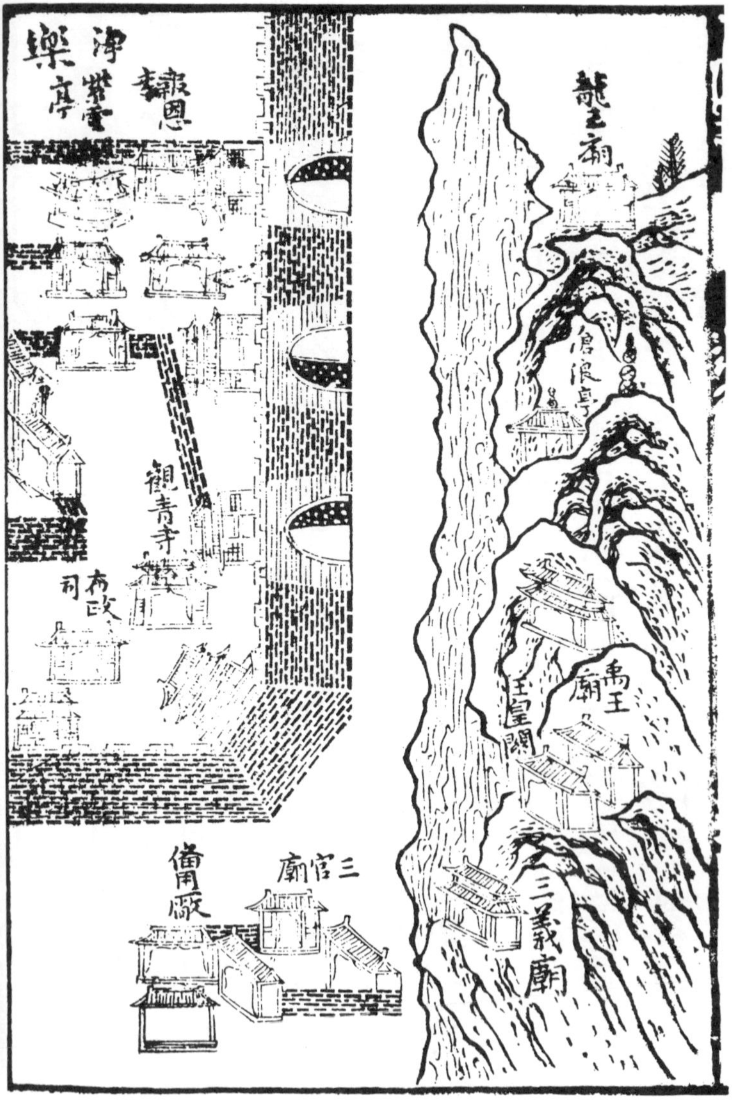
龍王廟
滄浪亭
禹王廟
玉皇閣
三義廟
樂亭
淨紫雲
報恩寺
觀青寺
布政司
三官廟
備用廠

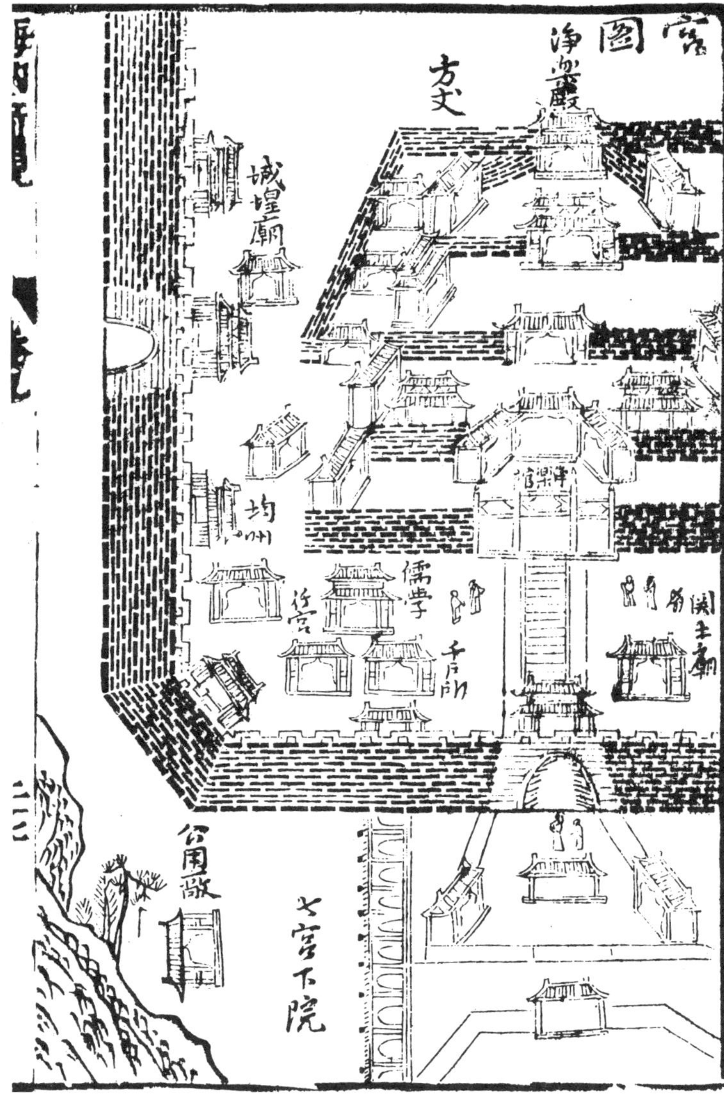
宮圖
淨樂殿
方丈
城隍廟
均州
儒學
行宮
千戶所
關王廟
公館
七宮下院

下時風濤方作頃之祥光數見水天一色謂玄帝顯應遂崇建焉紫雲亭在宮內東以玄帝降生時有紫雲彌覆故名眞官祠預備倉俱在宮內東香錢庫在宮內西凡錙楮輸于山者悉貯以入累　朝所賜鐘磬諸器皆藏焉進貢廠在二門外歲時取土物以　貢則董其役于此滄浪亭在州東門外漢江東即古孺子歌處左有觀音閣龍山在城南六里均州水口山也上有玉皇閣後有禹王廟三義廟在山下三官廟在備用廠左龍王廟在滄浪亭址濟渡處公用廠在城南備用廠在廠東半里許神惠倉在州治西南蓮花池在州城南一里許七里橋在黃泌河

由襄陽而穀城而界山草店則治世玄岳綽楔在焉長岡縮穀
左右曠朗松杉蒲門廊廡翼張爲遇眞宮左廡鑄三丰眞人像
豐頥豕領鋭目方面髯磔出如戟殊不類閒雲野鶴山澤之癯
有斗篷扇杖各一皆範銅爲之乃眞人所自御者入仙關爲馳
道爲元和回龍二觀三十里爲太子坡坡振陂陁之險爲復眞
觀繚以周垣鍵以重關西行十里爲龍泉觀觀對天津橋流九
渡澗其下沿澗上除道曲折行則紫霄宮宮背展旗峰若負扆
石幢鐵色横上方千仞前對蠹門峰雲氣常如炊烟左右翼山
拱而出卿兩負阜爲大小寶珠金水渠實小寶珠滙焉泓渟縹
碧名禹跡池亭其上池右山爲福地道書七十二之一也入宮

登百級之階池三日月七星泉二其一大霄宮後山椒石巖處名太子岩好事者爲書蓬萊第一峰岩上又爲三清石龕不可上其下則榔梅園蔵貢實也園右萬松亭松杉翳天從此跨山而去路甚徑杉木林分二岐從左則攀索而上天門從右十里許至朝聖門則太和山山矛立七十二峰之中即天柱峰也峰頭南北長七丈東西半之玄武正位四神在列貯以金屋承以飛臺擁以石欄倚以丹梯繫以鐵垣護以金城闢四門以象天闕羊腸鳥道飛磴千尺香爐蠟燭三峰岧峙前席循城而下爲元君聖父母諸殿天柱峰後有尹喜岩其三天門從山頂直落如天欄揗斜纒約五里餘爲摘星橋始可肩輿由榔梅祠抵南

岩岩壁崖之半爲宫從殿後左折大石延袤百丈如飛簷其下
前絕大壑薈葳蒙皆正黑無底爲紫霄岩岩前一龍首石出闌
外瞰之膽落禮神者往往焚瓣香於鼻從頸上望天柱拜以爲
虔東爲五百靈官閣爲斐清祠西爲南薰亭爲石坪一臺崛起
爲禮斗西則捨身崖上爲飛昇臺下爲試心石下南岩有滴水
仙侶二崖踰青全澗西三十里則五龍宫宫在靈應峰曲東向
而壯其門以逆澗水門外遶九曲崇墉盤遶如乘卒然玄帝啓
聖二殿揩合九重前後百五十三級殿前天地池二龍井五右
廊陰日月二池如連環然日池色儗月池色緇左爲玉像殿紫
玉蒼玉黃玉碧玉各一沉香一咸肖帝像高數寸云得之地中

去宮半里自然庵道士李素希舊隱也過磨針澗則聖姥祠過仙隱岩則玉虛宮宮內爲殿者三亭稱之望仙樓一齋堂浴堂鉢堂雲堂圜堂五東西道院二遇眞仙源游仙東萊仙都登仙爲橋者六崇簷大榭高垣馳道鉅麗不下王宮紫霄五龍未能先之矣出玉虛三十里則迎恩宮在石板灘當鄖襄孔道又十里則均州淨樂宮規城而半之然規模猶謝玉虛也山既丰絶無尋丈夷曠之阿諸道流倚崖之半架木而栖椽栈借地頂與崖齊重樓層閣豐累以居如蜂房之結綴而纍纍也忽豈風剌剌起吹屋離崖駢肩動搖欲墮不墮正如坐樓船蕩漾于驚濤怒浪中然彼了不爲意也蓋習之矣

新鐫海內奇觀卷十

錢唐 臥遊道人 楊爾曾 輯

五臺山圖說

山在五臺縣東北一百四十里環五百餘里上有五峰高出雲表頂皆積土故謂之臺世傳北方有文殊師利所居之地曰清凉山者即此也臺分東西南北中寺宇壯麗中臺高四十里頂平廣周六里頂西北有太華池取水禱雨輙應正東左畔去臺五里有雨花池前三十里有飯仙山即中臺案也東南有鷲峰西側有甘露池下有玉亭寺歡喜嶺由嶺遂至絕頂東臺高三十八里頂平廣周三里頂東畔有那羅延洞僅容人身側入洞

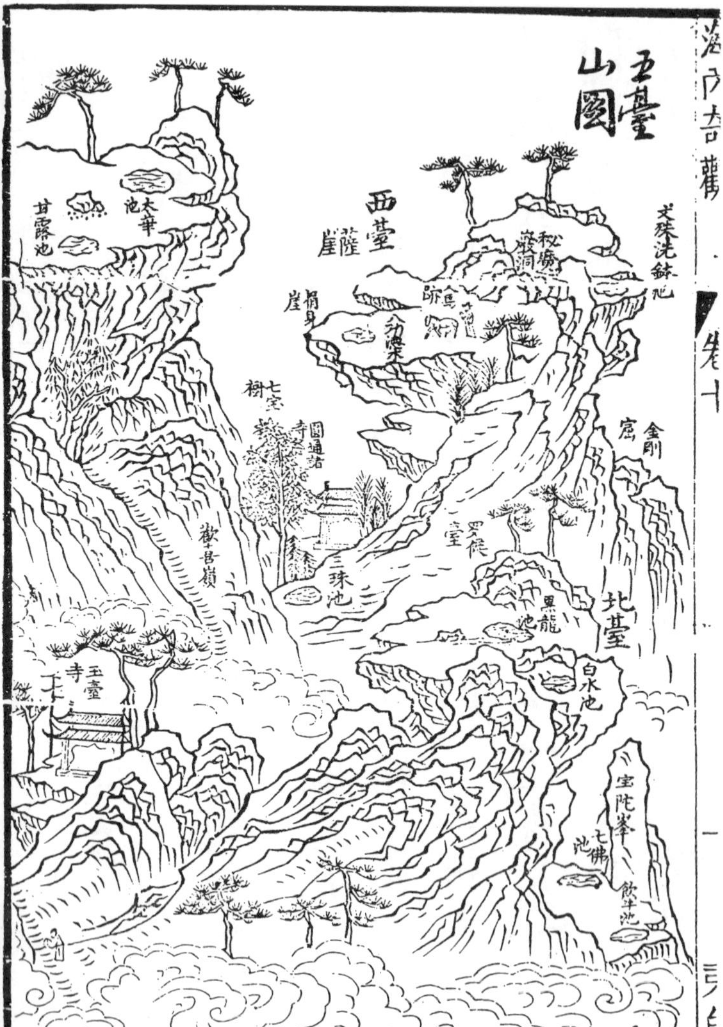

五臺山圖

西臺
文殊洗鉢池
秘魔巖
捨身崖
七寶樹
圓通寺
三珠池
黑龍池
北臺
金剛窟
白水池
寶陀峯
七佛池
飲牛池
太華池
甘露池
五臺寺

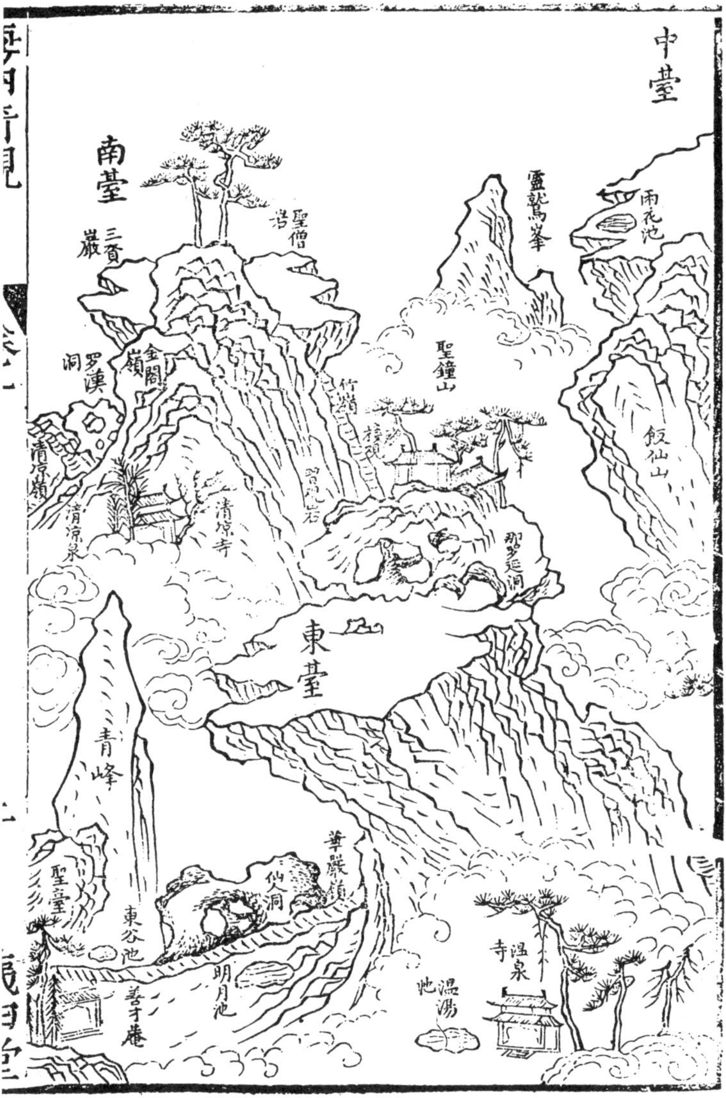

中臺

南臺

三賢巖

聖僧岩

靈鷲峰

雨花池

金閣嶺

羅漢洞

聖鐘山

清涼泉

清涼寺

那羅延洞

飯仙山

東臺

青峰

華嚴嶺

仙人洞

東谷池

明月池

善才庵

溫泉寺

溫湯池

中風寒盛夏有氷五色光彩嘗從内出又東有樓觀谷内有習觀岩西北去臺十五里有華嶺巖仙人洞東南嶺畔二十里有明月池人傳以紗幅幛目下覩或見月在水中西南有青峰一名大羅頂南連望聖臺臺下有東谷池西南石上有羅侯顯迹又有善才庵又東去臺有温湯池温泉寺西臺高三十五里頂平廣周二里頂上有魏文帝人馬跡北有秘魔岩洞天陰中有聲如風西嶺畔有薩埵崖捐身崖去臺西北有八功德水東北下有文殊洗鉢池又有玉華真容圓通諸寺皆清幽曠邃寺傍有三珠泉馨洌異常其沸正如珠狀去泉百步有七寶珠樹樹高二丈許下爲一幹岐分七條上復拱會爲一然後枝葉衍繁

拔覆四下南臺高三十七里頂平廣周一里南去七十里麓

有聖僧嚴又名滴水巖西南二十里西崖畔有三賢岩又名七

佛庵東三十里叉口下有聖鐘山狀如覆鐘西北十五里有清

涼嶺清涼寺嶺西北有清涼泉上有羅漢洞東北有竹嶺東北

十里有金閣嶺舊有金閣殿唐太宗所建今已廢北臺高三十

八里頂平廣周三里名掖斗峰頂南畔有羅睺臺臺頂有黒龍

池即天井南下二十里有白水池與天井連其麓有七佛池南

又有飲牛池東北有寶陀峰又名寶山産銀石碌又産天花菜

東北二臺麓有金剛窟又名金剛洞去二臺各二十里昔佛陀

波利入此不出云

桂海圖說

桂林無山而不爲宕無石而不太湖無水而不嚴陵武夷茲特就人所已物色者而志之首獨秀山次疊綵次寶積次七星岩次省春次灕山次隱山六洞次伏波次白龍次虞山又次堯山而終以訾家州

獨秀山

山居郡城之中圓數百步高五百餘丈石山鐵色上下亭亭如削四無坡阜亦不與群山接上有雕欄畫閣翠幕彤亭下漸月池登高俯視如坐危梔之巔四野碧篸一目俱盡下有讀書岩五咏堂宋始安太守嚴延之故居也城中此爲勝今在王府

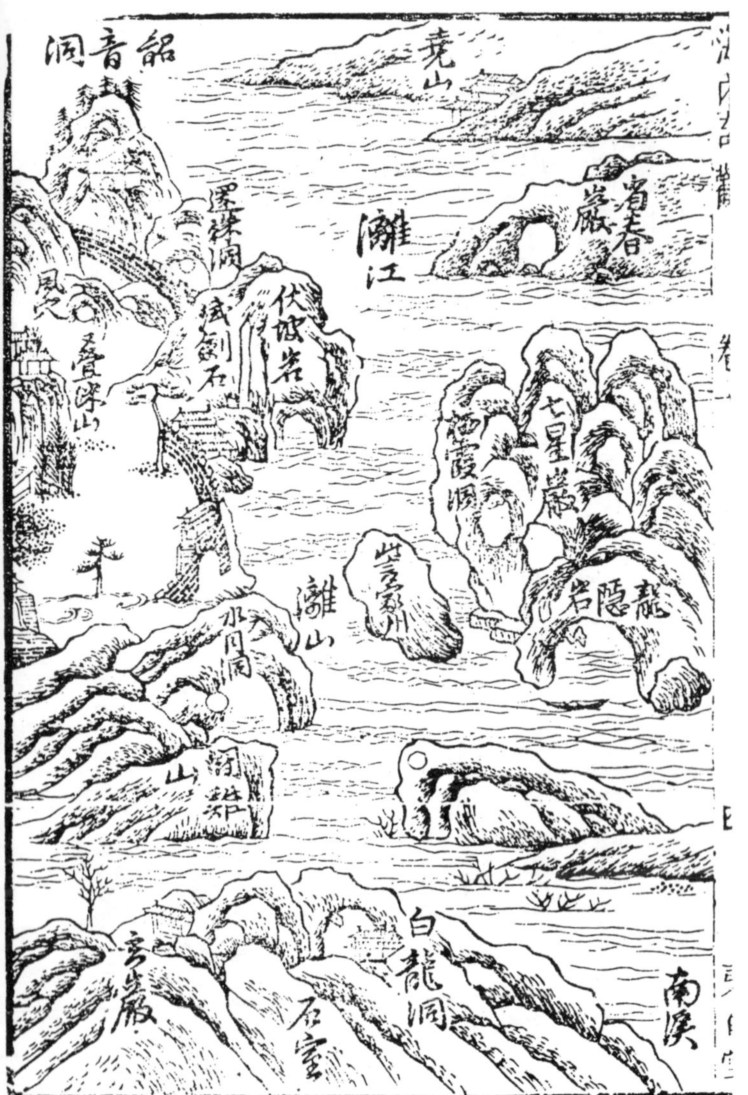
韶音洞
堯山
省春巖
灕江
伏波岩
試劍石
疊綵山
七星巖
栖霞洞
訾家洲
龍隱岩
灕山
水月洞
白龍洞
南溪
石室

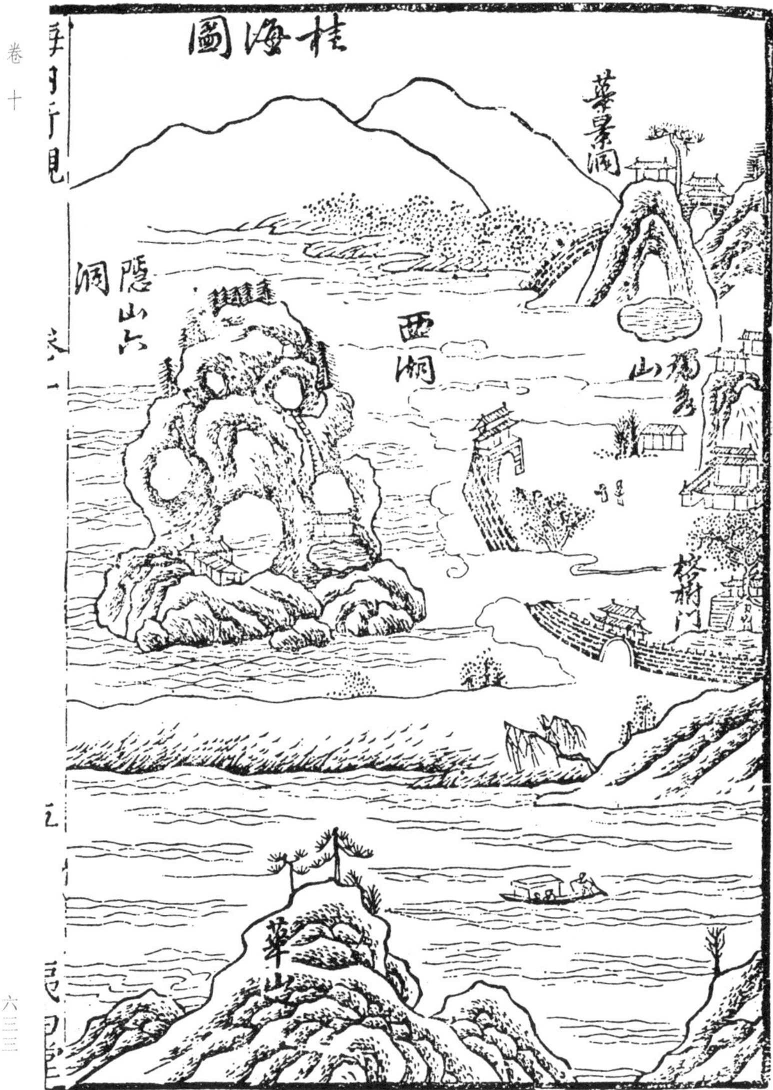
桂海圖
華景洞
隱山六洞
西湖
獨秀山
榕樹門
華山

疊綵山

山舊在八桂堂後八桂堂已無考惟郡城直北重門夾山東行石文橫布五色相錯故圖經以疊綵名一洞屈曲穿山之背南北兩向如提連環土人又名風洞洞左小山曰千越右小支𡻕立曰四望亭其上南望則獨秀當前綉闥朱甍映帶城郭北眺則堯山積翠與灕水俱來加以夕陽返照虹亘霞鋪石山飛動片片如上人衣𥚃圖繪所不及也

寶積山

寶積與寶華連夾北城之西續以雉堞下開華景洞容二十餘榻前有橫塘百畝盈冬不涸朝陽夕霞浮綺在目向唐元常侍亭

之曰岩光一石屋前張比省春 龍隱上則鐵壁無際祠諸葛武侯
于巔洞向東與風洞對峙祖帳折柳雲集于茲

七星岩

岩峙江東里許列岫如北斗 山半有洞名栖霞入洞石倒掛崚
嶒捫壁走闇中百餘武巳復大明下數十級更益宏朗如堂皇
仰首見鯉魚躍洞頂正視之忌其非眞也巳過三天門每過則
石罅垂立僅容單人過巳則又黝然深黑目力不能窮束炬照
之房列萬形爲象則捲鼻臥爲獅則抱毬而弄爲駱駝則長頸
而鞍背爲湘山佛則合掌立爲布袋和尚則側坐開口而胡盧
半爲石乳萬古滴瀝自成巧干雕刻如水精狀半乃眞石想初

亦乳結也其他如床如几如晒綱如奕棋如魚如馬如佛手足不得藎名風凜凜出峆岈間雖傍烟炬尚寒慄又多岐路或云通九疑山龍潭一水洌而深黒不得底業已可七八里忽復璿濤雪浪中立一圓阜丈許俗稱海水浴金山也怪矣近游者又得一岐里許名禪房半壁坐一菩薩像黒石隱隱可七寸房中煖氣更融融也從此又東行見自圓光乃有一洞口出山之背下慶林觀粤中多虵虺獨洞中不栖亦若鬼神呵護之洞有玄風彈尤爲左右翼

省春岩

岩在七星山之右如簷覆前有石乳承溜又如枯槎倒掛長七

尺餘桂林四際溪山不留寸土惟此平田廣穡一望豁如山勢面東夕陽不入洞前甃以瑤臺圍以石檻右有小洞二三穿山而過架以層樓更衣燕息此延賓客地也

灕山

山據灕江之濱橫障江流與伏波鬬雞峙前爲水月洞後爲古雲崖軒宋方信孺故居也羽士搆數椽祀方與范致能云水月洞在灕山之麓其半枕江刓刻大洞門透徹山背頂高數十丈其形正圓望之如大月輪江別派流貫洞中踞石弄水如坐捲蓬大橋下大月輪之中又一小規穿山而南出碧月坐洞中風颼颼起洞口眞不減北窗羲皇也其下可以觀魚乘舟過之如

象掀鼻俗亦稱象鼻岩

隱山

出城西里許當衆山之南唐李渤闢通石林磴道若天造然因號隱山又云西湖中之浮山也湖今斥爲桑田山峙于陸山北高南下峰不露奇惟中藏六洞爲佳從東入朝陽洞有佛宇山轉處瀅一清池躡級上之其半稍平石刻老子像又從左穿洞心懸汲而出井口其洞爲北牖圜標四楹正拖風嗌又轉爲白雀洞穿石峽而下爲夕陽洞爲嘉蓮洞旋而南爲南華洞自北牖至南華大小隨穊石穹窿處列十席小則具趺跏水漫流可覆觴可舟也

龍隱巖

岩踞江之東近七星山麓𡶶然不依附而自爲洞天以枕江流洞門高倖闕石上裂一龍形夭矯却生鱗鬣皆具其長竟洞其下水聲如三峽中盛夏入洞陰風凄凊如坐氷壺宋諸公爹遊此刓石殆遍焉

伏波山

山迫城外屹立千丈趾没于江流之西洞乃東嚮維舟始入洞前懸石如柱去地一線不合俗名伏波試劍石後漸潭水水落時石齒齒足玩水漲溢無奇也

白龍洞

蹊鬬雞山口別有派曰南溪拏小舟而入四壁峭懸蒼翠落人衣袂溯流南去高山𡽀空其半有洞躡衣而上洞口有物倒懸如龍首故名白龍入度石磴石室硿礲洞前朱欄小閣倚闌平疇綠遶碧流涓涓出藻荇間注橋而下即李公所作新泉也山有二洞九室白龍當巽維其西北曰玄岩岩之上曰丹室白龍之右曰石室皆勑所名揔之俱讓白龍

虞山

山爬城東北隔灘波左遶皇潭後承之亦名皇澤灣山下有韶音洞洞前平原舜祠在焉古松數十虬枝若蓋

堯山

山在城東北二十里連岡磅礴奄數邑界桂山百里皆石惟此積土以成更益爲奇山上有天子田佛宇五層舊白鹿禪師故庵地也天將陰雨先有白雲起山中登其巔則萬石疊于西南灕江來自東北良足快也堯祠乃在山下不知所自始

訾家州

在灕江中土人稱爲浮州雖巨浸排山此州不没亦借水月洞爲勝今已薙爲茂草矣

海內奇觀　卷十

七星岩圖說

粤東西薟有兩七星岩云桂林七星洞行十餘里景在內端州七星洞行止百餘武然負山臨水所在成趣抜其尤者爲勝有三一曰石室是山所得名也南闢一門石徑透迤而入流水澆瀠潦或成池龍井在東秉燭可入西轉梯磴而上乃有石觀音云纓綏紳珮揚袘成削似立而過海者蓋懸崖石乳所垂幻也風當碕砑入吹人欲舞從石罅北出岩背過岩秀亭拏舟而下二曰蛟龍窟在流霞島東先從小洞穿岩而至渡海筏處一石崕飛覆水上仰臥舟入空如堂皇洞口懸一石仰擊之作鐘聲三曰玉壺亭瀝湖數百頃瀲灩可鑑奇峰四疊臨之從水底瞰

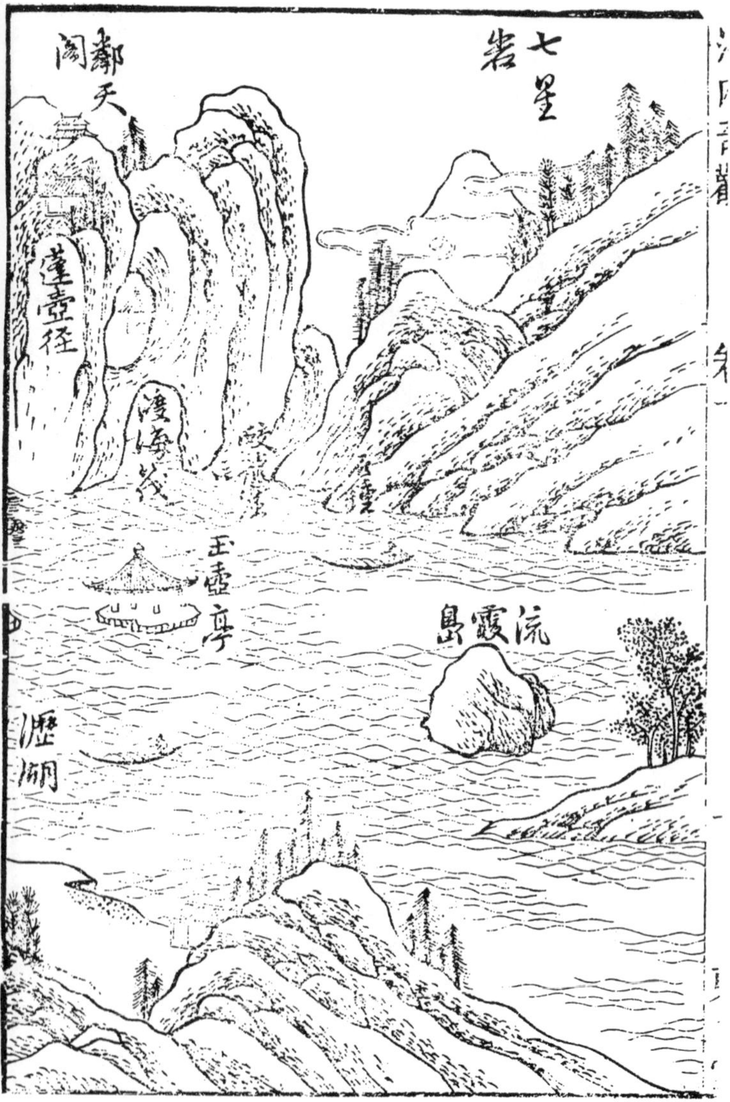

海内奇觀　卷一

七星岩

鄰天閣

蓬壺徑

渡海筏

玉壺亭

流霞島

瀝湖

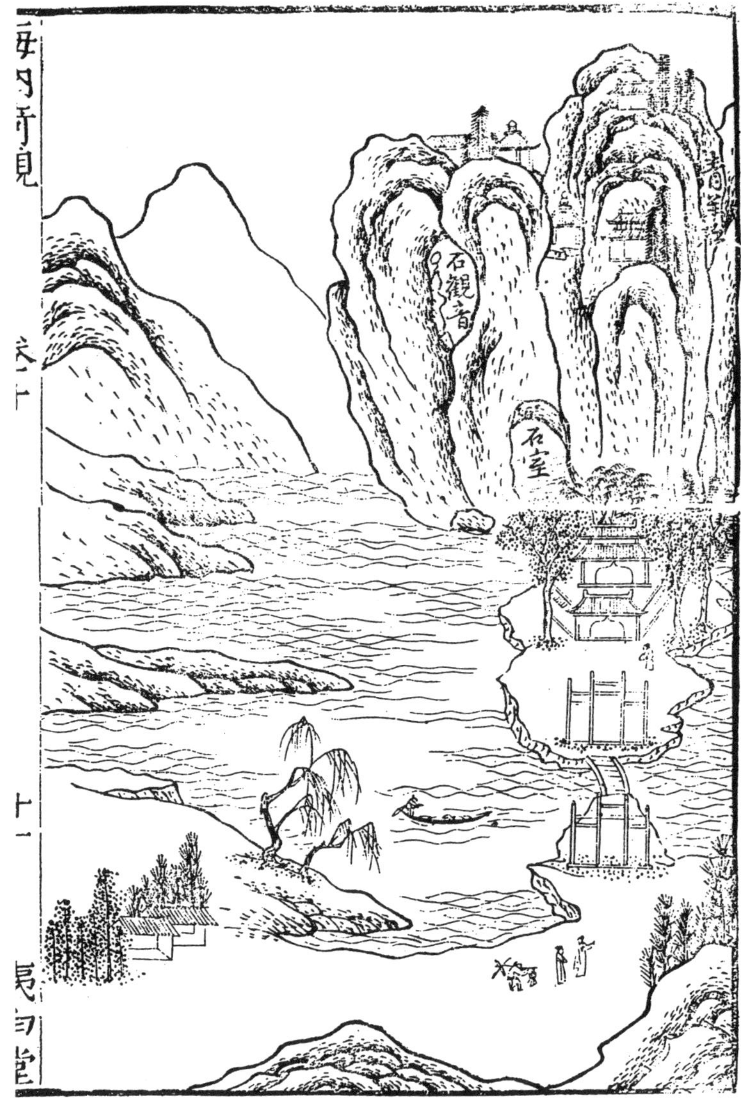
石觀音
石室

石而上架湖心一亭坐石分雲乘風泛月亦勝景也又如過虹橋之渚汎瀝湖之棹登臨天之閣弄寳陀之月酌流霞之島泛蓬壺之逕浮杯峰之玉揺仙掌之風拂寳光之岩騎青羊之石招閬風之闕凭栖霞之亭坐水月之宫尋芳藉草亦無非佳致矣

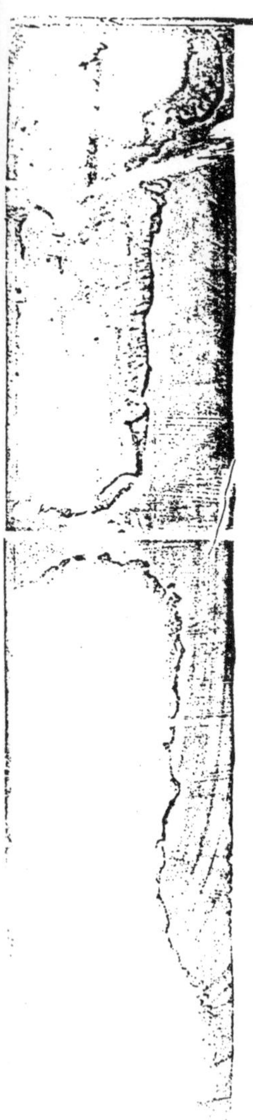

雞足山圖說

山峙賓川境內山西南卓立萬山之上前列三距後伸一支若雞足然者佛弟子大迦葉奉金縷衣入定待彌勒處也四周多童岡荒阜獨是山松杉鬱盤雲霞所留且饒名山錦卉祇園寶剎都房靜室無不潔修良亦娑婆淨土云渡金沙江緣山百里繇東南支入始入爲石鍾寺寺東數百步有黑龍潭水涓涓從葑田中流出寺僧謂鼓吹逼則風雨立辦試之不然石鐘西爲西竺庵庵後爲龍華寺寺與庵咸有傑閣翚起龍華後爲大覺長安僧無心所開山也過大覺則行穿萬松松蔭可人又一里爲寂光寺西百步爲水月庵又聖峰寺繇聖峰上爲迦葉殿山

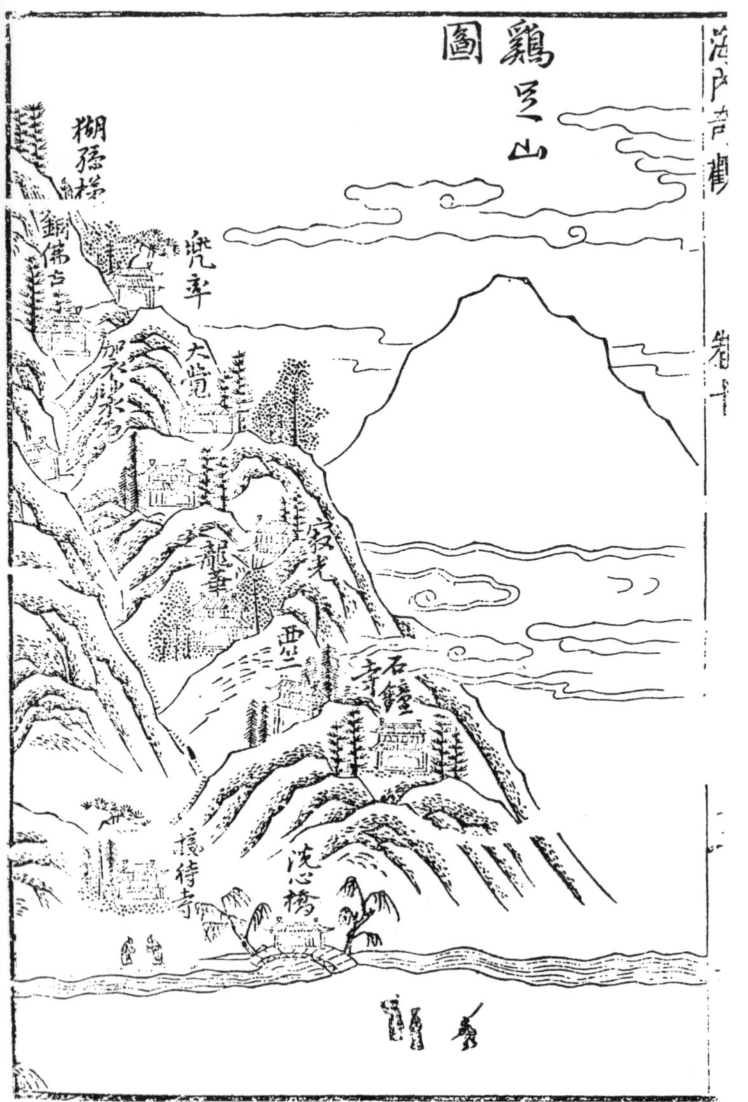
鷄足山圖
海内奇觀
卷十
猢猻梯
銅佛古寺
兜率
加衣山水
大覺
寂光
龍華
西竺
石鐘寺
洗心橋
檀待寺

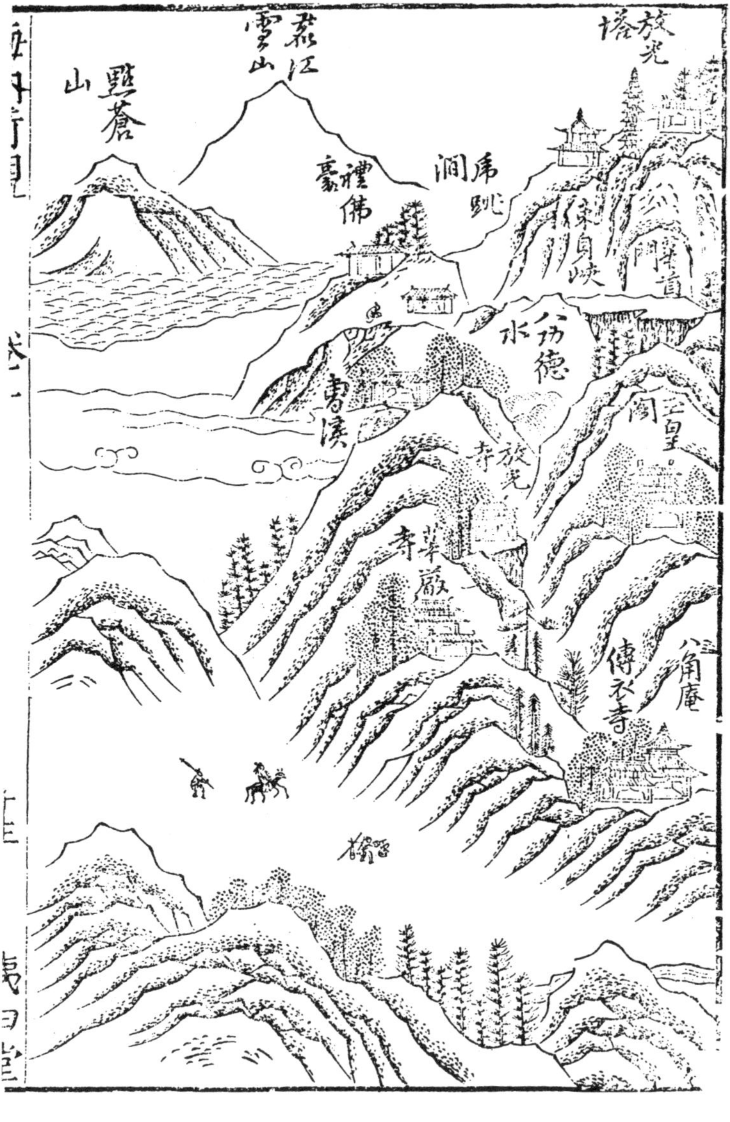

點蒼山
禮佛臺
虎跳澗
放光塔
功德水
書溪
放光寺
玉皇閣
華嚴寺
傳衣寺
八角庵

自此純石疊級人行磵道中步步喘息前後人膺趾遞相乘以上過攬率庵袈裟石而後至銅佛殿殿西出側逕可平達華首門東乃歪險上猢猻梯梯無路僅僅崖石稜垂俯深箐絕處架木桄長一丈接之猶非梯也梯乃石齒齾齾其芒上出廉利倖劍戟承足石芒內嚙其半半踵懸外惟瞰深箐故可上而不可下上亦牽挽蟲縮而升里許方至土主廟則山之巔也入廟西北指則雲閒見麗江雪山西指則點蒼十九峰雄據不肯為下洱海蕩漪其前東南巒麓參差如風中濤咸在杖底循後距則舍利塔倚廟背迅雷雨擊圮之北一里為文殊閣又二里經束身峽流石沒足過石棊盤至伏虎澗又半里上禮佛臺東跨偪

又三里而度曹溪亦稱漕溪水紺碧一泓日供僧可三十餘衆又東二里爲八功德水迦葉所卓錫處也又東二里爲華首門門踞山半石覘十丈如半月云迦葉入此安禪由銅佛殿而下十里轉西南支入華嚴寺五里下圓信庵復下接待寺度洗心橋抵賓川自華嚴下山松陰空翠掩雲日者又十餘里或云迦葉定鷄足山在西域此山似之故説者借以標勝云

海内奇觀　卷十

雲南九鼎山圖說

雲南者漢時五色雲見于南中是邑所得名也邑有九鼎山出郭北二十里山起九峻若禹鑄九鼎而列然澁澗納麓升自岫項有此一亭翅然臺亭則萬瓦參差樹影中乍見乍沒臺則蓋宮琳宇懸構腠前若蜂房鳥窠纍纍然重累而綴循臺度逕老松拏雲入千尺翠色滴滴可餐已而爲飛雲橋椽杙岩阿虛閣度重棧以過軒然竿首臨乎鳥道過橋爲古佛洞石竇嵌空琢五大士相附以危樓雕欄畫檻旛幢錯繡與朝日共麗洞傍有毘盧殿阿閣三重出西南竇跨偪仄搏牟角以上靈瑣栱榱山北有龍首塔深窈窈無底三教樓華嚴閣危梯百級螺旋始得

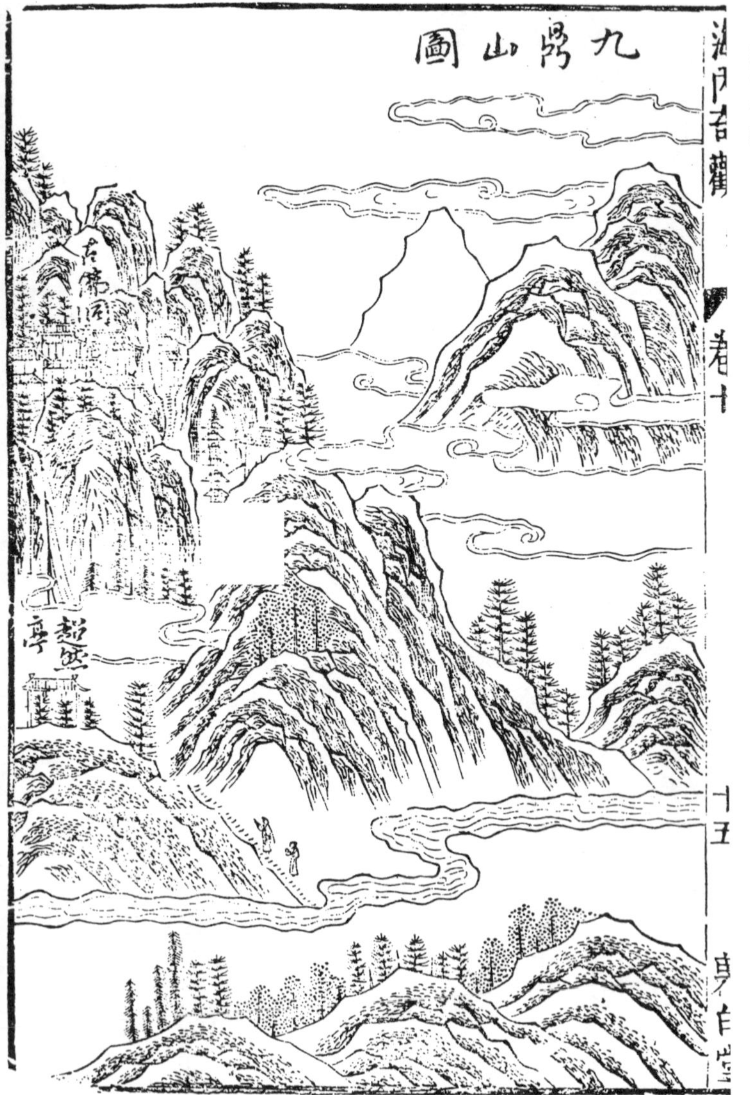
九疑山圖
超然亭
海内奇觀 卷十 十五 夷白堂

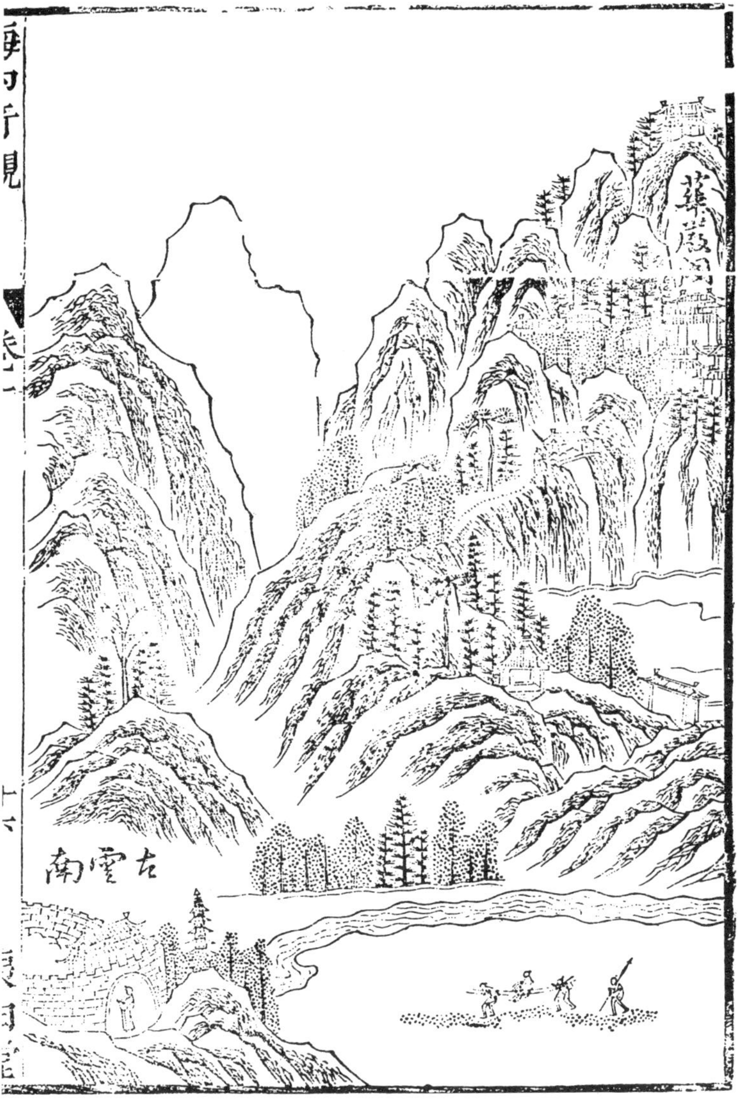

華嚴洞

南雪古

上四盼無所不矚側耳聽下方鐘鼓如身在鈞天之上山故有寺乃開山僧驟聞天樂得古佛于洞中而剏建者也

點蒼山圖說

點蒼山在太和縣治西五里凡十九峰連脊屏列內抱如弛弓然峰各夾澗自山椒懸瀑注為十八溪山色翠黛殷潤歷秋冬不枯高六十里連接雲氣蒙氏竊據封為中嶽上有馮河迴廻萬步五月積雪皓然即此山色也山本青石山腰多白石穴之膩如切肪白質黑章片琢為屏有山川雲物之狀唐李德裕平泉莊醒酒石即此產也其陽多山茶其陰多丹桂又有木蓮躑躅花樹榦高數丈春日紅白錯雜被于谿谷中巖號雪山世傳為佛苦行之地草石皆作旃檀香氣叢林列剎諸峰相望蓋舊在天竺幅員之內為阿育王封故國有三千蘭若茲土得其半

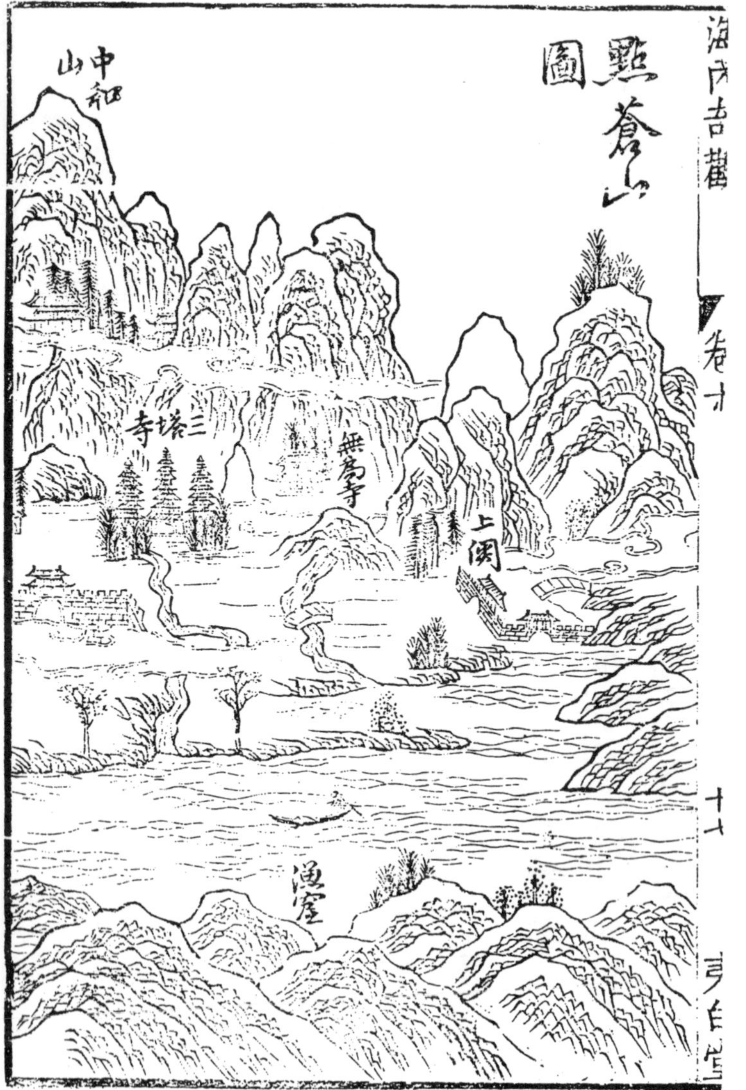
點蒼山圖
中和山
三塔寺
無爲寺
上關
漁室
海内奇觀　卷十　十七

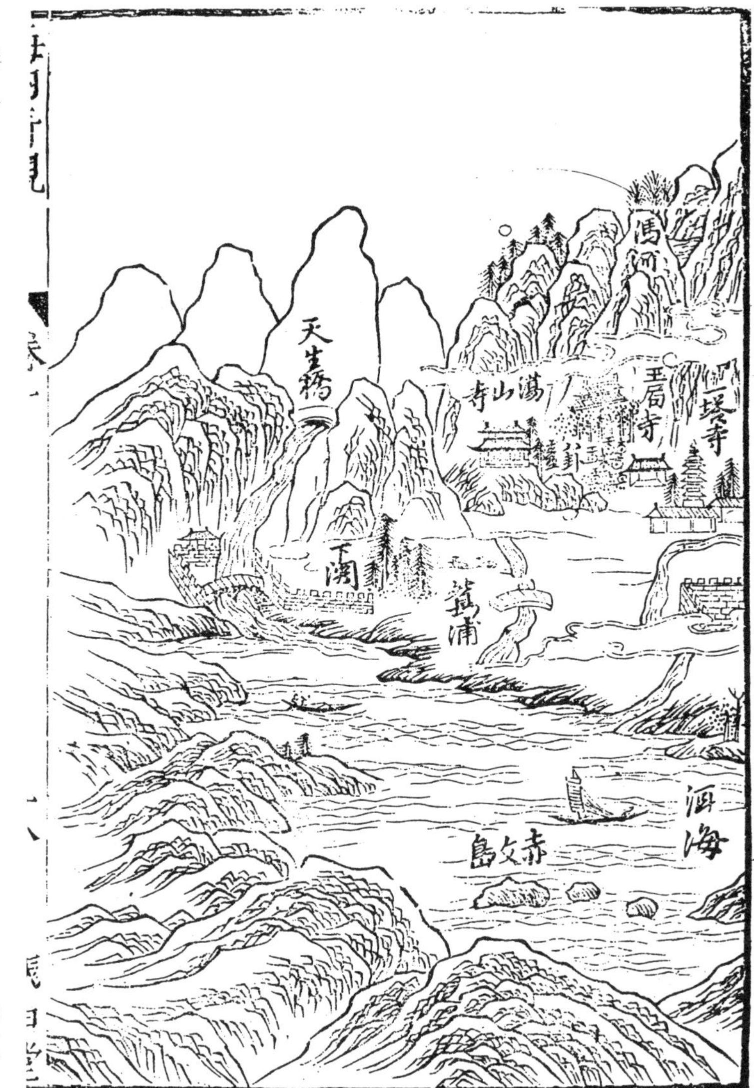
天生橋
下關
蕩山寺
一塔寺
洱海
赤文島

馬今存者什一耳即林阻谷奥而無猛虎毒蛇冬夏氣候調適暑至于温寒至于涼而止故四時無日無花信福地也

自龍虎關渡天生橋爲珠海寺兩山千仞中虚一峽如排闥然由混混亭而升爲覺眞庵北折入谷口爲寶林寺山茶特盛寺左爲圓海寺下北澗度石關爲鶴頂寺松竹蔭軒洱波在席文陽暎之餘波皆碧獨此處日光沸金猗有鮝鶩群浴此即點蒼十景之鶩浦夕陽也北循山坡有金相寺廢址有唐碑爲高僧講經處盤山脚而西有松蘿崖石洞幽勝崖畔爲感通寺有高皇帝詩十八章鐫碑山閣北行四里有昭文洞土人祀唐杜光庭于此西有一溪嵒堂亭承流水色瑩澈其中石子粼粼青碧

璀璨如玉名曰青碧溪緣山麓北行二里至天臺有諸葛武侯
書㪺石土人于石上建八塔以識侯之蹟云東行一里爲弘聖
寺有浮圖高數百尺或曰隋文帝勑建或曰阿育王北行二里
至點蒼神祠翠微有岩異香酷烈廟後有問俗亭俯瞰城郭樓
覩海波萬頃下山北行二里爲三塔寺寺有七樓八殿有瀑布
溪懸流百尺其承流處有石如盤盤中有一石爲瀑流所激跳
躍如馬聲如雷錮石壁上有朱字詩題刻千仞之上爲濺沫所
塗遠不可辨過此爲帝釋寺世傳空中隕石上有帝釋像今所
奉者是已舊聞茲地夜聆天樂故名其峰曰應樂北渡兩澗有
無爲寺寺有汝南王碑聲如玉磬清越可聽北岡有元世祖駐

踝臺後人搆屋其上軒窓洞豁最堪游目每歲五月溪上日日有雨田野時時放日刈麥插秧雨無所妨世傳觀音大士授記而然南上里許有寺曰救疫山泉甘洌飲之可以已疫寺因得名北去四里爲鶴雲寺寺有仙女池又北六里爲石雲寺沿溪而西過獨石橋爲寶華寺其地多花卉紅紫繆轕自陽溪歷遺愛寺有舍利塔入溪三里有一石門如圓月曰羅刹洞世傳觀音大士閉羅刹于其中云又西行八九里至出佛洞又西六里爲洞天山層巒疊嶂望之蔚然由上水關水月樓放舟邊島嶼而南爲金榜寺又南爲青頭寺前有巨人跡南泛之有崖飛出水回曰鷄額山又南爲鐵雨崖云是羅刹欲苛監遊逝大士雨鐵

以止之是其迹也又南至赤文島云是大士買地劵字如蠡篆不可辨識其蒼峰溪自南而北一曰斜陽峰南溪二曰馬耳峰葶滇溪三曰佛頂峰莫残溪四曰聖應峰青碧溪五曰馬龍峰龍溪六曰玉局峰緑玉溪七曰龍泉峰中溪八曰中峰桃溪九曰觀音峰梅溪十曰應樂峰隱仙溪十一曰雪人峰雙鴛溪十二曰蘭峰白石溪十三曰三陽峰靈泉溪十四曰鶴雪峰錦溪十五曰白雲峰芒湧溪十六曰蓮花峰陽溪十七曰五臺峰萬花溪十八曰蒼琅峰霞移溪十九曰雲弄峰至此則山海相接環海之外復有諸山曰青巔鷄岩玉几羅筌纍悤龜蛇若拱揖西向點蒼其間石窟勝景不可殫數要之不若鎮山之奇麗云

十大洞天

第一王屋山廣一萬里高一百二十里名小有清虛洞天王褒杜沖爲小有洞主是也　第二委羽山廣一萬里名大有空明洞天司馬季主所理　第三西域山廣三千里名太玄極眞洞天王方平所理　第四西玄山廣三千里高二千七百丈裴眞人所理　第五青城山廣三千里高三千六百八十丈名寶仙九臺洞天昔黃帝問道希夷眞君授帝飆轎處甯眞人所理

第六天台山廣五百里名上清玉平洞天玄州仙伯治之所

第七羅浮山廣五百里名朱明耀眞洞天青精先生治之所

第八句曲山廣一百五十里名金華陽洞天紫陽眞人治之所

第九林屋山廣四百里名左神幽靈洞天有金沙龍盆魚皆四足吳王使龍威丈得禹書處北樂眞人治之所　第十括蒼山廣三百里名神德隱玄洞天北海公劉涓子治之所

三十六洞天

第一霍潼山高三千四百丈廣三十里名霍林之天　第二秦山高四千丈廣一千里名蓬玄太空之天　第三衡山高四千丈廣二千里名朱陵太虚之天　第四華山高七千丈廣三千里名太極總眞之天　第五恒山高三千丈廣二千里名太乙總玄之天　第六嵩山高七千丈廣一千里名上帝司眞之天　第七峨眉山廣三百里名虚靈太妙之天　第八廬山高三

千九百丈廣一千七百里名洞靈詠眞之天　第九四明山有
二百八十二峰廣八十里名赤水之天　第十陽明山一名會
稽山廣三百五十里名極玄之天　第十一太白山廣五百里
名德玄之天　第十二西山廣三百里名天寶極玄之天　第
十三大爲山廣三百里名好生玄上之天　第十四潛山高七
千二十丈廣八百里名天柱司玄之天　第十五鬼谷山廣七
十里名太玄司眞之天　第十六武夷山廣一百二十里名昇
眞玄化之天　第十七玉笥山一名群玉峰高三千里廣二百
八十里名太玄秀樂之天　第十八華蓋山廣四百里一云四
十里名容城大玉之天　第十九蓋竹山廣一百八十里一云

七十里名長耀寶元之天　第二十都嶠山廣一百八十里一云百里名寶玄之天　第二十一白石山廣七百里一云七十里名璦秀長眞之天　第二十二勾漏山高二百丈廣三百里名玉闕寶圭之天　第二十三九嶷山廣三千里名湘眞太虛之天　第二十四洞陽山廣一百五十里名洞陽隱觀之天　第二十五幕阜山廣一百八十里名洞眞太玄之天　第二十六大酉山廣一百里名大酉華妙之天　第二十七金庭山廣三百十里名金庭崇妙之天　第二十八麻姑山廣一百五十里名丹霞之天　第二十九仙都山廣三百里名玄都祈仙之天　第三十青田山廣五百里名青田大鶴之天　第三十一

鍾山廣一百里名朱日太生之天　第三十二良常山廣三十里名良常方會之天　第三十三紫蓋山又名碧霞洞廣八十里名紫玄洞昭之天　第三十四天目山廣一百里名大滌玄蓋之天　第三十五桃源山廣七十里名白馬玄光之天　第三十六金華山廣五百里名金華洞元之天

七十二福地

第一地肺山在終南山　第二蓋竹山在黄岩縣　第三青嶼山在黄陽縣　第四白安山在交州　第五石礚山在天台縣　第六東仙源在台州一云在東海中　第七青鳴山在東海中　第八郁木洞在新淦縣　第九赤水山有白帝宫紫玉樓

在西梁國　第十丹霞洞在南城縣麻姑山頂　第十一君山
在岳州洞庭湖　第十二焦源在建陽縣　第十三靈墟山在
天台縣天台山頂　第十四沃州在越州上有峭峰三蒼翠插
天　第十五天姥岑在越州　第十六若耶溪在越州　第十
七金庭山在剡州　第十八馬嶺山　第十九清遠山在廣州
第二十洞眞墟在沙縣　第二十一清壇在岳頂　第二十
二鵝羊山在潭州　第二十三陶公山在瓊州　第二十四洞
眞墟在長安　第二十五洞靈源在衛州　第二十六三皇井
在溫州　第二十七爛柯山在衢州　第二十八芹溪在建陽
第二十九龍虎山在貴溪縣　第三十靈山在信州　第三

十一白源山在惠州　第三十二逍遥山在洪州　第三十三
閤皂山在清江縣　第三十四始豐山在豐城縣　第三十五
金精山在虔州　第三十六白源山在南昌縣　第三十七鉢
池山在楚州　第三十八論山在潤州　第三十九毛公壇在
安英縣　第四十鷄籠山在和州　第四十一桐栢山在忠州
第四十二平都山在忠州　第四十三靈應山在岊州　第
四十四彰觀山在澧陵縣　第四十五抱犢山在交州有岩滴
硃砂　第四十六大面山在蜀州　第四十七虎溪山在德安
縣　第四十八元辰山在都昌縣　第四十九馬跡山在丹徒
縣　第五十張公洞在武陵縣　第五十一玉峰在河中　第

五十二藍水在藍田縣　第五十三德山在武陵縣　第五十
四天印山在和州　第五十五商谷山在商州　第五十六大
隱在常州　第五十七漁湖在四明　第五十八中條山在河
中第五十九司馬晦山在天台　第六十綿竹山在錦江　第
六十一甘山在黔州　第六十二瑰山在漢州　第六十三金
城山在古限戍　第六十四雲山在武岡　第六十五北邙山
在洛陽　第六十六武當山在均州　第六十七女几山在三
峽口　第六十八少室山在鄧州　第六十九百鹿在江州
第七十西白在黃岩縣　第七十一南田山在東海　第七十
二玉蟠山山接蓬萊山

海中名山

蓬萊山一名蓬丘一名雲萊在東海中高一千里廣三千里上有金臺玉闕乃神仙之都上帝遊息之地海水正黑而爲溟渤無風而波浪萬丈不可往來惟飛仙閒有到者　扶桑山在東海中去中國九十萬里山有木如桑長者數千里大者三百圍兩相扶倚同根而生故曰扶桑椹子甘香赤色千歲一實仙人採食體生金光飛翔太空有金鳳凰九色鳥其鳳一鳴天下鷄皆鳴日即出矣　方文山在海中高四萬七千丈上有太元之宮金環玉髓飲之長生瑞禽奇木莫可名狀　滄浪山在海中高五百里廣三千五百里四面水皆蒼色乃仙浪也山上空石

芝生其中有紫玉石室　崑崙山一名崑陵在西海戌地北海亥地地方一萬里去岸十三萬里又有弱水周圍遶匝山東南接積石圃西北接北戶之室東北臨大活之井西南至城南之谷積石圃南頭是西王母宮王母告穆王云此去咸陽三十六萬里山高地平方三萬六千里上有三角山方廣萬里形如偃盆下狹上廣故曰崑崙山四角一角閬風巔一角玄圃臺一角崑崙宮一角積金爲城名天墉城面方千里城上有金臺五玉樓十二樓臺相映如流精之闕王母之所治也

海上十渚

瀛渚地方四千里去岸七千里正對會稽一名環渚上有青州

丘又水一仙官地生玉酒飲之長生是吾之鐵錬為刃切玉如泥神芝靈草人莫能述上眞神仙居之　玄渚在北海中地方七千二百里去岸三萬六千里有風山聲響如雷正對天門地生金芝紫芝　長渚在南海中地方萬五千里去岸二十五萬里一名青丘　流渚在西海中地方三千里去岸九十萬里上有奇花異木瑞草靈芝　元渚在北海中地方三千里去岸千萬里上有紫虛五館甘醴如蜜　生渚在東海中地方三千里去岸二十三萬里上有仙家萬衆　祖渚在東海中地方一萬里去西岸七萬里地生瓊田芝草名養神芝其狀如瓜苗可長數尺人死三日以芝蓋面即活　炎渚在南海中地方一千

岸九百里四面烈焰亘天海水爲之騰沸飛鳥亦不敢度上有大鼠毛長數尺仙人採毛爲布名火浣布又産風生獸青色如狸積薪燒之雖炊其毛如故觸風即活漢時曾通中國　鳳麟渚在西海中地方二千五百里四面有弱水毛羽不浮上多麒麟鳳凰故名上有青華之官丹林素府　聚窟渚在西海中地方三千里去岸二十四萬里上有大仙形似人鳥因名人鳥仙生返魂香樹大如桐栢花香聞數百里煉液爲香一曰驚精香二曰震靈香三曰返生香四曰旃檀香五曰精鳳香六曰却死香此六香實神仙異物人死聞氣即活